新型市政基础设施规划与管理丛书

电动汽车充电基础设施规划与管理

深圳市城市规划设计研究院
韩刚团　江腾　等　编著

中国建筑工业出版社

图书在版编目(CIP)数据

电动汽车充电基础设施规划与管理/韩刚团，江腾等编著. —北京：中国建筑工业出版社，2017.5
(新型市政基础设施规划与管理丛书)
ISBN 978-7-112-20519-6

Ⅰ.①电… Ⅱ.①韩… ②江… Ⅲ.①电动汽车-充电-服务设施-城市规划②电动汽车-充电-服务设施-城市管理 Ⅳ.①U469.72

中国版本图书馆CIP数据核字(2017)第048191号

本书比较系统全面地介绍了与电动汽车充电基础设施规划与管理有关的各项内容，全书共包括基础研究、规划技术、管理体制三大部分内容。通过国内外经验以及项目实践，对电动汽车行业的发展趋势、不同阶段适合的发展策略、电动汽车充电设施各层次专项规划的编制内容与技术框架、系统布局思路及建设管理模式等关键问题给出较为清晰和明确的解释。全书还列举了与电动汽车充电基础设施规划有关的多个国内外典型案例，资料详细新颖，以实用性为主，兼顾理论性。

本书可供电动汽车及其充电基础设施规划建设领域的科研人员、规划设计人员、相关行政管理部门和公司企业人员参考，也可作为相关专业大专院校师生的教学参考书。

责任编辑：朱晓瑜
责任校对：焦 乐 张 颖

新型市政基础设施规划与管理丛书
电动汽车充电基础设施规划与管理
深圳市城市规划设计研究院
韩刚团 江腾 等 编著
*
中国建筑工业出版社出版、发行（北京海淀三里河路9号）
各地新华书店、建筑书店经销
北京红光制版公司制版
北京建筑工业印刷厂印刷
*
开本：787×1092毫米 1/16 印张：15½ 字数：363千字
2017年7月第一版 2020年8月第二次印刷
定价：**40.00**元
ISBN 978-7-112-20519-6
(29991)

丛书编委会

编　写　组

主　　编：司马晓　丁　年

执行主编：韩刚团　江　腾

编撰人员：沈嘉聪　曹艳涛　刘应明　李　峰　陈永海
贝思琪　聂　婷　杜　兵　卢媛媛　孙志超
俞　露　任心欣　罗佐斌　徐环宇　刘　冉
王　安　张　翼　阚　宇

丛书序言

中国自改革开放至今30多年的工业化和城镇化发展，以其巨量、快速、高效而成为人类文明发展史的一个奇迹。这场沿着西方现代城镇化道路的追赶式发展，有超越的成功，但没能避免一些重大城市问题的出现，如环境污染、水资源短缺、能源紧张、交通拥挤等。2011年中国城镇化率过半，意味着中国的城镇化发展进入了下半程。未来，中国预计还将新增3亿城镇化人口，是发展机遇，但也面临严峻挑战。一方面，缓解生态环境、能源、资源等困境刻不容缓；另一方面，全球经济放缓和中国经济进入新常态时期让中国能否跨越中等收入陷阱面临考验。新型城镇化是以“五位一体”总布局为指引，以可持续发展为导向的发展模式转型。以“创新、协调、绿色、开放、共享”五大发展理念为指引，推进生态城市建设，是新型城镇化发展的重要路径。

深圳的城市发展是对新型城镇化的前瞻性探索和实践，其发展成就令世人瞩目，且具有世界性的典范意义。深圳卓越的社会经济增长、首屈一指的创新能力、健康的经济和财税结构，使其跻身国内一线城市之列。天蓝水清的良好生态环境，更使得深圳一枝独秀。深圳在资源、能源、环境承载力都严重不足的条件下，很好地兼顾并平衡了社会经济发展和生态环境保护，摸索出了独具特色的发展路径。

深圳特色发展模式的难能可贵之处着重体现在对城市生态建设的前瞻性重视和务实性推进。生态城市建设的关键在于，用系统论思维研究城市生态保护和修复，用城市生态系统理念完善城市规划建设管理，并坚持以法治保障生态理念的植入和有效技术措施的落实。深圳自特区成立之初即从尊重自然生态环境出发，确定且持续完善组团式城市空间结构；深圳早于中央政策要求十年在全市划定基本生态控制线并立法实施；深圳在全国率先开展了以节能减排为导向的地下综合管廊、海绵城市、电动汽车充电基础设施、新型能源基础设施、低碳生态市政基础设施等新型市政设施的规划建设工作；深圳在国际低碳城探索“低排放、高增长”城市转型发展模式……从我不完全的了解来看，深圳特色发展模式至少在三方面体现了生态城市建设的要义：一是始终坚持在规划建设中融入生态保护理念；二是依托技术措施和公共政策在规划编制及规划管理中系统性地落实生态保护理念；三是注重基础性设施的低碳生态化改造和建设。

今年10月我访问深圳期间，深圳市城市规划设计研究院（简称“深规院”）司马晓院长陪同我考察了深圳国际低碳城的规划建设情况，并向我介绍深规院应中国建筑工业出版社之邀即将出版《新型市政基础设施规划与管理丛书》。该丛书包括地下综合管廊、海绵城市、电动汽车充电基础设施、新型能源基础设施、低碳生态市政基础设施等多个分册，汇集了深规院近些年在市政设施领域开展的有关生态城市规划建设的思考和实践，其中不乏深圳和其他城市的实践案例。

应对气候变化，是人类面临的越来越严峻的挑战。工业化、城市化和科技进步拓宽了人类对自然资源利用的深度、广度和规模，推动人类文明快速发展。但与此同时，工业化和城市化打破了农业文明时代人与自然生态系统的平衡关系。灾害性气候事件频发、自然生态系统退化、水资源分布失衡、生物多样性锐减等问题，都是人类活动方式不当累积所致，为人类发展渐渐笼罩上阴影。能源、土地、水资源、粮食等供应不足或者不均衡，逐渐成为引发国际社会局部冲突的主要根源性问题。生态环境危机更是需要全球共同面对的难题。

新型市政基础设施是生态城市建设的重要基础性工作，但在我国尚处于起步阶段。新型市政基础设施的规划建设融入了绿色生态、低碳智慧的理念，积极应用新技术，以有效提高资源能源的利用效率，并改善城市生态环境。本质上，这是支撑城市转型发展的一场渐进性变革。与此同时，推动新型市政基础设施的规划建设，是推进供给侧结构性改革的重大举措，对于适应和引领经济发展新常态具有重要的现实意义。

《新型市政基础设施规划与管理丛书》是深圳经验的推广和共享，为促进更广泛、更深入的思考、探索和行动提供了很好的平台。希望深规院继续秉持创新、开放、共享的理念，大道直行，不断完善深圳特色发展模式，为新型城镇化注入特区的经验和智慧。

原建设部部长、第十一届全国人民代表大会环境与资源保护委员会主任委员

汪光焘

2016 年 11 月

丛书前言

市政基础设施主要由给水、排水、燃气、环卫、供电、通信、防灾等各项工程系统构成。市政基础设施是城市承载功能最主要的体现，对城市发展具有重要的基础性、支撑性、引领性作用，其服务水平高低决定着一座城市承载能力的大小，体现一个城市综合发展能力和现代化水平，是城市安全高效运行的坚实基础和城市健康持续发展的有力保障。

通过 60 多年的大规模投资建设，我国基础设施也经过了大规模的投资和建设，得到明显加强。根据《2015 年国民经济和社会发展统计公报》，2015 年全国固定资产投资（不含农户）额为 551590 亿元，增长 10.0%，而同期第三产业中基础设施（不含电力）投资额为 101271 亿元，增长 17.2%，这一增速不仅远远高于同期制造业及房地产投资增速，也高于投资领域整体增速。事实上，基础设施建设已当仁不让地成为中国经济社会健康可持续发展的有力支撑，持续不断地为稳增长与惠民生增添强劲动力。以给水、排水、燃气、环卫、供电、通信、防灾等为重点的多领域基础设施建设和民生工程全面开花，不仅直接拉动经济增长、创造就业，并为经济发展注入强大后劲，也通过改善民生，让人民群众真正分享到改革发展所带来的滚滚红利。

虽然近年来城市市政基础设施建设投入力度不断加大，但由于历史欠账多，投资不足和设施建设滞后的矛盾仍然突出。2013 年 9 月，国务院印发的《关于加强城市基础设施建设的意见》中明确提出当前我国城市基础设施仍存在总量不足、标准不高、运行管理粗放等诸多问题。因此随着城市规模的扩大，新型城镇化的进行，市政基础设施的类型和规模也是与日俱增，新型市政基础设施的概念也应运而生。

新型市政基础设施是指市政基础设施的新类型或者新模式，在现阶段主要包括城市地下综合管廊、海绵城市、电动汽车充电基础设施、新型能源基础设施以及低碳生态市政基础设施等。2013 年 9 月，国务院印发的《关于加强城市基础设施建设的意见》针对以上设施或模式提出了相关要求，在城市地下综合管廊方面，提出“开展城市地下综合管廊试点，用 3 年左右时间，在全国 36 个大中城市全面启动地下综合管廊试点工程”；在海绵城市方面，提出“积极推行低影响开发建设模式，将建筑、小区雨水收集利用、可渗透面积、蓝线划定与保护等要求作为城市规划许可和项目建设的前置条件，因地制宜配套建设雨水滞渗、收集利用等削峰调蓄设施”；在电动汽车充电基础设施方面，提出“推进换乘枢纽及充电桩、充电站、公共停车场等配套服务设施建设，将其纳入城市旧城改造和新城建设规划同步实施”；在新型能源基础设施方面，提出“推进城市电网智能化，以满足新能源电力、分布式发电系统并网需求，优化需求侧管理，逐步实现电力系统与用户双向互动”；在低碳生态市政基础设施方面，提出“绿色优质的原则，全面落实集约、智能、绿色、低碳等生态文明理念”。为了切实做好新型市政基础设施建设工作，国务院办公厅于2015年8月印发了《国务院办公厅关于推进城市地下综合管廊建设的指导意见》，于2015年10月印发了《国务院办公厅关于推进海绵城市建设的指导意见》和《国务院办公厅关于加快电动汽车充电基础设施建设的指导意见》，这三个指导意见，在国内迅速引起了新型基础设施建设高潮，特别是城市地下综合管廊和海绵城市建设，由财政部、住房和城乡建设部组织开展2015年、2016年两个年度地下综合管廊和海绵城市试点城市工作，中央财政对地下综合管廊试点城市给予专项资金补助。新型市政基础设施建设无疑是我国城市建设的重要里程碑，是我国城市建设由粗放式管理向精细化管理转变的重要节点之一。

新型市政基础设施作为近年来我国在城镇开发建设中大力倡导的新理念，其相关技术尚处于起步阶段，各相关技术人员以及政府管理人员对其有不同的理解，社会上不时涌现疑惑甚至质疑的声音。因此我们希望结合我们的经验，就新型市政基础设施规规划设计中一些容易混淆和模糊的理念或概念，给出较为清晰的解释，建立较为系统和清晰的技术路线或思路。同时对新型市政基础设施的投融资模式、建设模式、运营模式等管理体制进行深入研究，期望构建一个从理念到实施的全过程体系。

深圳市城市规划设计研究院是一个与深圳共同成长的规划设计机构，1990年成立至今，在深圳以及国内外200多个城市或地区完成了3500多个项目，有幸完整地跟踪了中国城镇化过程中的典型实践。市政规划研究院作为其下属最大的专业技术部门，拥有近100名市政专业技术人员，是国内实力雄厚的城市基础设施规划研究专业团队之一，一直深耕于城市基础设施规划和研究领域，早在10年前在国内就率先对新型市政基础设施规划和管理进行专门研究和探讨。在海绵城市规划研究方面，2005年编制的《深圳市水战略》，率先在国内提出了雨洪利用和低影响开发等理念；2007年编制的《深圳市雨洪利用系统布局规划》、《光明新区雨洪利用详细规划》、《深圳市居住小区雨水综合利用规划指引》等从不同的角度和层次应用低冲击开发理念；2011年承担了国家水专项低影响开发雨水系统综合示范与评估课题，率先对海绵城市示范区规划、建设及评估进行了系统研究。在综合管廊规划研究方面，编制完成了近20项综合管廊工程规划，其中2009年编制的《深圳市共同沟系统布局规划》是国内第一个全市层面的综合管廊系统整体规划，获得了2012年度华夏建设科学技术奖。在电动汽车规划研究方面，2010年编制的《深圳市东部滨海地区电动汽车充电设施布局规划研究》是国内第一个类似项目，获得了2014年度华夏建设科学技术奖。在低碳生态市政基础设施方面，《深圳国际低碳城规划》获保尔森基金会2014年度中国可持续规划设计奖和2015年度广东省优秀城乡规划设计奖一等奖；《深圳市盐田区低碳市政基础设施规划研究及试点方案》获深圳市第十六届优秀城乡规划设计奖三等奖。近年来在新型能源基础设施方面也开展了大量规划研究工作。

在中国建筑工业出版社的支持下，由司马晓、丁年、刘应明整体策划和统筹协调，组织了院内对新型市政基础设施规划设计具有丰富经验的专家和工程师编著了《新型市政基础设施规划与管理丛书》。该丛书共五册，包括《城市地下综合管廊工程规划与管理》、

《海绵城市建设规划与管理》、《电动汽车充电基础设施规划与管理》、《新型能源基础设施规划与管理》和《低碳生态市政基础设施规划与管理》。丛书的编著力求根据国情，在总结具体规划研究项目经验的基础上，进行了理论提升，突出各类新型市政基础设施的特点和要求，并附经典实例，以便为从事城市基础设施建设的规划、设计人员和广大基层干部、群众提供一些具有实践意义的参考资料和亟待解决问题的处理方法，也希望给新型市政基础设施热爱者和建设者一个有价值的参考。

丛书编写中，得到了住房和城乡建设部、广东省住房和城乡建设厅、深圳市规划国土委等相关领导的大力支持和关心，得到了各有关方面专家、学者和同行的热心指导和无私奉献，在此一并表示感谢。

《新型市政基础设施规划与管理丛书》编委会

2016年10月

本书前言

电动汽车产业发展已经成为世界各主要国家和汽车制造厂商的共同的战略选择。21世纪初的能源危机和日益严重的环境污染使汽车技术正经历着燃料多元化、动力电气化等的重大技术变革。在沉寂超过一个世纪之后，具有高效节能、低排放乃至零排放优势的电动汽车重获新生，并受到世界各国的广泛重视，一跃成为国际节能环保汽车发展的主攻方向、经济增长的突破口以及实现交通能源转型的根本途径。21世纪的第二个十年，电动汽车作为世界各主要大国今后发展的目标，趋势已经形成，世界汽车产业全面进入交通能源转型的时期，电动汽车进入了加速发展的新阶段。

我国逐步进入了大宗汽车消费时代，但令我们长期甩不掉的隐忧是能源与环境问题，汽车造成的环境污染已到了非常严峻的阶段。在目前能源危机和环境保护的双重制约下，新能源革命为我们提供了新的途径，发展电动汽车，可以降低石油依赖、减少温室气体排放、优化能源结构、促进节能减排，是解决日益严重的能源环境问题的新的途径。

2012年国家出台了《节能与新能源汽车产业发展规划（2012—2020年）》，对新能源汽车，特别是电动汽车的发展指明了方向，提出了鼓励与扶持政策。2014年7月21日国务院办公厅发布《关于加快新能源汽车推广应用的指导意见》中，针对充电设施缺乏的问题，特别提出制定充电设施发展规划和技术标准，将其纳入城市规划，并完善充电设施用地和用电政策，鼓励公共单位加快内部停车场充电设施建设。2015年，由于国家连续出台了《国务院办公厅关于加快电动汽车充电基础设施建设的指导意见》（国办发〔2015〕73号）和《电动汽车充电基础设施发展指南（2015—2020）》等一系列支持电动汽车充电设施建设的文件，国家推动新能源汽车发展的力度不断加大，电动汽车发展及其充电设施规划建设已上升为国家战略举措。电动汽车充电设施既是电动汽车发展的基础，又是其重要组成部分，电动汽车的发展离不开充电设施的建设，随着电动汽车充电设施建设的开展，将会对电动汽车的发展起到积极的引导作用，对城市的经济、社会、环保等方面产生积极的推进作用。截至2015年底，中国大陆地区新能源汽车保有量达58.32万辆，其中，2015年我国累计生产新能源汽车37.90万辆，增长迅速，同比增长4倍，中国新能源汽车销量已位居世界首位，累积销量仅次于美国，位居全球第二。

深圳市城市规划设计研究院市政规划研究院作为电动汽车及其充电设施规划设计与理论研究的专业团队，早在2009年就开始对电动汽车及其充电设施布局规划进行系统研究，期间多次组织技术团队赴日本、德国以及国内相关城市针对电动汽车推广与充电基础设施规划建设与管理进行实地考察和学习，至今已在全国各地编制完成了10余项电动汽车及其充电基础设施规划项目，逐渐形成和掌握了电动汽车充电基础设施专项规划编制的理论和方法。

笔者团队经过长期的多个项目实践及理论研究，相关项目获得了多个甲方的高度肯定，其中2010年编制的《深圳市东部滨海地区电动汽车充电设施布局规划研究》是国内第一个，获得了2014年度华夏建设科学技术奖。同建项目既得到国内近十家政府及科研机构、相关企业前来取经交流，曾应邀与德国的电动汽车及其充电设施研究团队多次交流，并受邀参加了2016年9月由中国科技部与德国交通部联合组织，在德国汉堡市举办的“电动汽车城市基础设施发展和技术的挑战”国际研讨会议。这些是我们的成绩，也是我们不断探索、继续创新前行的动力，我们继续努力，为各个城市提供更优质的技术服务，为电动汽车的快速发展、充电基础设施的规划继续贡献力量。

本书内容分为理念篇、规划篇和管理篇三部分，由司马晓、丁年负责总体策划、统筹安排等工作，由韩刚团、江腾共同担任执行主编，负责大纲编写、组织协调以及定稿等工作。本书凝结了20多位团队成员的心血和智慧，其中基础研究篇主要由沈嘉聪、江腾、韩刚团负责编写；规划技术篇主要由韩刚团、江腾、曹艳涛负责编写；管理体制篇主要由江腾、曹艳涛、贝思琪负责编写。附录主要包括国内现有标准规范和法规政策，主要由江腾、聂婷进行收集和整理。在本书成稿过程中，贝思琪、聂婷负责完善全书图表制作工作，刘应明、李峰、陈永海、杜兵、孙志超等多位同志配合完成了全书的文字校审工作。卢媛媛、罗佐斌、刘冉、王安等参与电力保障内容方面编制，并提出了很多宝贵意见。因参与成员较多，无法一一列举，在此表示深深的感谢！

本书是编写人员多年来电动汽车及其充电基础设施规划实践与理念研究工作的系统总结与提炼，希望通过本书与各位专业人士分享我们的规划理念、技术和经验。电动汽车及充电基础设施技术的快速发展时期，由于这一点，加上作者经验、人力、物力、时间的所限，书中缺点及不足难免，敬请读者不吝指出。所附的参考文献如有遗漏或错误，请作者直接与出版社联系，以便再版时补充或更正。

本书出版凝聚了中国建筑工业出版社朱晓瑜编辑等工作人员的辛勤工作，在此表示万分的感谢！

最后，谨向所有帮助、支持和鼓励完成本书的专家、领导、家人和朋友致以真挚的感谢！

《电动汽车充电基础设施规划与管理》编写组

2017年1月

目 录

1 基础研究篇

电动汽车是实现交通能源转型的根本途径，已经成为世界各主要国家和汽车制造厂商的共同的战略选择。我国电动汽车不论从技术研发还是推广应用，都与世界先进国家处于同一起点，但我国的发展更为迅速。早期仅在深圳、北京、上海等发达城市示范推广，电动汽车推广总量、充电设施建设规模均位居世界第一位，且远超其他国家。随着国家的重视与支持政策的密集出台，电动汽车及其充电设施行业迎来快速发展的重大机遇期，在全国已形成推广电动汽车、建设充电设施的高潮。

在电动汽车的发展、充电基础设施的建设过程中，存在对电动汽车的发展趋势、发展模式、充电特性、充电模式选择、充电基础设施的建设方式等方面的一些不了解、误区以及把握不准的情况，因此本章内容以电动汽车及其充电设施的定义、分类等术语解析开篇，综述了电动汽车及其充电设施行业发展历程，重点介绍了国内外电动汽车行业的发展情况，充电设施行业的发展情况，电动汽车发展模式、充电特性、充电模式与发展趋势及国内现有标准规范和法规政策解读，提出了适合我国的发展模式。

1.1 相关术语

1.1.1 电动汽车（Plug-in electric vehicle）

以车载电源为动力，用电机驱动车轮行驶，符合道路交通、安全法规各项要求的车辆。电动汽车可细分为纯电动汽车、插电式混合动力汽车以及燃料电池汽车三大类。

1.1.2 纯电动汽车（Battery electric vehicle）

完全由可充电电池（如铅酸电池、镍镉电池、镍氢电池或锂离子电池等）提供动力源，用电机驱动车轮行驶的汽车。

1.1.3 插电式混合动力汽车（Plug-in hybrid electric vehicle）

能够至少从下述两类车载储存的能量中获得动力的汽车：可消耗的燃料或可再充电能、能量储存装置。

1.1.4 燃料电池汽车（Fuel cell electric vehicle）

用车载燃料电池装置产生的电力作为动力的汽车。

1.1.5 新能源汽车（New energy vehicle）

采用新型动力系统，完全或主要依靠新型能源驱动的汽车，包括纯电动汽车、插电式混合动力汽车及燃料电池汽车。概念等同于电动汽车。[1]

1.1.6 电动汽车充电站（Electric vehicle charging station）

采用整车充电模式为电动汽车提供电能的场所，应包括 3 台及以上电动汽车充电设备（至少有 1 台非车载充电机），以及相关供电设备、监控设备等配套设备。[2]

1.1.7 充电设备（Charging equipment）

指充电设施的固定电气设备，包括但不限于配电箱、电缆、管道、线槽、插座和电动汽车供电设备。

1.1.8 直流充电机（DC charging piles）

固定安装在电动汽车外，与交流电网连接，可以为非车载电动汽车动力电池提供直流电源的供电装置。

1.1.9 交流充电桩（AC charging piles）

采用传导方式为具备车载充电机的电动汽车提供交流电能的专用装置。

1.2 电动汽车、充电基础设施分类及比较

1.2.1 电动汽车类型及比较

电动汽车按类型主要分为纯电动汽车、插电式混合动力汽车和燃料电池汽车三种，各自有优缺点。[3]

1. 纯电动汽车

（1）优点

纯电动汽车（图 1-1）有以下优点：1）纯电动汽车使用电能，在行驶中无废气排出，不污染环境；2）电动汽车比汽油机驱动汽车的能源利用率要高；3）电动汽车比汽油机驱动汽车的噪声小很多，噪声污染小；4）由于电力可以从多种一次能源获得，如煤、核能、水力、风力、光、热等，解除人们对石油资源日见枯竭的担忧；5）可错峰充电，充分利用晚间用电低谷时富余的电力充电，使发电设备日夜都能充分利用，大大提高其经济效益。

（2）缺点

纯电动汽车有以下缺点：1）续驶里程较短；2）采用蓄电池及电机控制器使成本较高；3）现阶段充电时间长；4）目前没有授权服务站，维护成本较高；5）现阶段蓄电池寿命短，几年就需更换。

有专家认为，对于纯电动汽车而言，最大的障碍就是基础设施建设以及价格影响了产

业化的进程。与混合动力相比，电动汽车更需要基础设施的配套，这不是一家企业能解决的，需要各企业联合起来与当地政府部门一起建设，才会有大规模推广的机会。

图 1-1　纯电动汽车结构图

图片来源：上海热线汽车频道

2. 混合动力汽车

（1）优点

如图 1-2 所示。1）与传统汽车相比，由于内燃机总是工作在最佳工况，油耗非常低；2）内燃机主要工作在最佳工况点附近，燃烧充分，排放气体较干净，起步无怠速（怠速

图 1-2　混合动力电动汽车结构图

图片来源：南方网

停机）；3）不需要外部充电系统，一次充电续驶里程、基础设施等问题得到解决；4）电池组的小型化使成本和重量低于电动汽车；5）发动机和电机动力可互换，低速时可用电机驱动行驶。

采用混合动力后可按平均需用的功率来确定内燃机的最大功率，此时处于油耗低、污染少的最优工况。当需要大功率而内燃机功率不足时，由电池来补充；当负荷少时，富余的功率可发电给电池充电，由于内燃机可持续工作，电池又可以不断得到充电，故其行程和普通汽车一样。在繁华市区，可关停内燃机，由电池单独驱动，实现“零”排放。

（2）缺点

混合动力汽车有以下缺点：1）环保效果不明显。现阶段的混合动力汽车行驶中以耗油为主，不能很好地达到降低尾气污染的效果；2）长时间高速或匀速行驶不省油。混合动力车在行驶中越是频繁制动减速，或频繁地起步停车就会相对更为节能。而如果处于长时间匀速行驶中，其节能效果就会相应降低；3）技术不成熟，相关产品定价过高，电动机和内燃机两套动力系统的造价远比一套动力系统的成本高。

3. 燃料电池汽车

（1）相关概念

燃料电池汽车（图 1-3）是指以氢气、甲醇等为燃料，通过化学反应产生电流，依靠电机驱动的汽车。其电池的能量是通过氢气和氧气的化学作用，而不是经过燃烧，直接变成电能的。

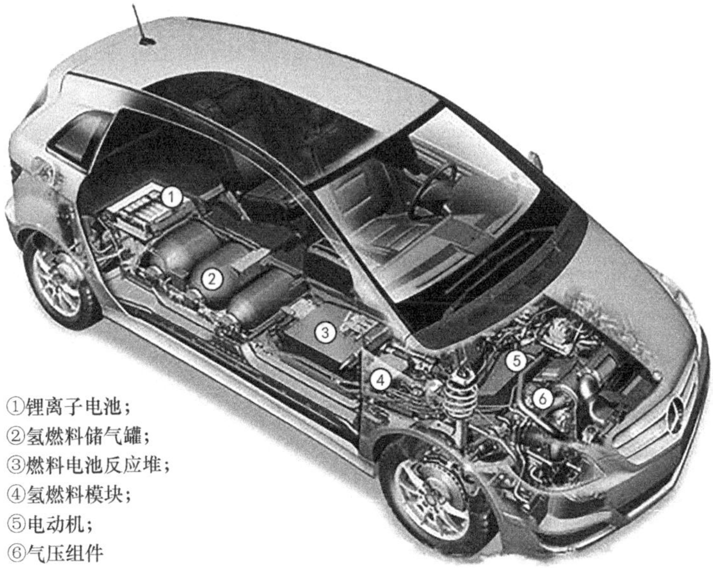

图 1-3　燃料电池汽车结构图

图片来源：autohome. com. cn

（2）优点

与传统汽车、纯电动汽车技术相比，燃料电池电动汽车具有以下优点。

1）零排放或近似零排放，绿色环保。燃料电池电动汽车在本质上是一种零排放汽车，燃料电池没有燃烧过程，若以纯氢作燃料，通过电化学的方法，将氢和氧结合，生成物是清洁的水；采用其他富氢有机化合物用车载重整器制氢作为燃料电池的燃料，生成物除水之外还可能有少量的CO_2，但其排放量比内燃机要少得多，且没有其他污染排放（如氧化氮、氧化硫、碳氢化物或微粒）问题，接近零排放。与传统汽车相比既减少了机油泄漏带来的水污染，又降低了温室气体的排放。

2）能量转换效率高，节约能源。燃料电池的能量转换效率极高。燃料电池没有活塞或涡轮等机械部件及中间环节，不经历热机过程，不受热力循环（卡诺循环）限制，故能量转换效率高，燃料电池的化学能转换效率在理论上可达100%，实际效率已达60%～80%，是普通内燃机热效率的2～3倍（汽油机和柴油机汽车整车效率分别为16%～18%和22%～24%）。因此，从节约能源的角度来看，燃料电池汽车明显优于使用内燃机的普通汽车。

3）燃料多样化，优化了能源消耗结构。燃料电池所使用的氢燃料来源广泛，自然界中，氢能大量存储在水中，可采用水分解制氢，也可以从可再生能源中获得，可取自天然气、丙烷、甲醇、汽油、柴油、煤以及再生能源。燃料来源的多样化有利于能源供应安全和利用现有的交通基础设施（如加油站等）。燃料电池不依赖石油燃料，各种可再生能源可以转化为氢能被有效利用，减少了对石油资源的依赖，优化了交通能源的构成。

4）续驶里程长，性能优于其他电池的电动汽车。采用燃料电池作为能量源，克服了纯电动汽车续驶里程短的缺点，其长途行驶能力及动力性已经接近于传统汽车。燃料电池汽车可以车载发电，只要带上足够的燃料，它可以把我们送到任何想去的地方。燃料电池电动汽车在成本和整体性能上（特别是行程和补充燃料时间上）明显优于其他电池的电动汽车。

5）过载能力强。燃料电池除了在较宽的工作范周内具有较高的工作效率外，其短时过载能力可达额定功率的200%或更大，更适合于汽车的加速、爬坡等工况。燃料电池的短时过载能力可达200%的额定功率。

6）运行平稳、低噪声燃料电池属于静态能量转换装置，除空气压缩机和冷却系统以外无其他运动部件，因此与内燃机汽车相比，摆脱了马达的轰鸣，运行过程中噪声和振动都较小。

7）燃料电池的化学反应过程不会产生有害产物，因此燃料电池车辆是无污染汽车，燃料电池的能量转换效率比内燃机要高2～3倍，因此从能源的利用和环境保护方面，燃料电池汽车是一种理想的车辆。

（3）缺点

汽车业界普遍认同的一个观点是，燃料电池技术是内燃机技术最好的替代物，代表了汽车未来的发展方向。但如果将发展燃料电池汽车的几个制约因素考虑进来，则会发现燃料电池汽车目前和今后一段时间尚不具备商业化的条件。

1）燃料电池汽车的制造成本过高。制约燃料电池汽车推广应用的最大因素之一是燃料电池的生产成本一直居高不下。据美国能源部测算，目前燃料电池的生产成本已降为500美元/kW。专家估计，只有当燃料电池的生产成本降至50美元/kW的水平才能为消费者所接受，才能创造巨大的市场效益。从经济学角度讲，高成本很难完成市场化推广，而无法实现市场化就不可能大规模批量生产，进而成本就无法降下来，最终导致成本与销售的恶性循环。

2）燃料电池汽车的使用成本也过高，氢气的售价并不廉价，因此燃料电池汽车的运行成本并不乐观。目前由燃料电池发电系统提供 1kW·h 电能的成本远高于各种动力电池，这从一个侧面反映了作为汽车动力源，燃料电池还有相当远的距离。

3）启动时间长，系统抗震能力还需提高。采用氢气为燃料的燃料电池电动汽车（简称“FCEV”）启动时间一般需要超过 3min，而采用甲醇或者汽油重整技术的 FCEV 则长达 10min，比起内燃机汽车启动的时间长得多，影响其机动性能。此外，当 FCEV 受到振动或者冲击时，各种管道的连接和密封的可靠性需要进一步的提高，以防止泄漏，降低效率，以及严重时引发的安全事故。

4）经济且无污染地获取纯氢燃料还存在技术难点。通过重整或改质技术转化传统的化石燃料获取纯氢天然气，不仅要消耗大量的能量，而且并没有从根本上摆脱对化石能源的依赖，也没有从根本上消除对环境的污染。自然界中，氢能大量存储在水中，虽然取之不尽，但直接使用热分解或是电解的办法从水中制氢显然不划算。因此多数科学家都将目光转向了利用太阳能，但是还存在许多技术障碍。目前，他们正在进行太阳能分解水制氢、太阳能发电电解水制氢、阳光催化光解水制氢、太阳能生物制氢等方面的研究。只有到了能以再生性能源廉价地生产出氢燃料的时候，氢燃料电池民用汽车的燃料问题才算获得了根本性解决。

5）氢燃料电池汽车燃料的供应还有大量的技术问题有待解决。通常氢能以三种状态存储和运输：高压气态、液态和氢化物形态。用常用的压缩气体罐储存的氢，只能供燃料电池汽车行驶 150km，续驶里程太短，还不如蓄电池驱动的汽车。由于氢气是最小的分子，很容易造成泄漏。哪怕是微量的泄漏，都有可能造成极度可怕的后果。而在−253℃的条件下储存液氢的深度制冷技术目前还很不成熟。就全球来说，目前能够加液氢的加氢站也没有几家。值得欣慰的是，储氢材料的开发已取得了一定的进展。

6）供应燃料辅助设备复杂，且质量和体积较大。在以甲醇或者汽油为燃料的 FCEV 中，经重整器出来的“粗氢气”含有使催化剂“中毒”失效的少量有害气体，必须采用相应的净化装置进行处理，增加了结构和工艺的复杂性，并使系统变得笨重。目前普遍采用氢气燃料的 FCEV，因需要高压、低温和防护的特种储存罐，导致体积庞大，也给 FCEV 的使用带来了许多不便。

7）稀有金属铂金 Pt 被大量应用也制约着燃料电池电动汽车的推广应用。稀有金属铂金作为燃料电池必不可少的反应催化剂，按照现有燃料电池对铂金的消耗量，地球上所有的铂金储量都用来制作车用燃料电池，也只能满足几百万辆车的需求。

8）加氢站等基础设施建设几乎为零，目前全球范围内投入使用的加氢站仅有 100 多家，且大部分是用于实验用途的。如果说技术和成本是科研机构和企业通过努力可以自行解决的问题，那么相应的配套设施建设则不是举一人之力可以完成的，需要国家政策、产业链条、基础设施建设等多方面的准备，并及时制定完善的行业标准和规范。加氢站等基础设施建设，既涉及城市规划、交通、电力等问题，又要解决投资和经营者的获利问题，同时还要有效解决加氢的核心技术和统一标准等问题。对于有一定行驶区间的公交车而言，这个问题可能容易解决，但是对于私家车而言要解决这些问题就任重而道远了。

4. 三种类型电动汽车的综合比较

通过以上分析，三种电动汽车优劣势各有不同，都有自身的适应范围及技术瓶颈，本章从技术、经济、现实状况三方面进行比较汇总，见表 1-1。

三种电动汽车技术、经济、现实状况比较　　表 1-1

项目	混合动力汽车 HEV	纯电动汽车 EV	燃料电池汽车 FCEV
关键技术（新技术）	动力电池、驱动电机、电路控制、动力切换器、传统内燃机系统	动力电池、驱动电机、电控系统	动力电池、驱动电机、功率转换器、电控系统
使用能源种类	汽油、天然气、生物质能源、充电电能（一、二次能源混用）	充电电能、煤炭殆尽（二次能源）	氢气、甲醇等发电电能（二次能源）
能源储量及储运安全性	开采殆尽，可用 30 年，储运用专业设备，易燃易爆	煤炭逐日减少不可再生，储运安全	氢气、甲醇均没有天然储量，储运用专业设备，易燃易爆
碳排放与污染气体	碳排放量有所降低，氮氧化物污染气体有所减少，但不是零排放	使用期间无碳排放、无污染气体排放。充入的电能，如果是火电，据美国试验统计：碳排放量相当于传统汽车的 70%	无碳排放、无污染
运行噪声	噪声大	及无噪声	及无噪声
技术瓶颈	技术较成熟完善，动力电池有待完善	最优动力电池为锂电池，锂电池体积与储能比偏大，有待完善	技术有一定基础，但远远不能商业化运作，燃料电池堆是瓶颈
能源补给站点造价	中型加油站造价 300 万元	充电站点 300 万元，充电柱 1.5 万	加氢站无数据，基于储存安全需求，预计不低于加油站
生命周期	属于过渡性车型，15～30 年	预测 50 年	预测久远
驱动部件技术现状	燃油系统，成熟可靠，技术成熟度 100%	驱动电机，方兴未艾，技术成熟度达 80%	驱动电机，方兴未艾，技术成熟度达 80%
控制系统技术现状	燃油系统，成熟可靠，技术成熟度 100%	有待进一步完善，初步实现商业化	有待研制完善
技术的通用性（其他行业适用性）	内燃机技术，凡需动力源的行业，均需用	电动机技术已经普及，多行业使用充电技术会在现代通讯领域适用	凡需电力驱动的行业均可使用
运行过程能量输出衰减情况	无衰减，能量呈脉冲规律输出，运行车体震动较大	无衰减，能量平稳输出，运行车体无震动	无衰减，能量平稳输出，运行车体无震动

1.2.2 充电基础设施分类

电动汽车充电基础设施是一种专为电动汽车的车用电池充电的场所及设备，是对电池充电时用到的有特定功能的电力转换装置。

1. 充电站

本书中的充电站分为三大类：公交车充换电站、物流环卫等专用车充电站、城市公共充电站。

（1）公交车充换电站，主要为公交客车提供充电服务（图 1-4）。

图 1-4 公交车充换电站典型示例

（2）物流环卫等专用车充电站，为物流园区、港口码头、环卫垃圾运输车辆提供充电服务（图 1-5）。

图 1-5 物流环卫车充电站典型示例

（3）城市公共充电站，均为快充站，可为旅游客车、企业通勤车、城际客运车辆、私人乘用车、公务车、出租车、租赁车、物流环卫等专用车提供充电服务（图 1-6、图1-7）。

图 1-6　城市公共充电站典型示例

图 1-7　电动汽车充电站典型示例

2. 充电桩

本书中的充电桩分为三大类：私人乘用车充电桩、公共充电桩、专用充电桩。

（1）私人乘用车充电桩，指位于居住用地内，主要为本居住用地内居民提供充电服务的充电桩（图 1-8）。

（2）公共充电桩，指位于居住用地之外的各类公共场所（不含企事业单位内部），如公共停车场、路边停车位、行政商贸文化办公场所等所配置的，为社会大众提供充电服务的充电桩（图 1-9）。

（3）专用充电桩，指位于企事业内部，专为本单位公务车辆及办公、办事人员提供充电服务的充电桩（图 1-10）。

图 1-8　私人乘用车充电桩典型示例

图 1-9　公共充电桩典型示例

图 1-10　专用充电桩典型示例

1.3 电动汽车产业发展情况

电动汽车的兴起虽然只经历了十余年时间，但其发展最早可回溯至19世纪早期，属于与燃油汽车同时代的产物。电动汽车的研发以电动机和用于储能的铅酸蓄电池作为发展的基础。在发展的最初阶段，众多领域的先驱人物为电动汽车的研发贡献了力量。进入21世纪以后，电动汽车产业逐步成熟，进入了快速发展阶段，已成为世界各主要国家的战略选择。

1.3.1 发展历程

电动汽车是人类近年来为数不多的产业机遇。由于车辆驱动能量形式发生了根本变化，加上石油能源危机越来越严重，以燃油为主体的汽车技术亟待更新，电动汽车的出现提供了解决这些问题的新途径。传统汽车生产企业已经形成了较为完善的产业链，而电动汽车无论是在技术方面还是市场普及方面都有很长的一段路要走。

到目前为止，世界电动汽车产业化的发展主要经历了五大阶段[4]：

1. 第一阶段：开端岁月（1830～1890年）

1834年，美国铁匠兼发明家托马斯·达文波特（Thomas Davenport）研制出第一台由电动机驱动的电动车，采用的是不可充电的玻璃封装蓄电池，只能行驶一小段距离，电池提供的有限能源阻碍了它的实际应用。

图1-11 世界第一辆电动汽车

图片来源：汽车时代网

直到1859年，随着法国物理学家加斯顿·普兰特研发出铅酸蓄电池，为电动汽车提供可靠并且足够动力的可充电电池才得以实现，也为电动汽车的实用化打下了基础。

1873 年，英国人罗伯特·戴维森制作了世界上最初的实用型电动汽车，车的动力来自于蓄电池。这辆电动车比卡尔·本茨发明的燃油汽车足足早了十多年。然而，由于当时的技术水平和社会环境所限，电动汽车并没有得到全面的推广。

1884 年，英国发明家托马斯·帕克，用他自主设计的高容量可充电电池，在伦敦制造了另一款实用型电动汽车。在此之后，托马斯·帕克创建的埃尔韦尔·帕克公司于 1896 年制造了第一辆电力机车，称为“电动狗车”。这家公司在 19 世纪 90 年代的英国电动汽车市场具有真正的垄断地位。

1891 年，美国人威廉·莫里森制造了六座电动厢式客车，电动汽车开始受到美国人的重视。随后，汤姆斯·爱迪生试图制作一种新型电池，以使电动汽车更具经济性。他的研究最终带来了碱性电池的发明。

2. 第二阶段：黄金时代（19 世纪 90 年代～20 世纪初期）

电动汽车的发展热度在 19 世纪 90 年代至 20 世纪初期迅速升温，电动汽车的生产技术得到了高速发展，相对于燃油汽车的优势逐渐形成。

19 世纪末，电动汽车批量化生产初次萌芽，美国、英国和法国的许多公司开始生产电动客车。最早的电动客车制造商包括莫里斯公司、萨洛姆公司以及蒲柏汽车等公司。到 1898 年年底，蒲柏公司共制造了大约 500 辆哥伦比亚型电动汽车。在 1899～1906 年间，法国的 BGS 公司生产了多种不同类型的商用型电动汽车，包括小汽车、货车、客车和豪华轿车。1897 年，美国费城电车公司研制的纽约电动出租车实现了电动车的商用化。20 世纪初，安东尼电气、贝克、底特律电气、爱迪生、斯蒂旁克和其他公司相继推出电动汽车，电动车的销量全面超越传统燃油汽车（图 1-12）。

图 1-12 1913 年爱迪生与电动汽车的合影

图片来源：汽车时代网

由于动力电池技术的限制，这些早期电动汽车的最大时速被限制在32公里/小时以内。尽管如此，电动汽车在20世纪早期仍比同时代竞争者具有相当大的优势。与燃油汽车相比，电动汽车行车更稳定，不产生气味以及噪声，并且不需要手动去启动汽车。电动汽车的特性使其在富人阶层中备受欢迎，他们用电动汽车作为城市内用车，最大程度上规避了续航里程的缺陷。基于操作的便利性，电动汽车曾一度被市场定位为女性驾驶员的合适座驾。

在电动汽车早期的发展中，曾一度因为缺乏充电配套设施而受到阻碍，但是随着电网的高速发展，电动汽车迅速普及。到了1912年，很多美国家庭都已经通电，从而能够在家中完成充电。在世纪之交，电动汽车进入了一个商业化的发展阶段。1898年，欧洲每14辆出租车中就有13辆电动汽车。1900年，美国统计的汽车年产量约为4140辆，包括电动汽车1575辆（约占38%），蒸汽机车1629辆（约占40%），燃油汽车936辆（约占22%），反映出电动汽车的普及程度。在电动汽车发展的高峰，美国一度有33842辆登记在册的电动汽车，成为电动汽车普及度最高的国家。当时大部分电动汽车都为上层阶级客户打造大型、华丽的车厢，内部以昂贵的材料打造，装潢极尽奢华。20世纪初，电动汽车的销量达到了顶峰。

3. 第三阶段：衰落时期（20世纪初～70年代）

在20世纪初，全球有几乎30%的汽车由电力驱动。然而，技术的进步正逐步将汽车的发展推向燃油汽车的时代。1897年，海勒姆·帕西·马克沁研发的消音器使燃油汽车的噪声控制在了一个可接受的范围内。1912年，查尔斯·凯特林发明的电动启动器，让燃油汽车的操作更加便利，不再需要用一个手动摇杆来启动燃气引擎。最后，福特公司推出的量产型燃油汽车Model T（图1-13），一方面极大地降低了整车售价，另一方面使汽车的续航里程得到有效的提升。与此对应，同级别电动汽车的价格却在持续上升。到1912年，一辆电动汽车的价格几乎可达同级别燃油汽车的两倍。

图1-13　量产型燃油汽车Model T

图片来源：汽车之家网

也就是在这一时期，电动汽车的统治地位开始下降。到20世纪20年代末，囿于有限的续航里程以及马力，电动汽车已不再有大规模的需求。在20世纪初享尽盛誉之后，电动汽车开始渐渐失去其在汽车市场中原来的地位，技术的革新催生了汽车行业的变革。到20世纪20年代，全球大规模的道路设施建设，给长距离行驶提供了基础，进一步凸显出电动汽车在续航里程方面的劣势。世界范围内发掘的大量石油储备带来了价格低廉的燃油，使燃油汽车在长距离行驶中成本再度降低。电动汽车则因为速度慢（时速不超过24～32km）以及有限的续航里程（50～65km），被局限在城市内部使用。

在20世纪60年代后期，美国和加拿大的三大汽车制造商都制定了各自的电动汽车计划。1967年，美国汽车公司与古尔顿工业联合开发一种基于锂材料的电池以及速度控制器。1969年，镍-镉电池首次用于驱动一辆纯电动汽车——漫步者美国旅行车。十余年间，概念电动汽车层出不穷，比如1965年的Scottish Aviation Scamp，1966年的Enfield8000以及通用汽车燃油车型的电动版——1966年的Electrovair以及1976年的Electrovette。然而上述车型都没有能进行量产。电动汽车缺乏商业化的动力，发展缓慢，始终处于行业低谷。

4. 第四阶段：复兴时期（20世纪70年代～21世纪）

在电动汽车风潮逝去了多年之后，20世纪70～80年代的能源危机重新把人们的眼光带回到电动汽车。人们开始日益关注空气质量和温室效应所产生的影响；各国投入大量的人力和财力进行电动汽车的研发，电动汽车行业出现复苏景象。

1990年9月，加利福尼亚州空气质量管理局（CARB）作为加州负责空气治理的政府机构，通过了《关于强制使用无排放车辆（ZEV）法案》，规定从1998年起整个加州销售的汽车中无排放电动汽车应达到2%，2001年为5%，2003年增加为10%。加州空气质量管理局的目标着眼于推进低油耗和低排放的汽车，最终普及电动车这样的零排放车型（图1-14）。美国能源部推行"关于电动汽车研究开发计划"，由电力研究所和民间机构等负责进行普及活动。

图1-14 零排放汽车（ZEV）

日本对电动汽车的研究和开发，始于20世纪70年代，由工业技术院对电驱动机进行设计。之后，国立研究所、汽车制造厂、电池制造厂、电机制造厂等相继进行研究和开发。

欧洲虽没制定电动汽车的法规，但法国、德国等都制定了各自的发展计划，并积极投入资金，以推动电动汽车的发展和普及。欧洲的主要国家认为电动汽车的应用市场主要在公共交通领域，所以对电动客车的研发比较重视。

5. 第五阶段：现代产业化阶段（21世纪至今）

21世纪初的能源危机，把人们的关注点再一次聚焦到电动汽车身上，更多的汽车厂商逐步放弃能源利用率低下的SUV，转而青睐于小型汽车、混合动力汽车以及电动汽车。1997年，丰田生产出结合电力以及汽油技术的混合动力汽车——普锐斯，给汽车市场注入了新鲜血液。普锐斯迅速获得市场的认可，在投产当年即取得1.8万辆的销量。普锐斯在综合成本控制方面的优异表现，让市场重新对电动汽车燃起兴趣。此后于1997～2000年间，众多大型车企，诸如丰田、福特等，均如法炮制，纷纷公布自己的混合动力汽车型号，部分厂商也开始研发新的电动汽车车型，顺应消费者对拥有一款能摆脱油价波动影响的汽车的愿望。

2004年前后，电动汽车逐步出现在各地政府以及汽车制造商的议题当中。但在时间节点上，全球各大汽车制造厂商，包括通用汽车公司、丰田公司内部所有天才级的人物都相信锂电池技术的发展还需要至少十年时间。然而一夜之间，加州电动汽车厂商特斯拉的出现打破了行业的预期。特斯拉从2004年开始研发特斯拉Roster，到2006年问世，成为美国第一辆能满足高速公路标准的纯电动力汽车。它同时也是首辆使用锂电池动力，且续航里程超过320km的量产型纯电动汽车。首款特斯拉Roster于2008年开售，定价为98950美元。这一价格显然无法为美国普罗大众所接受。如图1-15所示。

图1-15　现代量产型电动汽车-特斯拉Model X

2008年7月，全球汽油价格上涨至4美元每加仑，同时汽车销量降至十年来的冰点。各国政府进一步意识到电动汽车在环境保护乃至能源安全及独立问题上的重要性，在全球经济低迷的时候，一些汽车制造商大胆地进行转型，加快汽车的电气化研究，以作为恢复和重建经济的战略。2009年6月，美国政府宣布向福特、特斯拉以及尼桑等车企提供超过80亿美金的贷款，以支持电动汽车的研发。城市、政府以及其他重要的产业角色以合伙人的身份开始介入电动汽车市场，承担起基础设施的建造及研发任务。2010年12月，尼桑公布纯电动汽车车型——聆风。它具备单程160km的续航里程以及最高144km/h的时速，是大型车企推出的首款量产型纯电动零排放家庭两厢车，这款纯电动车使用先进的锂电池组作为动力源，采用先进的制动能量回收系统，充电至80%仅需花费半小时。聆风车型的成功极大地鼓舞了其他车企研发电动汽车自主品牌的积极性。自尼桑发布聆风车型以来，其他车型诸如福特福克斯电动版、Smart电动版、沃尔沃C30、雪佛兰沃特、特斯拉Model S、雷诺风朗、本田飞度电动汽车、宝马ActiveE等纷纷推出。

量产型电动汽车产业在2008～2015年间取得爆发性发展，全球电动汽车销量以年均翻倍的速度进行增长。到2015年年底为止，尼桑聆风以20.1万辆的累积销量位列世界电动汽车销售排行榜首位。特斯拉Model S以10.7万辆的全世界销量位列销量榜第二，它同时也是2015年全世界最畅销的电动汽车。

经历十余年的产业化发展，电动汽车重新进入人们的视野，并在中、美、日、德等国取得了一定的成就，但电动汽车的整体市场份额仍然非常有限，推广应用的进程依然艰巨。现阶段，电动汽车最大的困境在于续航里程的优化，充电基础设施的完善以及公众意识的提升。此外，锂电池技术还有待革新。尽管有诸如此类问题的存在，纯电动及混合动力电动汽车的技术不断趋向成熟，电动汽车的全球销售正在急速攀升，电动汽车终将占领汽车市场一席之地的趋势已不可逆转。

1.3.2 发展现状

1. 全球典型国家电动汽车销售状况

全球电动汽车的产业化起步较晚。在 2007～2010 年间，全世界范围内仅仅只销售了 11768 辆新能源汽车。与此相对比的是，在百年前的 20 世纪初，电动汽车保有量就曾一度达到过 3 万辆的峰值。自 2010 年，第一批由大型车企量产的电动汽车——日产聆风以及雪佛兰沃特概念车问世之后，电动汽车销量迅速攀升。2011 年末，全球电动汽车累计年销量达 5 万辆，并且跨越式增长至 2012 年的 12.5 万辆以及 2013 年的 21.3 万辆。2014 年，全球电动汽车销量更是增长至 31.5 万辆，同比增长幅度达到 48%。2015 年，全球电动汽车的销量超过 68 万辆，对比 2011 年，短短 4 年时间累计增幅超过10 倍[5]。

纵观全球电动汽车产业发展历程及现状，美、日、德、法等汽车工业强国电动汽车产业起步较早，在强有力的市场竞争下蓬勃发展；中国、荷兰、挪威等国汽车工业相对薄弱，在政府一系列政策措施的扶持下，也成为主要的电动汽车消费市场。如图1-16所示。

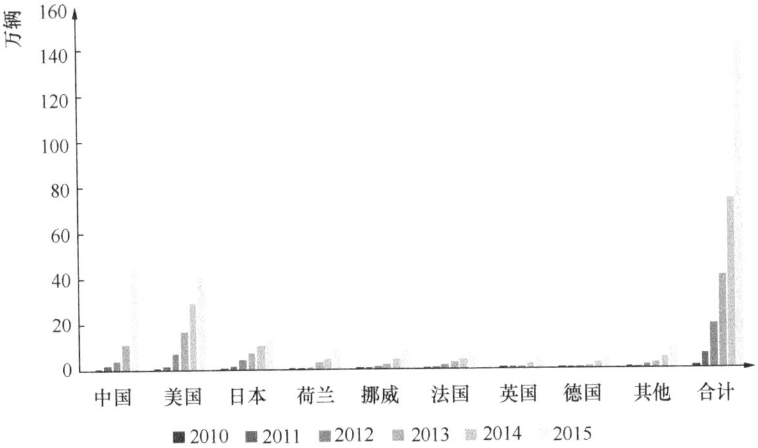

图 1-16 重点国家电动汽车销量统计（万辆，2010～2015 年）

2. 全球电动汽车保有量状况

2015 年，全球电动汽车保有量已经突破一百万辆的大关，达到 142 万辆，这是一个对各地政府以及汽车厂商而言，极具象征意义的里程碑。2005 年，在电动汽车的起步之年，电动汽车还仅仅只能以百作为单位计算。电动汽车保有量自 2010 年开始取得长足增长，在过去 2010～2015 年的 5 年时间里，全球电动汽车保有量以惊人的指数型增长，平均年增长率高达 168%。

目前，世界上电动汽车保有量的 80%集中于中、美、日本、荷兰以及挪威这 5 个国家。急速增长的电动汽车销售市场，使中国在 2015 年保有量首次超越美国，攀升至第一位，成为全球最重要的电动汽车市场，也是世界上最大的电动公交车市场。如图 1-17所示。

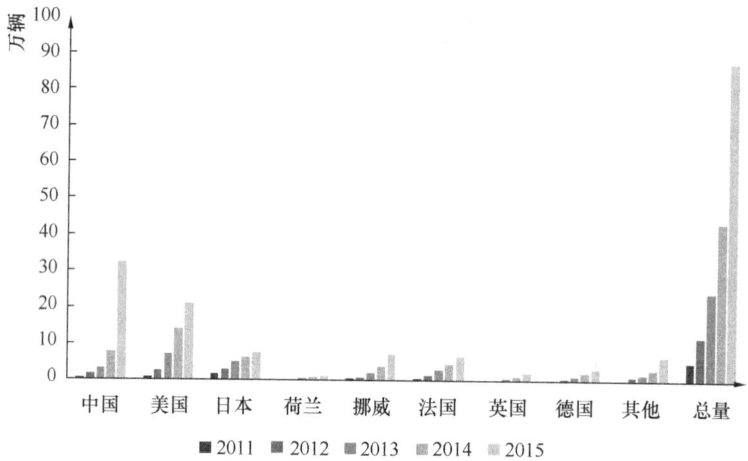

图 1-17　全球电动汽车保有量增长情况（万辆，2010～2015 年）

在电动汽车分类型推广方面，纯电动汽车在数年的发展中，始终优于混合动力电动汽车。2015 年，全球电动汽车保有量达到 142 万辆，包括 87 万辆纯电动汽车，以及 55 万辆混合动力电动汽车。其中，中国、日本、挪威、法国、德国以纯电动汽车作为主导车型；美国、荷兰、英国则主推混合动力电动汽车。各国在电动汽车产业发展路径上尚存在一定的分歧。

每千人电动汽车保有量也是电动汽车产业发展的重要指标。据统计数据显示，尽管 2015 年中国的电动汽车销量、保有量已位居全球首位，但每千人电动汽车保有量在全球重点国家中仍然位列倒数，每千人拥有电动汽车 0.32 辆。挪威、荷兰以及瑞典三个北欧及西欧国家，位列电动汽车人均保有量的前三位，显示出欧盟对电动汽车产业发展的重视。如图 1-18 所示。

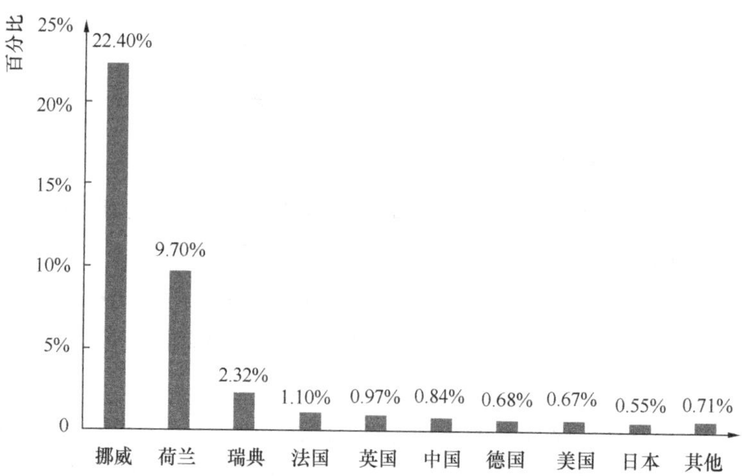

图 1-18　每千人电动汽车保有量（辆，2015 年）

1.3.3 发展规划

尽管全球电动汽车销量在过去数年间保持了年均翻番的高速增长，并具备可观的发展前景，但到2015年，全球电动汽车市场份额占比仍非常低，相对于全球约10亿的汽车保有量，仅为0.1%。

面对广阔的发展空间，在电动汽车前景规划方面，国际能源署（IEA）下属的电动汽车倡导组织（EVI）为电动汽车产业发展设立了目标，预计到2020年全球保有量达到2000万辆。达成这一目标需要将电动汽车的全球份额提升至1.7%。

全球有超过14个国家为电动汽车产业发展设定了2015～2020年间的量化发展目标[6]。表1-2统计了各国电动汽车保有量以及市场份额的官方目标。至2020年，上述目标预计共推广应用1350万辆电动汽车。

各国2020年电动汽车推广应用计划及目标　　表1-2

已公布2020年远景目标的国度	2015年电动汽车保有量（万辆）	2020年电动汽车目标保有量（万辆）	2020年电动汽车目标保有量占比	目标制定年份
中国	44.44	500	3%	2012
美国	40.56	120	2%	2015
日本	12.87	100	2%	2016
荷兰	8.89	30	4%	2016
法国	7.43	200	6%	2011
英国	4.97	160	5%	2013
德国	4.96	100	2%	2015
丹麦	0.81	20	9%	2011
印度	0.6	30	1%	2014
西班牙	0.6	20	1%	2015
澳大利亚	0.53	20	4%	2012
韩国	0.43	20	1%	2015
爱尔兰	0.2	10	3%	2014
葡萄牙	0.2	20	5%	2015
上述国度保有量总和	127.49	1350	3%	

注：表格来源：Global EV Outlook 2016：Beyond one million electric cars.，International Energy Agency Publications，2016。

2014～2015年，全球电动汽车保有量增速为91.9%，而达成以上各国制定的电动汽车总体目标，需要电动汽车在保有量基数不断上升的前提下，在未来的5年中保持约60%的年均增速，将对各国电动汽车推广应用计划提出不小的挑战。

2015 年 12 月，第 21 届联合国气候变化大会宣布了在“利马—巴黎行动纲领”框架下制定的《巴黎协定》。其中协定中关于电动汽车及气候变化的行动计划，提出 2030 年全球电动汽车保有量 1 亿辆的目标，实现全球低碳化以及可持续发展的目标。

电动汽车自 21 世纪初重新进入人们的视野，仅仅经历了十余年的发展，而从 2010 年开始的量产型电动汽车产业化的快速增长期，至今也仅历时五年。对于电动汽车未来的发展，是否可以持续当前的高快速增长，尚无定论，因此也产生了对发展规模的多种预测。各国政府对电动汽车补贴政策的逐步退坡，以及逐步市场化，必将使电动汽车销量增速逐步趋缓。上述预测路线提出的电动汽车保有量预测均基于销量增长速度的减缓情况，与电动汽车市场规模扩大后再投资的成本增加是相一致的。电动汽车市场长期的良性发展，需要各国保持持久旺盛的市场活力，也需要世界各国的通力合作。

1.3.4 世界主要国家电动汽车发展情况

1. 美国

（1）发展现状

在很长一段历史时期，美国汽车是以大排量、大空间、高舒适性为鲜明特点。但随着汽车过度普及和能源危机，美国政府逐渐意识到交通领域的石油消耗已威胁到美国的能源安全。从 2005 年开始，美国对节能减排与电动汽车的支持力度逐步加大，先后在克林顿时期和小布什时期实施了“新一代汽车合作伙伴（PNGV）计划”“自由汽车（Freedom-CAR）计划”等国家级汽车产业发展计划，重点支持环境友好型汽车的研发及相关技术创新。其年度销售量统计见图 1-19。

截至 2016 年 4 月底，美国电动汽车保有量仅次于中国，位居全球第二位。

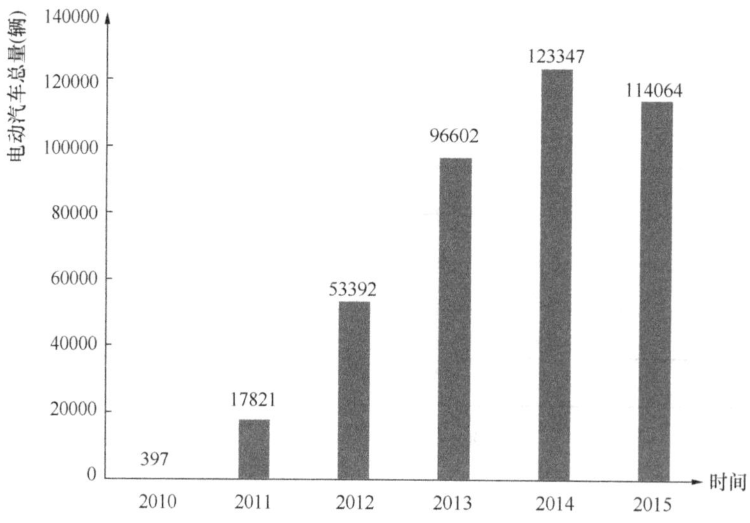

图 1-19　美国电动汽车年度销售量统计（2010～2015 年）图

美国电动汽车推广应用存在较大的地域差异，高度集中于美国西部沿海、东部沿海及五大湖区域等经济发达地区。加利福尼亚作为美国推广应用电动汽车最早的行政州，每千人电动汽车保有量高达 4.68 辆[7]，位居美国榜首，达到世界先进水平，其次为夏威夷、华盛顿州以及佐治亚州等（图 1-20）。

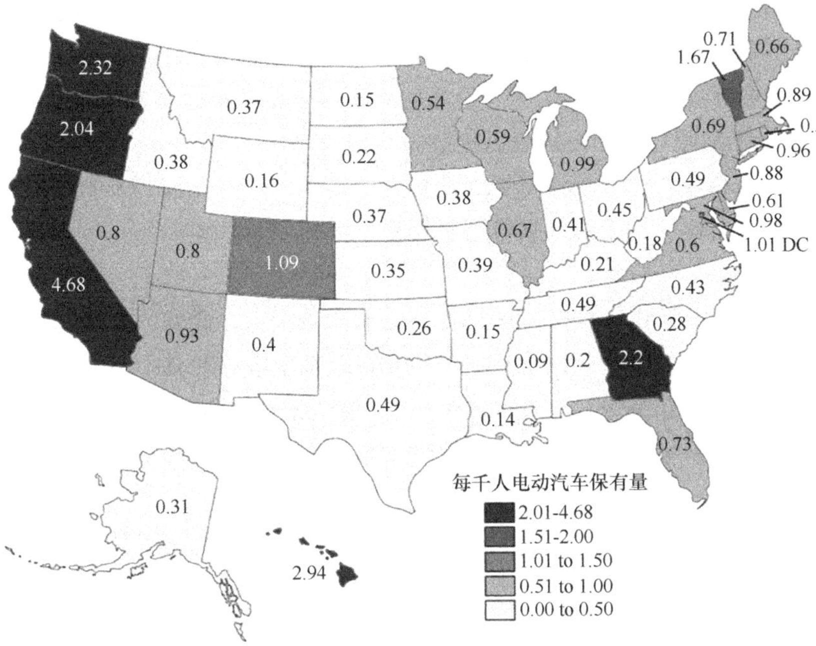

图 1-20 2015 年美国电动汽车保有量千人指标情况分布图

图片来源：Office of Energy Efficiency and Renewable Energy, U. S. Department of Energy

为推动电动汽车产业发展和加快电动汽车消费市场的形成，美国政府在不同时期从研发与产业化支持、消费刺激、基础设施建设等多个方面提供了有力的政策支持。

（2）政策与措施

1）研发与产业化支持政策

2007 年，美国通过“先进技术车辆制造计划”设立了总额高达 250 亿美元的低息贷款基金，政府出资 75 亿美元作为利息补助。由于贷款申请条件苛刻，仅有少数企业获批，该政策已于 2013 年 3 月宣布终止。2009 年，联邦政府通过《美国经济复苏与再投资法案》（ARRA），向电动汽车领域提供 24 亿美元的刺激性拨款，其中 20 亿美元用于支持电动汽车配套产业链建设，提供给动力电池及电池材料制造商，电动汽车及驱动电机、电控系统等关键零部件制造商。2012 年 2 月，美国能源部宣布成立能量存储联合研究中心（JCESR），开展先进电池技术研发。该中心由美国阿贡国家实验室主导，5 个能源部国家实验室、5 所大学和 4 家私营机构参与。能源部计划在 5 年内为此实验室投入 1.2 亿美元研究资金。

2）个人所得税抵免政策

2008 年，《能源改进及延长法案》（EIEA），以及此后 2009 年的《美国清洁能源和安全法案》（ACES）给予新登记的合格电动汽车以税收抵免。2009 年，《美国经济复苏及再投资法案》（ARRA）也为改装电动汽车授予稍低标准的联邦税收抵免。电动汽车购置的联邦税收抵免为2500美元外加车用电池容量每度417美元，上限以7500美元封顶。为避免汽车企业对政府补贴的依赖，美国政府为该项抵税优惠政策设立了退坡机制。对于每个电动汽车的制造厂商，自其生产的享受抵税优惠政策的电动汽车在美累计销量达到20万辆起，在紧随其后的两个季度内，抵税额度降至各车型规定额度的50%；再后两个季度内，额度降低至各车型规定额度的25%；之后，不再享受抵税优惠政策。

2011年，奥巴马政府提倡将税收抵免政策改进为高达7500美金的现金补贴，用意在于使激励政策更为有效，让电动汽车更为消费者所接受。补贴在消费者购车的同时就能享受，而不用再等待长达一年的时间来申请所得税申报的税后抵免。

3）地方政策

美国各州县在新能源汽车推广方面具备高度的自治权力。此外，美国部分州县为电动汽车设立了刺激政策，税收豁免以及其他一些非财政刺激政策，其中最具成效的就是加利福尼亚州的零排放汽车（ZEV）政策（图1-21）。该法案通过规定汽车企业零排放汽车销售比例和允许积分交易相结合的方式，迫使汽车企业推广零排放汽车。此后，美国康涅狄

图1-21　美国零排放汽车（ZEV）政策

格、马里兰等 9 个州也借鉴加州经验，出台了类似的 ZEV 政策，有力地支撑了美国电动汽车市场的持续增长。

2. 德国

（1）发展现状

21 世纪以来，面对全球汽车电气化的发展趋势，德国作为传统汽车工业强国，为应对环境和气候问题，实现本国能源转型，保持其在全球汽车工业中的领先地位，持续推出相关政策措施以促进电动汽车产业的发展。德国政府逐渐意识到，汽车动力系统电气化是交通领域将出现的一次前景广阔的、具有划时代意义的根本性技术更新，将催生出一个多模态的新型社会交通体系。

2007 年，德国政府通过了《综合能源与气候计划》，将电动交通工具作为主要内容之一，并提出制定电动交通工具领域的发展规划，在该计划框架下设立了“国家电动汽车平台（NPE)”，推动该计划的实施。

“国家电动汽车平台”在 2011 年发布的工作报告中，制定了德国电动汽车推广应用的时间表[7]：1）将 2010～2014 年定义为“市场准备阶段”，重点是研发和开展示范项目；2）2015～2017 年为“市场推广阶段”，重点是电动汽车及其配套基础设施的市场推广；3）2018～2020 年是“规模化市场形成阶段”，实现可持续的商业化发展。其共享模式见图 1-22。

图 1-22 德国电动汽车 CAR2GO 共享模式

德国早期的电动汽车推广应用措施收效不佳，2014 年初，德国登记在册的电动汽车数量仅占境内所有乘用车市场的 0.028%。其时，大部分的电动汽车车主均为企业买家。2014 年开始，德国的混合动力电动汽车细分市场经历了一个爆发性的增长期，全年销量同比增长达 226.9%，而整体的电动汽车市场也同比增长 75.5%。销售的快速增长持续到 2015 年，混合动力电动汽车细分市场同比增长 125.1%，而纯电动汽车市场也同比增长 91.2%。截至 2016 年 4 月，德国登记在册的电动汽车数量共有 5.7 万辆[8]。如图 1-23 所示。

（2）政策与措施

与美国、日本、中国，以及荷兰、挪威等国在消费环节提供高额抵税优惠或补贴不同，早期德国对电动汽车的扶持政策主要集中在研发活动、保有阶段税收优惠和区域示范等方面。而随着电动汽车在全球范围的推广以及交通工具电气化的快速发展，德国也意识到资金直接补贴政策在推广应用方面的强烈促进效果。

1）研发支持政策

自实施以来，“国家电动汽车平台”根据《国家电动交通发展计划》的需求，重点围绕蓄电池、驱动技术、车身轻结构化、信息及通信技术（IKT)、基础设施、整车集成技

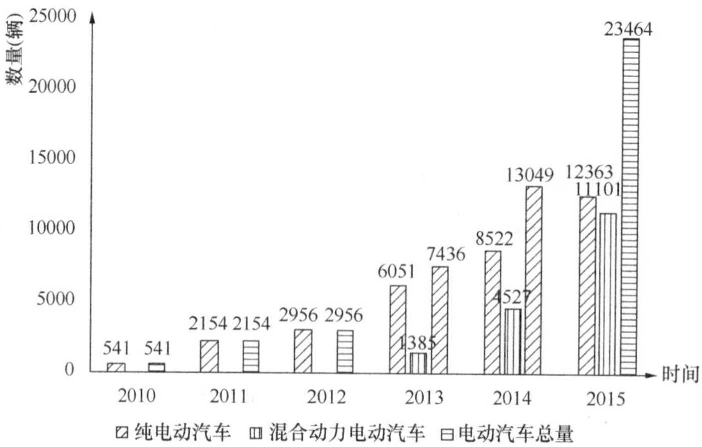

图 1-23 德国电动汽车年度销售量统计（万辆，2010～2015 年）

术等，先后启动了共 82 个“灯塔项目”，研究经费由联邦政府支持，研究成果将在项目结束时公布。

2）税收优惠政策

德国对乘用车征收年度保有税，该税是基于车辆的二氧化碳排放量和发动机排量进行征收的。为鼓励电动汽车普及，德国政府规定在 2011 年 5 月～2015 年 12 月之间新购买的电动汽车，可免征收 10 年的保有税；2016 年 1 月～2020 年 12 月之间购买的，可免 5 年保有税。保有税优惠结束后，联邦政府计划根据电动汽车车身重量征税，但税金额度仍将低于传统汽车。

3）示范推广政策

德国联邦政府将 8 个城市（地区）设定为电动汽车示范区，覆盖了德国从北到南主要地区，并设立了 4 个“视窗项目”，旨在通过示范、展示，向社会宣传电动汽车产品和电动出行理念。德国电动汽车示范项目的主要目的并不在于单纯地扩大推广规模，而是以探索建立新型电动化交通体系为目标，研究如何发展满足用户需求的电动汽车、交通网络与充电基础设施。

4）电动汽车法案

为了进一步优化电动汽车使用环境，确保电动汽车相关激励措施有效落实，德国计划颁布《电动汽车法》，赋予电动汽车诸多优先权利，如使用公交车道、免费专属停车位、限制通行区域豁免等，同时电动汽车也将拥有特殊的号牌。

5）直接补贴政策

2016 年初，德国政客以及汽车业主管们进行会谈，商讨为绿色能源车主提供高达 5000 欧元的补助以刺激电动汽车的销量。至 2016 年 2 月，德国政府的提议是由汽车行业承担 40％的购置补贴。私人及企业买家将最高分别获得 5000、3000 欧元每辆的电动汽车购置补助。该计划预计将推行至 2020 年，即达到 100 万辆电动汽车目标的截止年份。实施过程中，补助将遵循每年 500 欧元的退坡制度，逐步降低补助力度。

3. 日本

(1) 发展现状

日本是一个能源资源极度匮乏的国家，数十年来一直致力于发展小型、节能的新能源汽车。早在1965年，日本通商产业省就启动了电动汽车研制项目。1971年，通商产业省制定了《电动汽车开发计划》，并多次投入巨资支持电动汽车开发和产业化项目。日本政府在此后陆续制定的“阳光计划”、“月光计划”、《国家能源战略》和《实现低碳社会行动计划》中均涉及了新型能源在汽车领域的应用。

2000年以来日本政府将发展电动汽车、燃料电池汽车等作为日本汽车产业重要发展方向，并制定了国家级的《新一代汽车战略2010》[9]（图1-24）。围绕该战略，日本经济产业省等相关政策部门先后制定并实施了直接补贴、税收优惠、示范推广及其他配套支持等政策措施，推动构建新型汽车社会。

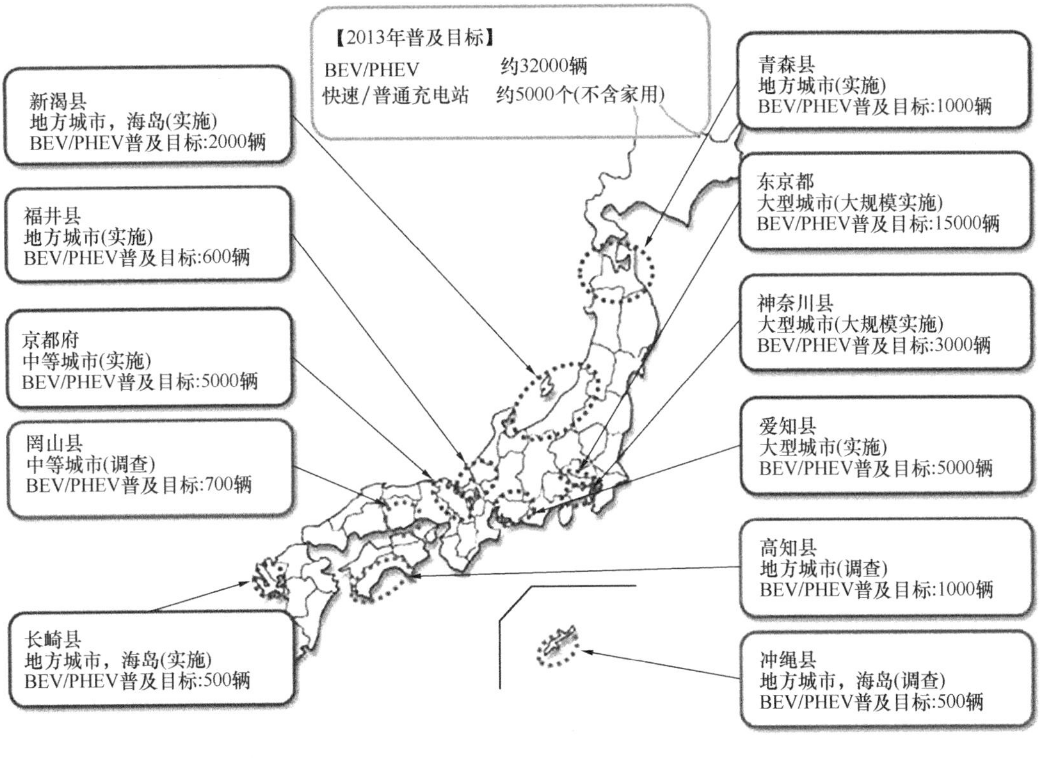

图1-24 日本《新一代汽车战略2010》布局规划图

图片来源：日本《新一代汽车战略2010》

日本政府于2014年6月公布了《氢/燃料电池战略规划》，旨在全力推动“氢社会”这一国家政策，重点投资氢燃料电池技术以及基础设施，并使用这种零排放燃料为汽车提供动力。

日本电动汽车年度销售量统计如图1-25所示。截至2016年4月，日本电动汽车的累计销量达到150142辆，位居世界第三位，共占据自2004年以来全球销量的10%。

(2) 政策与措施

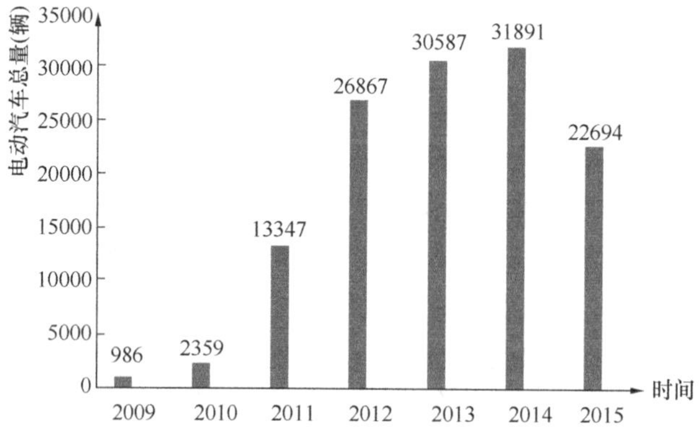

图 1-25　日本电动汽车年度销售量统计（万辆，2010～2015 年）

1）直接补贴政策

日本经济产业省从 2006 年开始，对购置符合一定环保要求的汽车提供购车补贴，当时的补贴比例不超过与原型车差价的 1/2，补贴金额上限为 100 万日元，补贴上限也将从 2016 年开始逐年递减。

此外，随着日本高速公路安装的电动汽车快速充电桩激增，电动汽车长距离行驶成为可能。将采取“先报名先得”的方式进行限额交通通行补贴。

2）税收优惠政策

日本政府在 1996 年推行了首个电动汽车激励计划，并于此后的 1998 年并入了清洁能源汽车引进计划（CEVIP）。该计划为新购置的电动汽车、混合动力电动汽车、天然气动力汽车以及甲醇燃料车提供补助以及税收抵免。

2009 年 4 月，日本国会批准了《绿色车辆购置推进措施》。该计划根据一系列规定的环境标准，为环境友好型及能源节约型车辆提供减税以及免税政策。这一政策适用于国内以及国外生产的电动汽车。

3）示范推广政策

2009 年，日本政府提出“纯电动汽车/混合动力电动汽车（BEV/PHEV）城市”倡议，在 18 个地区建设电动车运行示范区，由地方政府制定相应的电动车推广计划，试图由点带面地推动 BEV/PHEV 的全面普及。被选定为“BEV/PHEV 城市”的地区根据自身情况自行制定普及计划和激励措施，与当地企业联手，推动新一代汽车的导入和充电基础设施的普及，并对消费者进行宣传教育。

按规定，在 BEV/PHEV 示范区，切实推进 BEV/PHEV 的普及，减少 CO_2 排放；并以政策的基本理念和方针为基础，最大限度地展示 BEV/PHEV 城市的先导性和模范性，并将具体实践内容和经验总结成“BEV/PHEV 城市推进行动计划”，进而面向全国推广。

为了提高政策的可持续性、可实现性和财政资金的利用效率，BEV/PHEV 城市在行动计划中需要明确职责和费用分配机制，实施主体不仅是地方政府，还需要车企、电力公司、合作企业、大学，以及研究机构等单位共同推动。另外，通过行动计划，参与的主体不仅仅局限在政策实施构架内的单位，地区内的其他企业和居民的理解和参与，其他社会实体的协同合作也十分重要。具体实施包括汽车租赁、城市出租车普及、城市公交运输、电池租赁服务和政府用车等，以及在政府采购和公共领域率先推广电动汽车的优先使用。

4）其他配套支持政策

此外，日本《新一代汽车战略2010》还特别从稀有金属资源、汽车价值链、电力和信息网络链接、新型城市建设等方面强调了资源和系统的重要性，在部分领域提出明确要求和政策措施。

4. 法国

（1）发展现状

早在1995年，法国政府就开始关注和支持电动汽车发展，对购买电动汽车的消费者提供最高1.5万法郎/辆的补贴。此后，法国不断调整支持政策，形成了以研发和投资提升产业能力、以购车补贴和税收优惠拉动市场规模增长的供需双向支持政策，以期大幅提升法国汽车产业在未来的国际竞争力。

从2010年1月～2016年4月，法国共有86909辆电动汽车登记在册，其中包括54066辆电动乘用车，22473辆纯电动多功能车，以及10370辆混合动力电动汽车[10]。如图1-26所示。

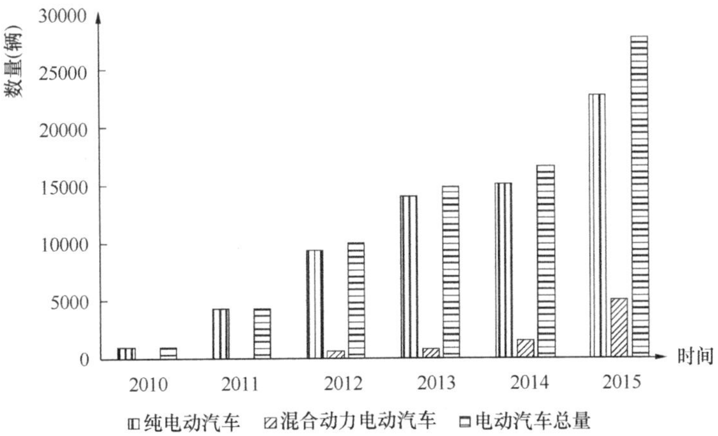

图1-26　法国电动汽车年度销售量统计（万辆，2010～2015年）

（2）政策与措施

1）研发与投资政策

2009年以来，法国政府资助了一系列研究项目和投资项目，致力于加速纯电动汽车和插电式混合动力车在法国的发展和后续商业化。以投资为例，政府计划投资15亿欧元推进充电网络建设，力争到2015年建成100万个充电点；到2020年将所有充电点的充电插头总量增加到400万个。

2）补贴和税收优惠政策

从2008年开始，法国实行以CO_2排放量为基准的税收奖惩政策，对二氧化碳排放量低于60g/km的新车购置提供高达5000欧元的奖励。这一奖励对纯电动汽车以及混合动力电动汽车这类低能耗的汽车产生极大的促进作用。法国税收奖惩的标准，综合相关技术进步、能源环境压力等因素，累年不断调整。

5. 英国

（1）发展现状

英国是世界上首个制定长期削减温室气体排放计划的国家，但英国电动汽车发展相对较晚，截至 2016 年 3 月，英国共登记注册约有 7.1 万辆电动汽车[11]。如图 1-27 所示。

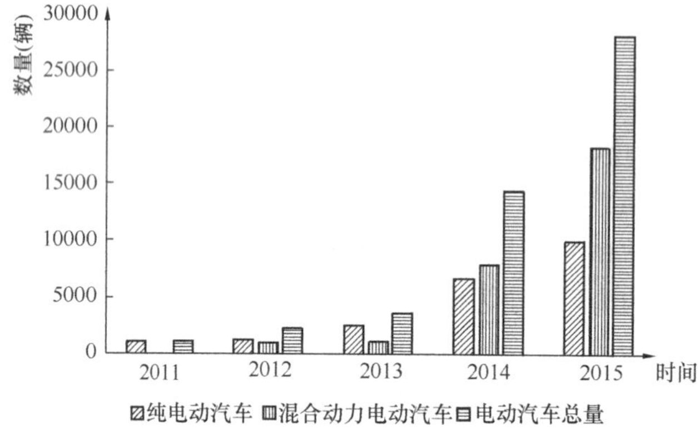

图 1-27　英国电动汽车年度销售量统计（万辆，2010～2015 年）

（2）政策与措施

英国政府对于电动汽车产业发展的相关政策主要集中于发展战略与投资、税收减免和补贴两个方面。

英国插电式汽车资助计划始于 2011 年 1 月 1 日，并在英国全境内推行。该计划通过授予电动汽车购置价格 25％的财政补助，来降低购车的前端成本。2015 年 12 月，英国交通部宣布插电式汽车资助计划将会延续至 2018 年 3 月，以鼓励超过 10 万的英国车主购买更节能的汽车。

除提供税收减免和补贴之外，英国政府也尝试通过其他措施推动电动汽车的普及应用，比如完全豁免纯电动汽车以及达标的混合动力电动汽车在伦敦市的交通拥堵费等。

6. 荷兰

（1）发展现状

荷兰与美、日、德等汽车工业发达国家相比，汽车工业相对薄弱，但通过政府高度重视以及强有力的购车补贴和税收优惠等政策措施，促进电动汽车普及，取得了相当显著的成效；截至 2015 年 12 月，荷兰电动汽车保有量居于欧洲首位，全球第四位。

图 1-28　荷兰电动汽车普及率位居全球前列

荷兰在环境保护与能源应用领域长期处于世界领先地位（图 1-28），树立了严格的立法措施以及市民的环保意识。在推动汽车产业的能源清洁化进程中，荷兰不遗余力，设定了一个宏大的推广目标，计划到 2025 年，电动汽车保有量达到 100 万辆。

（2）政策与措施

1）财政补贴政策

鉴于国家相对较小的国土面积以及地理条件，荷兰政府在设置电动汽车发展目标时，设立了至 2015 年累积推广 1.5 万～2 万辆电动汽车；2020 年 20 万辆；2025 年 100 万辆的目标[12]。囿于 2013 年末的销售高峰，首个政府目标在 2013 年，提前两年达成。

国家政府通过基础设施及环境部为纯电动出租车及物流车提供 3000 欧元的补助，阿姆斯特丹、鹿特丹等大都会区域补助额度则提升至每辆车 5000 欧元。此外，部分地方政府还为纯电动出租车及物流车提供额外补助：阿姆斯特丹市提供 5000 欧元补助，林堡及蒂尔堡则补助 3000 欧元。

2）地方推广政策

在阿姆斯特丹，电动汽车车主可以申请电动汽车专属的停车位，以此避免轮候停车位长长的排队名单，在城市的部分区域，轮候时间甚至可长达 10 年。公共停车场内还可提供免费充电。

鹿特丹的电动汽车车主在市中心享有一年的免费停车权利；安装家用充电桩的车主可额外再获得 1450 欧元的补助。这座城市在 2014 年推出了车辆报废计划，意图更新换代老旧污染车辆以提升城市空气质量。为更新旧车，鹿特丹为纯电动汽车的车主提供 2500 欧元的经济激励。该补助计划仅针对 2013 年 12 月前购买符合条件车辆的前 5000 名申请者[13]。

3）其他推广措施

其他推动电动汽车广泛应用的因素还包括相对较小的国土尺度，降低了续航里程的要求（荷兰东西两端距离仅 160km）；环保积极性的长期传统；高昂的汽油价格；以及提供免费或打折燃油汽车的辅助租赁计划，以满足电动车主周末远途出行的需求。此外，在荷兰，电动汽车在汽车登记以及流通环节享有很高的税收减免，同时还享有部分道路交通的特权。通过上述的刺激计划以及推广应用的措施，电动汽车开始具有与传统汽车相似的驾驶成本。

1.3.5 我国电动汽车发展情况

1. 发展历程[14]

（1）第一阶段：研发初期（20 世纪 40 年代～20 世纪末）

我国电动汽车开发研究最早始于上海。早在 1944 年，处于敌占区的上海汽油极为短缺，为了解决市内交通的需要，上海的一家电机厂研制生产了 30 余辆电动小客车投放市场。

1995 年上海国际汽车工业展览会上，首次集中展出了我国研制的最新水平电动汽车。

到了 20 世纪 90 年代中期，“九五”期间，我国电动车辆的研制，已处于样车试制阶段。清华大学、北方工业大学、郑州华联电动研究所都先后开发出样车，并进行运行考验；北京重型电机厂、广东、湖北、贵州等省市都纷纷进行研制，甚至尝试与外国厂家进行合作。在那时，我国对电动车辆的研究开发就已经迈出了实质性的步伐。

（2）第二阶段：产业化之路（21 世纪初至今）

中国新能源汽车产业始于 21 世纪初。2001 年，新能源汽车研究项目被列入国家“十五”期间的“863”重大科技课题，并规划了以汽油车为起点，向氢动力目标挺近的战略。“十一五”以来，我国提出“节能和新能源汽车”战略，政府高度关注新能源汽车的研发和产业化。

2008 年，新能源汽车在国内已呈全面出击之势。2008 年成为我国“新能源汽车元年”。

2009 年，在密集的扶持政策出台背景下，我国新能源汽车驶入快速发展轨道。

2010 年，我国政府宣布在全国五座城市开展试验计划，为新能源汽车提供最高达 6 万元人民币的激励政策。参与试验计划的城市包括上海、深圳、杭州、合肥以及长春。这些补贴直接提供给了汽车厂家而不是车主，并限定了总计 5 万辆的补贴限额。与此同时，电动汽车充电站也陆续在上述城市投入建设。其时政府设定的目标是将全国的电动汽车年产量在 2011 年提高至 50 万辆。新能源汽车正进入全面政策扶持阶段。

2011 年开始，在全社会推广新能源客车、混合动力轿车，进入新能源汽车产业化阶段。

截至 2015 年底，中国新能源汽车销量已位居世界首位，累积销量仅次于美国，位居全球第二。在细分领域方面，中国在重型电动汽车领域占据着世界领先地位。这一领域涵盖电动公交车、货车以及环卫垃圾车。在 2011～2015 年间，重型新能源车累积销量超过 16 万辆，其中 2015 年销售量为 12.3 万（77.2%）。2015 年，新能源汽车的新车市场份额占比持续增长至 0.84%，接近于 1%的重要门槛。到 2015 年 12 月，中国已经是全球最大的电动公交车市场，而到 2020 年，预计中国将占有全球电动公交车市场的 50%。如图 1-29、图 1-30 所示。

图 1-29　我国自主研发电动公交车

图 1-30　我国自主研发电动出租车

2. 发展现状

（1）新能源汽车销售规模增长迅速

据中国汽车工业协会（下称“中汽协”）统计，2015 年全国新能源汽车销售量为 33 万辆，同比增长 3.4 倍。在新能源乘用车领域，销量总计达 207382 辆。在新能源商用车领域，全年总销售量为 12 万辆同比增长 6 倍以上[15]。如图 1-31 所示。

2016 年 1～7 月，我国累计完成 20.7 万辆的总体销量，同比 122.8%的增幅依然呈现出高速增长的态势。

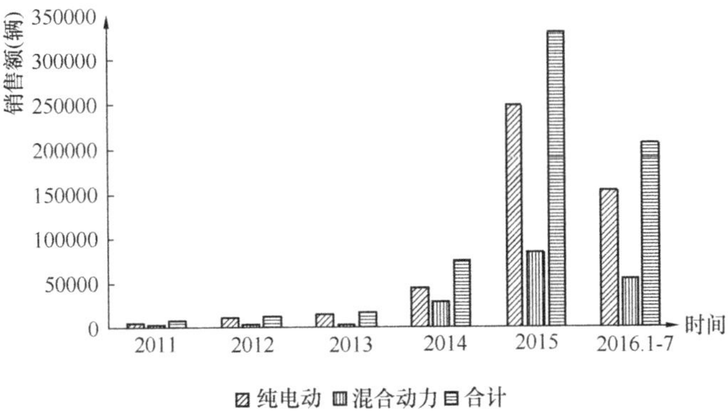

图 1-31 我国新能源汽车销售额统计图（单位：辆）

随着近几年的发展，我国新能源汽车市场份额累年已取得显著提升，从 2011～2015 年不足 0.1%，到 2015 年的 0.84%，到 2016 年 7 月已达 1.4%，进一步提升了市场份额。如表 1-3 所示。

2015 年～2016 年 7 月，新能源汽车月度销售状况（单位：万辆） **表 1-3**

	1	2	3	4	5	6	7	8	9	10	11	12
2015 年销量	0.64	0.6	1.41	0.83	1.09	2.7	1.68	1.89	2.81	3.43	7.62	8.41
2016 年销量	1.4	2.2	2.3	3.2	3.5	4.4	3.6					

从上述数据来看，我国新能源汽车销售存在“翘尾”现象，即年末电动汽车销量剧增的情况。该现象，据行业分析，基本出于各地政府推广应用指标完成度的考量，以及年度申报购车补助的时间节点。2016 年新能源汽车月度销售状况同比保持了 2 倍以上的增长速度，预计全年将取得较大的涨幅。

（2）新能源汽车生产规模跃升新台阶

根据工信部发布的数据，2015 年我国累计生产新能源汽车 37.90 万辆，同比增长 4 倍。2016 年 1～7 月新能源汽车累计产量达 32.3 万辆，同比增长达 94.6%[16]。如图 1-32～图 1-34 所示。

（3）电动汽车保有量激增，推广应用进程良好

2011 年，25 个试点城市节能与新能源汽车总保有量仅为 1 万辆。

据公安部交管局统计，截至 2015 年底，新能源汽车保有量达 58.32 万辆，与 2014 年相比增长 169.48%。其中，纯电动汽车保有量 33.2 万辆，占新能源汽车总量的 56.93%，与 2014 年相比增长 317.06%。

（4）各地新能源汽车推广应用齐头并进，如表 1-4 所示。

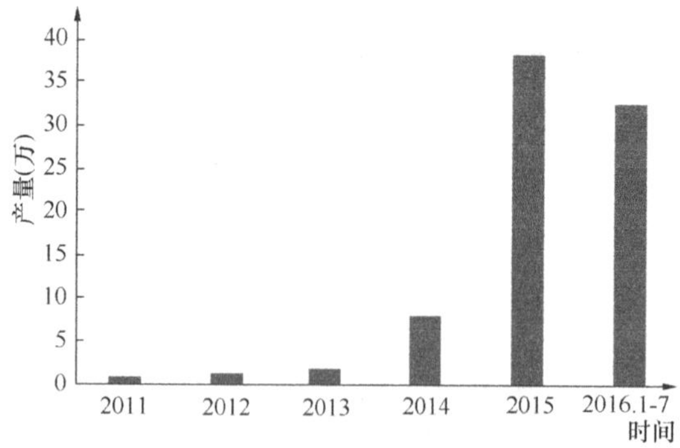

图 1-32 我国新能源汽车产量统计图

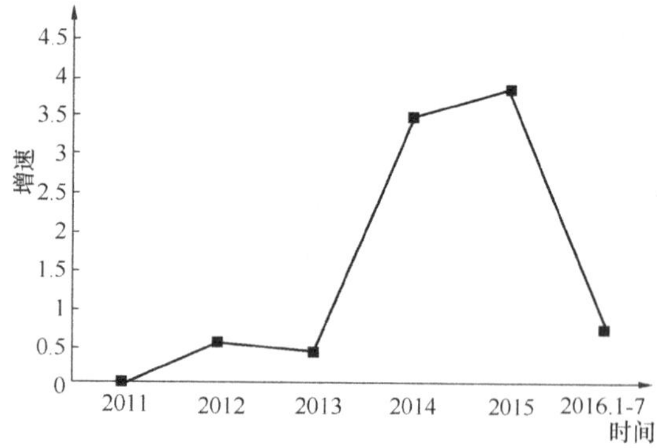

图 1-33 我国新能源汽车产量增速统计表

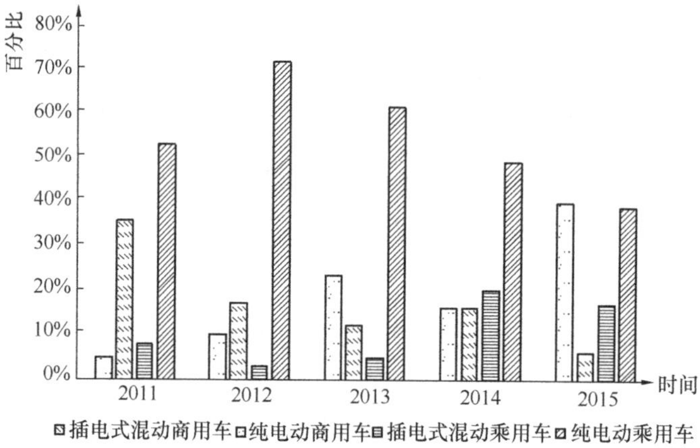

图 1-34 我国新能源汽车车型产量占比图

2015 年新能源汽车推广应用城市（群）推广数量统计 **表 1-4**

（截至 2015 年 9 月底）（单位：辆）

城市	推广数量	目标完成率	城市	推广数量	目标完成率
上海	34821	348%	武汉	4041	38%
北京	19445	56%	临沂	3656	64%
浙江	18257	181%	大连	3039	61%
江苏	14173	78%	青岛	2995	58%
广东	12377	124%	福建	2993	30%
深圳	7973	32%	郑州	2705	49%
合肥	7466	131%	成都	2469	49%
广州	7104	71%	重庆	2306	23%
湖南	6478	106%	江西	2303	43%
河北	5754	44%	芜湖	1814	35%
天津	4758	40%	新乡	1179	24%
西安	4073	37%	襄阳	1119	22%

续表

城市	推广数量	目标完成率	城市	推广数量	目标完成率
太原	1096	22%	淄博	445	9%
云南	954	19%	泸州	410	8%
贵州	891	15%	沈阳	277	6%
宁波	813	16%	哈尔滨	215	4%
长春	649	6%	晋城	85	1%
潍坊	607	11%	兰州	50	1%
海口	604	12%	内蒙古	35	1%
聊城	516	10%			

我国现有两批共计39个城市（群）88个城市列入新能源汽车推广示范城市群名单。各省市自主出台新能源汽车推广应用配套政策措施，开展新能源汽车推广应用工作。

上海市、浙江省、合肥市在新能源汽车推广力度上较强，远超过其他省市。北京、深圳、广州三座一线城市，尽管推广数量上位居全国前列，但推广目标完成率并不高。大部分城市，尤其是传统东三省，囿于经济及产业发展状况，在新能源汽车推广方面大幅度落后于计划。

从新能源汽车推广类型上来看，过去几年中国主推纯电动汽车和混合动力汽车，而插电式混合动力汽车和燃料电池汽车推广数量有限。其中，上海、深圳、长株潭城市群（长沙、株洲、湘潭）、郑州、沈阳等城市以推广混合动力汽车为主；北京、合肥、广西、青岛等省市则以推广纯电动汽车为主。

3. 政策制定历程

（1）我国从1991年起就已经开始致力于新能源汽车技术的政策支持：

1991年《第八个五年计划纲要》指出，所有行业要降低能源资源消耗，在汽车制造业上要加快轿车及其零部件产业发展，加大在新能源技术上的研究。

1996年《第九个五年计划纲要》指出，要建立属于我国自主的汽车技术研发体系，加快在新能源领域的突破。

2001年《第十个五年计划纲要》指出，要积极发展高效节能、低排放的车用发动机和混合动力系统。同年，国家“863”计划财政投资8.8亿元启动电动汽车重大专项。

2005年《第十一个五年规划的建议》指出，要鼓励和支持节能环保型汽车产业发展。

2011年《第十二个五年规划纲要》指出，要重点突破动力电池等关键零部件研究难题，推广普通混合动力技术，开展插电式混合动力汽车、纯电动汽车研发及中大规模商业化示范工程，推进产业化应用。

2015年《第十三个五年规划的建议》重申对新能源汽车推广的重视程度，提出要实施新能源汽车推广计划，提高电动汽车产业专业化水平。[15]

（2）在汽车产业专项计划方面，中国政府提出跨越式发展汽车技术，力求借助蓬勃发展的新能源汽车市场，成为纯电动汽车以及混合动力电动汽车生产的全球领导者。

2007年10月国家发改委发布《新能源汽车生产准入管理规则》，准予企业生产新能源汽车产品，标志着我国新能源汽车正式从研究领域迈进生产领域。

2009年国务院审议通过《汽车产业调整振兴规划》，在2009～2011年3年时间设立100亿元专项资金用于新能源汽车及零部件发展、技术创新和技术改造。

2010年财政部、科技部、工信部和发改委四部委联合下发《关于扩大公共服务领域节能与新能源汽车示范推广有关工作的通知》和《关于开展私人购买新能源汽车补贴试点的通知》，对私人购买纯电动汽车和混合动力汽车进行财政补贴。

2012年国家科技部印发《电动汽车科技发展“十二五”专项规划》，从形势与需求、发展战略与目标、科技创新的重点任务和组织与保障四个方面对电动汽车发展方向作出指导。

2014年7月国务院办公厅印发《关于加快新能源汽车推广应用的指导意见》，在充电设施建设、引导企业创新、推动公共服务、完善政策体系等方面为新能源汽车的推广作出指导。

2014年8月财政部、国税局和工信部下发《关于免征新能源汽车车辆购置税的公告》，计划对2014年9月1日～2017年12月31日期间购置的新能源汽车免征车辆购置税。

2015年4月财政部、科技部、工信部和发改委四部委联合发布《关于2016－2020年新能源汽车推广应用财政支持政策的通知》，对“十三五”期间电动汽车购置实行普惠制补贴。

2015年7月开始实施的《新建纯电动乘用车企业管理规定》将我国电动汽车产业政策规定从投资管理和准入管理的“严格准入”模式转型为“宽进严管”模式，进一步明确了新能源汽车有关的管理规定。

2016年3月国务院就关于落实《政府工作报告》，提出要加快建设城市充电设施，大力发展和推广新能源汽车。2016年3月～2016年4月12日国家发改委向社会公开征求《关于汽车业的反垄断指南》，其中就新能源汽车产业相关的反垄断监管问题提出指导意见。

经过5个五年计划的科技攻关以及奥运、世博、“十城千辆”示范平台的应用拉动，中国电动汽车从无到有，技术处于持续进步状态，建立起了具有自主知识产权的电动汽车全产业链技术体系。

4. 发展目标

2012年6月，国务院在《节能与新能源汽车产业发展规划（2012—2020年）》中提出加快培育和发展节能与新能源汽车产业。该规划提出，到2015年，纯电动汽车和插电式混合动力汽车累计产销量力争达到50万辆；到2020年，纯电动汽车和插电式混合动力汽车生产能力达200万辆、累计产销量超过500万辆。

根据国家发展改革委于2015年9月下发的《电动汽车充电基础设施发展指南（2015—2020年）》（简称《发展指南》），提出2020年，全国电动汽车保有量将超过500万辆，其中电动公交车超过20万辆，电动出租车超过30万辆，电动环卫、物流等专用车超过20万辆，电动公务与私人乘用车超过430万辆。《发展指南》所设立的总量目标与2012年规划的《节能与新能源汽车产业发展规划（2012—2020年）》取得一致，保持了规划的延续性。

2016年1月，我国以财政部牵头，联合国家各部委发文《关于"十三五"新能源汽车充电基础设施奖励政策及加强新能源汽车推广应用的通知》(简称《通知》)，提出充电基础设施奖励政策的同时，对各城市群提出了新能源汽车推广数量的考核目标。

《通知》要求，2016～2020年，北京、上海、天津、河北、山西、江苏、浙江、山东、广东、海南10个大气污染治理的重点地区，未来五年，每年的新能源汽车推广数量逐年递增，分别要达到3.0万辆、3.5万辆、4.3万辆、5.5万辆、7万辆以上；占新车及更新车辆的比例要达到2%、3%、4%、5%、6%以上。此外，对安徽、江西、河南、湖北、湖南、福建6省提出中级目标，年度推广数量由1.8万辆逐年提升至2020年的5万辆。其他省份遵循基础目标，即逐年推广数量分别不低于1.0万辆、1.2万辆、1.5万辆、2.0万辆、3.0万辆。

5. 我国各主要城市的电动汽车推广情况

我国于2013年11月、2014年1月，分别发布了两批共计39个城市(群)88个城市的新能源汽车推广示范城市群名单。各省市自主出台新能源汽车推广应用配套政策措施，综合运用行政指导、财政刺激、政策补助等手段，开展新能源汽车推广应用工作，为新能源汽车在全国的推广应用提供示范经验，本部分重点介绍我国各主要城市的电动汽车推广情况。

(1) 北京市

1) 发展现状

电动汽车推广应用规模居全国前列。截至2015年底，全市累计推广电动汽车达到3.59万辆，仅2015年新增电动汽车2.35万辆，电动汽车推广应用明显提速，整体规模居全国前列。其中，公交、环卫、出租等公共服务领域1.62万辆，个人及单位购买小客车1.97万辆。

2) 发展目标

预计北京市到2020年全市电动汽车需求约60万辆，其中：私人电动小客车需求约45万辆；公共服务领域电动汽车需求约15万辆，主要包括：公交领域电动汽车需求超过1.5万辆；出租领域力争更新车辆全部电动化，按照6年更新，平均每年更新1万辆；租赁领域电动汽车需求超过4万辆；公务、物流等其他领域电动汽车需求约4万辆。

3) 政策制定历程

2011年以来，共出台《北京市电动汽车推广应用行动计划(2014—2017年)》等政策措施二十余项，实现政策覆盖购车、用车、基础设施全链条(表1-5)。

北京市相关政策制定时间表 **表1-5**

时间	日期	发文机构	名称	核心内容摘要
2014年	1月23日	北京市科学技术委员会	《北京市示范应用新能源小客车管理办法》	对指标管理、充电桩建设、车型目录、财政补贴等进行规定。其中新能源小客车指标实行"单独配置"，独立摇号
	3月15日	北京市财政局	《北京市示范应用新能源小客车财政补助资金管理细则》	对新能源汽车财政补助资金申请流程、补助对象、标准进行规定

续表

时间	日期	发文机构	名称	核心内容摘要
2014年	5月15日	北京市发展和改革委员会	《北京市示范应用新能源小客车自用充电设施建设管理细则》	明确规定电动汽车充电桩的建设规范及手续，对所在小区不予配合建设充电桩的物业，将记分罚款，另外4S店、电力公司等都必须积极配合建设充电桩
	6月16日	北京市人民政府办公厅	《北京市电动汽车推广应用行动计划（2014—2017年）》	确定了公交、出租、电动汽车分时租赁、末端物流、公务领域、环卫车、私人领域、充电设施建设、政策等9个方面的重点任务
	7月1日	北京市住房和城乡建设委员会	《关于推进物业管理区域新能源小客车自用充电设施安装的通知》	将政策从购车环节向用车环节延伸，在购车、用车、基础设施建设及运营、服务保障等环节实现全覆盖
2015年	3月5日	北京市人民政府办公厅	《北京市居住公共服务设施配置指标》、《北京市居住公共服务设施配置指标实施意见》	明确居住类建筑应将按18%的配建机动车停车位作为电动车停车位
	3月30日	北京市财政局	《关于购买纯电动专用车有关财政政策的通知》	持续加大对新能源汽车推广应用的支持力度，在全社会营造良好应用氛围
	4月24日	北京市发展和改革委员会	《关于本市电动汽车充电服务收费有关问题的通知》	对电动汽车充电服务费及相关问题进行规定
	9月27日	北京市发展和改革委员会	《北京市新能源小客车公用充电设施投资建设管理办法》	对公用充电设施布局规划、投资建设、服务价格、建设补助以及监督管理进行规定
2016年	3月30日	北京市发展和改革委员会	《北京市电动汽车充电基础设施专项规划（2016—2020年）》	回顾北京市电动汽车发展现状并制定发展目标，提出六大重点任务并明确组织保障

4）推广应用经验

①信息化平台建设

在“互联网+”及“车联网”的时代背景下，电动汽车领域亟需突破行业和单位间条块分割壁垒，建立数据与成果共享、效益最大化为特征的大数据共享平台，一方面作为协同开展基础理论研究和共性技术开发的基础，另一方面作为面向消费者的信息查询平台。

北京市在此方针下建立三大保障平台：

a. 北京市公共领域电动汽车运营保障平台（电动车辆大数据中心）

隶属于电动车辆国家工程实验室，目前已接入北京市公共领域如电动出租车、公交车的车辆信息，具备5万辆电动汽车的服务能力；对车辆电池状态、车辆状态和地理位置等信息予以7×24小时不间断监控。如图1-35所示。

b. 北京市电动汽车充电设施智能管理服务平台（e充网）

由地方政府指导、市发展改革委、市科委定期更新的电动车智能服务平台；平台涵盖北京市内大部分公共领域的电动汽车充电桩，提供北京市内目前最全面的充电网络信息；可提供如充电桩位置和状态查询、导航、充电预约、出行路线规划、用户查询、业务办理等基本的电动汽车互联网服务。如图 1-36 所示。

图 1-35 北京市新能源汽车运行服务与管理中心

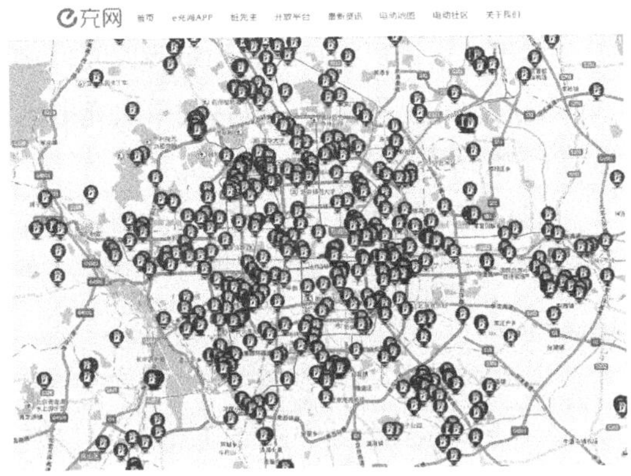

图 1-36 北京市电动汽车充电设施智能管理服务平台（e 充网）

c. 国家级电动汽车检测服务平台

具备整车性能、电机及电控、动力电池、充电设施四方面的全面检测能力。

②电动汽车推广实践经验

a. 电动公交车领域

北京市电动公交车累积推广 1991 辆，车型涵盖 6～18m 全系列车型，约占公交领域保有量的 9.5%。在购车补助及运营补助的双重政策刺激下，北京市电动公交车领域发展态势良好，预计 2016～2020 年间，北京市每年更新置换 2000 辆纯电动公交车。

b. 电动出租车领域

北京市电动出租车累积推广应用 3310 辆，约占出租车保有量的 5.3%。北京市电动出租车推广应用遵循了先郊区后市区的发展路径，有序推进电动出租车发展。

为解决现阶段电动出租车的充电问题，北京市探索多种充电模式（图 1-37）：

图 1-37 北京市电动出租车多类型充电模式

城区：建设充换电一体站，支持 EU220 充换电服务。

房山区、大兴区推广“居家充电”模式。

平谷区在区交通局等政府机关单位建设分散充电场站。

通州、顺义利用轨道交通 P+R 停车场站建设充电基础设施。

大兴区结合本区的公交客运场站，通盘筹划，构建村村通。

鉴于北京市出租车的日均里程以及经济发展水平，北京市新购置电动出租车标准将提至 300km 的续航里程要求，以达到单次充电满足全日电量的需求，减少日间充电的压力。

c. 电动租赁车领域

北京市电动租赁车累积推广应用 8736 辆，涵盖长租、短租、分时租赁、公务车等多个领域，其中电动租赁公务车 1993 辆。通过优惠政策扶持，将分时租赁打造成公共交通的一部分。

d. 电动汽车私人领域

《北京市 2013—2017 年清洁空气行动计划》提出，到 2017 年清洁能源和新能源汽车达到 20 万辆，并设定了私人领域购车数量的额度，分别为 2014 年的 2 万辆，2015 年的 3 万辆，以及 2016 年与 2017 年的 6 万辆，渐次递增。受北京市“限牌限行”政策的影响，北京市电动汽车私人领域的推广应用发展迅速，将提前完成年度推广应用额度。

③保障措施——组织建设

2009 年以来，北京先后成为国家十城千辆首批示范城市以及私人购买纯电动小轿车试点示范城市，市委、市政府高度重视新能源汽车示范推广工作，建立形成新能源汽车联席会议制度，以市政府牵头，市科委、市发展改革委、市经信委、市财政局等 14 个相关委办局为成员单位，统筹推进新能源汽车工作。

（2）上海市

1）发展现状

车辆规模快速增长：2013～2015 年，上海市累计推广应用各类新能源汽车 57666 辆，其中新能源乘用车 51754 辆（包括私人车 36685 辆，租赁车 5307 辆，公务车辆 9762 辆）。其中 2015 年推广新能源汽车 44247 辆，比 2014 年的推广量增长 4.15 倍。

根据上海市经信委统计信息，上海新能源汽车推广继续保持快速增长势头。2016 年 1～7 月，上海市共计推广新能源汽车 18165 辆，其中，插电式混合动力汽车 15445 辆，占比 85%；纯电动汽车 2720 辆，占比 15%；其中，公交车 66 辆，私人用户 10277 辆，占比 56.5%。2016 年 1～4 月，《上海市鼓励购买和使用新能源汽车暂行办法（2016 年修订）》（简称《暂行办法》）未出台前，共计推广了新能源汽车 2212 辆，《暂行办法》出台以后的 5～7 月推广了 15953 辆。可见补贴政策仍然是新能源汽车市场发展的主要推手。

2）发展规划

预计到 2017 年本市新能源车辆发展规模将达到 13.1 万辆，其中新能源乘用车约 12.1 万辆，公交、物流、环卫等其他车型约 1 万辆；到 2020 年全市新能源车辆发展规模将达到 26.3 万辆，其中新能源乘用车约 24.5 万辆，公交、物流、环卫等其他车型约 1.8 万辆。

3）政策制定历程

2013年以来，上海连续发布一系列推动电动汽车应用发展的政策，在购车补贴、充电设施建设补贴、牌照政策、充电价格、服务费等多方面给予政策支持（表1-6）。

上海市相关政策制定时间表 **表1-6**

时间	日期	发文机构	名称	核心内容摘要
2014年	3月13日	上海市交通委	《关于推广应用节能和新能源等环保型公交车的实施意见》	对电动公交车推广应用的发展目标、保障措施、补贴政策及任务分工进行规定
	3月17日	上海市经济和信息化委员会	《上海市新能源汽车推广应用实施方案（2013—2015）》	对上海市新能源汽车推广目标、工作计划、重点任务及推进措施进行规定。尤其对各部门任务分工进行详细要求
2016年	1月13日	上海市交通委员会	《关于本市促进新能源汽车分时租赁业发展的指导意见》	新能源分时租赁运营车辆额度原则上按需核发，每年额度安排不少于4000辆；对车辆、充电桩建设及运营平台提供补贴以及相关优惠政策
	2月23日	上海市发展和改革委员会	《上海市鼓励购买和使用新能源汽车暂行办法（2016年修订）》	与2015年政策相比，该修订稿对新能源汽车的补贴标准降低，补贴门槛提高，监管更为严格
	3月29日	上海市交通委员会	《上海市交通委等关于支持新能源货运车推广应用的通知》	给予纯电动货运车通行便利。向纯电动货运车发放3000张《货运汽车通行证》，可在市区部分路段通行
	4月6日	上海市发展和改革委员会	《上海市鼓励电动汽车充换电设施发展扶持办法》	加大扶持力度，调整扶持方式。加大扶持力度，调整扶持方式
	4月27日	上海市经济和信息化委员会	《上海市鼓励购买和使用新能源汽车相关操作流程等事宜通知》	将补贴政策及要求充分拆解，明确新能源汽车购买及补贴申请的流程
	6月1日	上海市嘉定区人民政府	《嘉定区新能源汽车推广应用实施方案（2016—2017）》	除了国家及上海市以外，嘉定区财政将安排专项资金，对新能源汽车实行三级补贴
	征求意见		《上海市电动汽车充电基础设施专项规划（2016—2020年）》	总体上，采取统筹规划、适度超前，专用为主、共用为辅的建设策略。上海市将在土地、资金、审批流程等多方面给予充电桩建设支持

4）推广应用经验

①信息互联互通

a. 上海充换电设施公共数据采集与监测市级平台

为方便电动汽车用户便捷地查询到充换电设施信息等，整合各企业充换电设施数据采集与监测平台的充换电服务信息资源，促进各企业平台之间的互联互通。市级平台组建后，将接入各企业平台的基础数据，并在此基础上开发市级平台 APP 等。用户可通过市级平台 APP，查询到全市充电桩位置、充电状态等信息，为电动汽车用户充电提供便利。

b. 上海市新能源汽车公共数据采集与监测研究中心

该中心致力于上海市新能源汽车公共数据平台的搭建以及基于大数据的新能源汽车消费市场研究。目前该中心已汇集上海市近 5 万辆新能源汽车的基础数据，包括车辆位置、电量储备、油量储备、里程数、刹车时间等，并在这些数据基础上构建了用户驾驶模型、汽车 OD（Origin-Destination）位置图等模型，开展了充电桩布局规划、新能源车区域分布情况、用户最在意的新能源车性能指标、新能源车油电使用比例等方面的数据分析研究，为政府决策、企业商业布局提供了可靠的数据支持。

②制定区级扶持政策

上海市在市级层面电动汽车推广利用的扶持政策之外，由各区政府制定区域性推广应用的实施方案。

其中，嘉定区制定并出台了《嘉定区新能源汽车推广应用实施方案（2014—2015）》和《嘉定区推广新能源汽车专项补贴实施细则》。

浦东新区出台《浦东新区关于加快促进新能源汽车推广应用的实施意见（2014—2015）》和《浦东新区鼓励购买新能源汽车暂行办法》。

闵行区制定并通过了《闵行区新能源汽车推广应用实施方案（2014—2015）》和《闵行区私人购买新能源汽车资金补贴管理办法》。

区级层面的推广应用实施方案让全市层面的电动汽车，尤其是充电基础设施的扶持政策更好的落地，调动各级行政力量通力合作，推进电动汽车推广工作。

（3）杭州市

1）发展现状

到 2015 年底，杭州推广新能源电动汽车 22011 辆。在公共交通领域推广层面，杭州市在 2015 年新购公交车中，清洁能源和新能源客车比例达到 91.04%。

2014 年，杭州市推广应用新能源汽车 7436 辆。纯电动客车 4 辆、纯电动出租车 60 辆、插电式混合动力乘用车 101 辆、纯电动乘用车 7269 辆、纯电动专用车 2 辆。

2）发展规划

力争到 2020 年推广应用新能源汽车 80000 辆，新能源汽车产业产值突破 600 亿元；到 2025 年形成新能源汽车广泛应用的态势。

3）政策制定历程（表 1-7）

4）推广应用经验

分时租赁模式：杭州，是中国乃至全球最早推动电动汽车分时租赁模式的城市。

杭州市相关政策制定时间表 表 1-7

时间	日期	发文机构	名 称	核心内容摘要
2014 年	11 月 28 日	杭州市财政局	《关于杭州市新能源汽车推广应用财政补助 暂行办法的通知》	对新能源汽车推广应用补助申请条件、标准、方式、程序提出规定
2015 年	2 月 2 日	杭州市财政局	《关于进一步明确新能源汽车推广应用财政补助办法有关问题的通知》	明确新能源汽车补贴总额上限及推广计划备案要求
2016 年	5 月 5 日	杭州市人民政府	《杭州市推进新能源电动汽车充电基础设施建设实施办法》	对各类型充电桩提出技术、审批、建设及价格管理的要求，并制定详细的保障机制及工作要求
	5 月 30 日	杭州市财政局	《杭州市 2016 年新能源汽车推广应用地方配套补助办法》	对新能源汽车及充电设施的补助额度、条件提出规定
	7 月 5 日	杭州市人民政府	《中国制造 2025 杭州行动纲要》	以纯电驱动为新能源汽车发展的战略方向，推动新能源汽车产业发展
	7 月 7 日	浙江省发展和改革委员会	《浙江省电动汽车充电基础设施“十三五”发展规划》	基于发展现状提出电动汽车充电基础设施的总体及分目标，并制定相应主要任务、保障措施

2012 年 8 月，杭州启动“纯电动汽车私人租赁项目”。对此，杭州市财政局提供了两项补贴：一是租金补贴，约占租金的 30%～50%；二是电费补贴，规定租赁期间的换电池及充电全部免费。租赁者只需每个月支付 1000 元即可将电动租赁车——“小电跑”领回家。[17]

分时租赁“微公交”模式最早在 2013 年，由康迪电动汽车集团提出。微公交的租赁用车分为双座版和四座版两种，两款车的价格分别为 20 元/小时、25 元/小时。“微公交”具备异地还车的机制，真正体现“分时租赁”的产品特性。微公交的长租模式则最早始于象山社区，采用的是年租的形式。按照现在的价格，双座版不到 1 万元/年，四座版 1.4 万元/年，在价格上具备相当的竞争力。

据介绍，目前杭州投入运营的微公交大约有九千辆，其中五六千辆是用来长租的，剩下的做分时租赁业务。杭州的电动车分时租赁及异地还车的模式，是基于杭州发达的公共自行车系统建立起的市民出行模式及认可。这些自行车在杭州遍地都是，而且租用率很高。微公交或多或少借鉴了这些公共自行车的成功经验，而微公交较多的租车点也让异地还车成为可能。从用户角度来说，出发点及目的地附近正好有一个微公交租车点，选用分时租赁模式出行才具备可能性（图 1-38）。

（4）广州市

1）发展现状

广州已经连续 6 年成为新能源汽车推广应用试点城市，共推广新能源汽车超过 1.6 万

图 1-38　杭州市电动汽车分时租赁模式

辆；其中，第一阶段（2009～2012 年），推广应用新能源汽车 2067 辆；第二阶段（2013～2015 年），广州共安排补贴资金超过 13 亿元，推广应用新能源汽车 14597 辆，超额完成原定的 1 万辆任务。上述车辆分布于不同应用领域，其中公共服务领域新能源汽车占 19％、私人消费占 64％、企业通勤和租赁占 17％。

2）发展规划

2016 年 3 月，广州率先在全国出台《广州制造 2025 战略规划》，将节能与新能源汽车作为重点打造的十大产业之一，提出到 2020 年形成完善的产业配套体系和创新体系，自主品牌汽车实现跨越式发展，总产值 3800 亿元；到 2025 年，新能源汽车年产量突破 100 万辆，实现总产值达到 6500 亿元。广州市最新修订的广州汽车限购办法规定，单位和个人购买新能源汽车可直接申请上牌，不用参与摇号。此外，符合工业和信息化部《节能与新能源汽车示范推广应用工程推荐车型目录》所列的纯电动、插电式混合动力或燃料电池中小客车不受当地的限行约束。

3）政策与措施

广州市贯彻落实国家和省有关政策文件精神，相继印发《广州市新能源汽车推广应用工作方案》、《广州市 2014 年新能源汽车推广应用工作计划》、《广州市新能源汽车推广应用管理暂行办法》、《广州市新能源汽车推广应用财政资金管理办法》、《市国土房管局关于配合做好新能源汽车充电设施安装工作的通知》、《广州市电动汽车充电设施建设专项资金管理办法》、《广州市推进电动汽车充换电设施建设与管理暂行办法》、《广州市百家党政机关公共机构及重点企业新能源汽车充电设施建设实施方案》等文件，完善了推广应用工作的政策环境。

①财政支持

广州市将在国家对符合条件的新能源汽车给予补贴的基础上，按照 2013 年标准不超过与国家 1∶1 的比例给予车辆购置补贴（即不退坡）。

对公用、集中大规模自用和专用领域建设的满足国家通用性标准要求的充电设施，原则上财政按投资额（不含土地费用）30％的标准给予补贴。

推广应用期间，市财政连续安排资金支持自主品牌和新能源汽车研发与产业发展。

市财政安排专项经费支持新能源汽车相关技术研发，重点支持开展新能源汽车自动驾驶、电动汽车双转子轮毂电机及控制器、动力电池等关键技术。

②市场开放

按照《广州市中小客车总量调控管理办法》，单位和个人需要办理新能源车车辆登记的，可以直接申领其他指标。

全面开放新能源汽车私人购买市场，鼓励技术成熟、性能可靠的新能源汽车产品进入广州市场，使消费者有更多产品选择。

鼓励以企业为主体积极探索开展新能源汽车分时租赁、以租代购、定向购买、网络租售等新型商业模式。

鼓励企业在广州投资建设运营充电设施（充电桩/机）及其接入上级电源的相关设施允许采用收取“电费＋服务费”的模式推进公用充电设施建设、运营。

③配套环境

按照“桩随车走、按需配置”原则，做好私人用车充电设施规划建设。配套建设一定数量社会公用交流充电桩和小型社会公用充电站，保障新能源汽车使用需求。

电网企业加强输配电网基础投入、建设和改造，建立充电设施报装及供电绿色通道。

新建建筑按不低于18％的停车位比例建设充电设施或预留充电设施接口。

开设新能源汽车办证、上牌“绿色通道”，新能源汽车上牌时直接发放机动车环保合格标志。

④通行便利

打造城市绿色末端物流体系，研究制定准许符合条件的纯电动快递物流货车在市区通行的具体措施。

在环境空气重污染需启动机动车限行时，新能源汽车不受限行约束。

4）推广应用经验

①加快推进新能源汽车产业化

依托省、市新能源汽车产业基地，以推广应用促产业发展，加快推进新能源整车、动力电池及其管理系统、电控系统、电动空调等项目建设。广汽集团依托广东市场，提出全面实现产品电气化，预计在2016～2017年间推出5款新能源车。

②积极鼓励商业模式创新

a. 公交领域的等额置换、双锁共赢模式

公交公司以购置和使用传统车等额的成本，来购置和使用纯电动客车。不增加地方政府负担，锁定公交公司成本，锁定充电价格，实现政府、公交公司、车企、充维企业共赢。包括：等额补贴，即地方财政按照与中央财政1∶1的比例给予车辆购置补贴。等额购车，即公交企业按照传统公交车的价格向生产企业支付车款。等额使用，即公交企业按相当于传统公交车的燃料使用成本支付充电费用。车辆生产企业负责充电设施建设、电池及充电设施运营、维护及管理。

b. 通勤领域的“互联网＋”定制化服务模式

以互联网电子商务平台为媒介，运用大数据挖掘规划乘车线路，以满足乘客个性化需求为目标，通过定制化服务细分传统道路客运群体，发挥定点、定车、定时、定人的优势，实现市场细分的客运服务创新模式，打造“定制生活圈”。

c. 私人领域的分时租赁模式

运用互联网思维，创新营销模式，打造专业的新能源汽车运营服务平台。倡导“按需用车、自助用车、共享汽车、低碳出行”的城市出行方式，以番禺、南沙为主要先行区，积极推进分时租赁等业务。

③加强组织领导与安全监管

a. 组织领导

市委、市政府高度重视新能源汽车工作，成立了以市长为组长，分管副市长为副组长，成员单位包括市发展改革委、财政局、市工信委、市科技创新委等 19 个部门和单位组成的广州市新能源汽车发展工作领导小组，负责统筹协调广州市新能源汽车发展工作，研究确定重大事项，协调解决重大问题。在领导小组框架下，结合部门职能和推广任务分工，设立若干专责工作组。办公室及各专责小组均设专人负责跟踪、落实相关工作。

b. 安全监管

初步建立起示范车辆运行状态监控系统，基本实现了车载电池和车辆运行状况等信息的实时监控。正在推进建设集信息采集、实时监控、信息反馈、应急服务与数据分析于一体的智能化综合性服务平台。

通过建设新能源汽车维修保养服务站、依托汽车 4S 店和维修中心，以及鼓励具有一定技术实力、独立的汽车维修商进入服务保障体系等特性化服务保障模式，构建可靠、便捷、多元化的售后服务保障体系。

完善新能源汽车故障应急处理机制。一是修订《节能与新能源公共交通车辆应急处理预案》、《节能与新能源公共交通车辆维护保养和故障处理规范》等配套制度和规范，完善车辆故障应急处理制度；二是借助智能监控平台进一步提高对故障车辆应急处理的速度和质量，做到及时反应、快速处置、妥善处理，确保各领域推广车辆的运行安全。[18]

（5）深圳市

1）发展现状

根据深圳市发改委的统计数据，截至 2016 年 5 月底，深圳总共累积推广新能源汽车达到 46224 辆，其中公交车 6634 辆，出租车 4265 辆，纯电动的物流车达到 9067 辆，用于租赁的电动车 7730 辆，新能源私家车 17678 辆。与 2015 年底相比，深圳累积推广的新能源汽车增加了 34.52%，其中，新能源公交车增加了 43.72%，纯电动出租车增加了 152.97%。

2）发展目标

在“十三五”期间，深圳计划到 2017 年底公交车纯电动化率达到 100%；到 2020 年底，计划累计推广应用新能源汽车约 12 万辆。

3）政策与措施

深圳市实施的政策与市场双驱动战略成效显著。在政策制定方面，深圳同中央政策步调一致，国家政策取向也逐步过渡到积分制，环保奖励和非货币化政策。在此背景下，深圳大力营造新能源汽车使用环境，深圳从 2010 年开始先后出台了从充电设施到汽车后市场等一系列 30 多项地方性标准，包括《深圳市新能源汽车推广应用若干政策措施》、《深圳市新能源汽车发展工作方案》、《深圳市新能源汽车推广应用扶持资金管理暂行办法》以及《深圳市新能源汽车充电设施运营商备案管理办法》等文件。

2016 年深圳财政继续加大新能源汽车推广力度，安排新能源汽车发展资金 38 亿元，较上年增加 14 亿元。根据《关于推广应用节能和新能源等环保型公交车的实施意见》显示，到 2017 年，争取节能和新能源等环保型公交车的比例达到 30％。[19]

4）推广应用经验

为全力推进新能源汽车应用，深圳不断创新推广应用模式，在公交、出租车领域，确定公交先行推广策略，将“融资租赁、车电分离、充维结合”模式优化调整为“整车租赁、充维一体”的纯电动化商业模式，初步实现资产轻化、购租结合、里程保障、分期付租、自行充电、利益共享；提出燃油出租车正常更换电动出租车“10＋1”奖励政策。公交车领域从 2012 年起，出租车领域从 2016 年起，更新、新增车辆必须全部为纯电动汽车。截至 2015 年底，深圳公交车领域新能源汽车占比已达 44％，出租车领域新能源汽车占比已达 16％，总量、占比均位于全国城市首位，取得了显著的示范效应。在应用领域，深圳积极探索在租赁领域推广新能源汽车，首次设置分时租赁指标，通过招标方式发放，确定 4 家企业开展新能源汽车分时租赁业务；在物流领域，落实新能源物流车通行优惠，依托物流协会和展示中心，逐步实现行业运营管理智能化、信息化，推动新能源物流车规模快速增长。目前，物流、通勤、租赁等专用车领域推广力度不断加大，相关新能源汽车在新能源汽车总量中的占比持续提升，截至 2015 年底，新能源物流车、租赁汽车、通勤车占推广总量比例已达 48％，纯电动汽车推广数量占推广总量比例已达 60％。

1.4 电动汽车充电设施行业发展概况

1.4.1 世界电动汽车充电设施发展概况[20]

1. 发展现状

作为电动汽车产业发展的重要衍生物，全球电动汽车充电基础设施的网络建设虽只有不到十年的时间，已取得了长足的进展。以美国、日本为代表的汽车工业发达国家非常重视充电设施的发展，不断采取措施调动行业积极性，推进电动汽车与充电设施的协调有序发展。

电动汽车充电设施是系统化的工程，需要多方协同建设。在过去数年的实践经验中，各地政府、汽车制造商以及充电设施供应商互相之间积极建构协同建设计划，共同推进充电设施的建设。各国依据自身的经济基础、能源结构、电动汽车发展现状等，制定各自的充电设施主导发展模式，如美国建设以慢速充电桩为主的网络化布局模式；日本则形成由快速充电站为主的布局系统。

全球电动汽车充电设施，在过去的数年中，随着电动汽车产业的爆发式发展，也经历了一个急速增长的阶段。据国际能源组织公开信息显示，2012 年，全球电动汽车充电桩仅有约 5.4 万根，不足现状的 1/6。此后数年，电动汽车充电设施以年平均 90％的增长速度迅速扩张。到 2015 年，全球电动汽车充电设施的总数达到了 36.8 万根，同比 2014 年的 20.8 万有大幅增长。从分类型充电设施的发展状况来看，私人充电设施增长速度略高于公共充电设施，总体保持相对均衡的增长态势。

尽管全球电动汽车充电设施，面对现状电动汽车的充电需求，仍存在较大的缺口，但电动汽车充电设施的增长率已经跟上全球电动汽车保有量的增长率，全球电动汽车与充电设施的车桩比值正在逐步缩小。如图 1-39 所示。

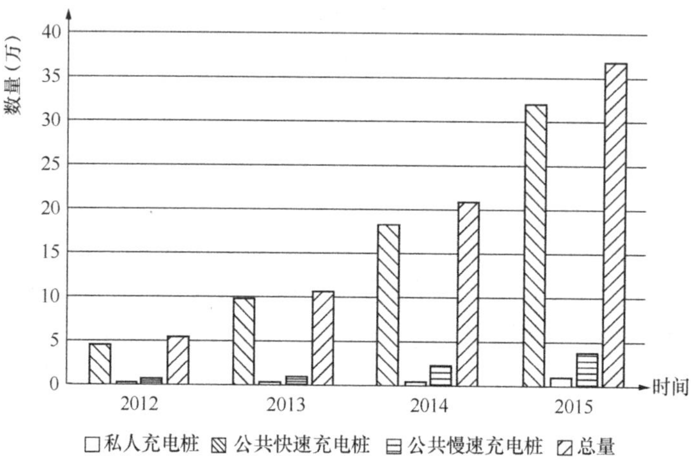

图 1-39　全球电动汽车充电桩（2012～2015 年）

2. 地理分布

图 1-40 是由国际能源组织统计整理的 2015 年全球分类型电动汽车充电桩的地理分布情况。据统计，目前全球电动汽车充电桩的发展存在极大的地域分布差异。充电桩分布高度集聚，前八位的国家几乎占据全球电动汽车充电桩的 90％。其中，中国在公共慢速及快速充电桩领域取得了绝对性的领先地位；美国在全球电动汽车私人充电桩领域独占鳌头。

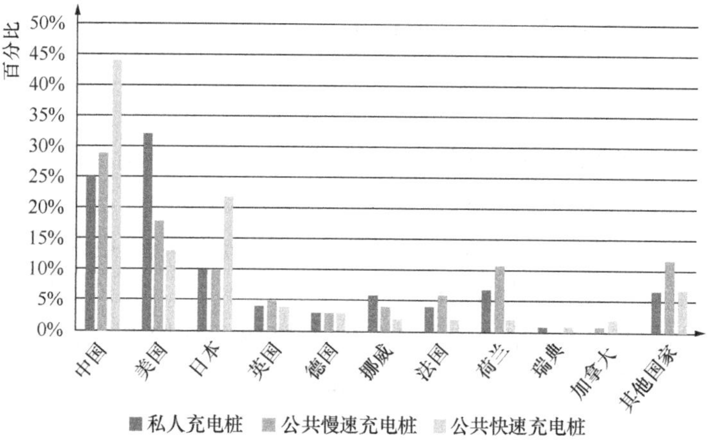

图 1-40　2015 年全球分类型电动汽车充电桩的地理分布情况

各国因电动汽车产业发展路径的选择方向、建设条件等的差异，在电动汽车充电设施的发展状况及方针方面存在较大的差异：

快速充电领域，中国以及日本走在全球前列，合计建设了全球超过65%的快速充电设施。此后依次为美国、英国以及德国。荷兰、法国、挪威等国则根据各自的发展需求及国土条件，力推公共领域慢速充电桩，构建分散式、网络状充电设施集群。

私人充电桩领域，美国凭借大量城郊、乡村别墅的良好充电设施建设条件，位居全球私人充电桩建设量的首位。这类私人充电桩的地域分布与电动汽车的区位分布具有较高的一致性。

3. 公共充电桩车桩比情况

车桩比，即电动汽车及充电设施的比值，是目前国际范围内广泛接受的，充电设施发展的重要指标。国际能源组织在其编制的公开资料《世界电动汽车展望2016》（Global EV outlook 2016）中，提供了全球慢速及快速充电设施部署的车桩比统计。由图1-41数据可知，电动汽车公共充电设施的总量与电动汽车保有量之间，仍存在较大的鸿沟。每个快速充电桩所需服务的电动汽车数量巨大，从全球的角度看，每个公共快速充电桩平均需服务45辆电动汽车，而每个公共慢速充电桩平均需满足7.8辆电动汽车的充电需求。

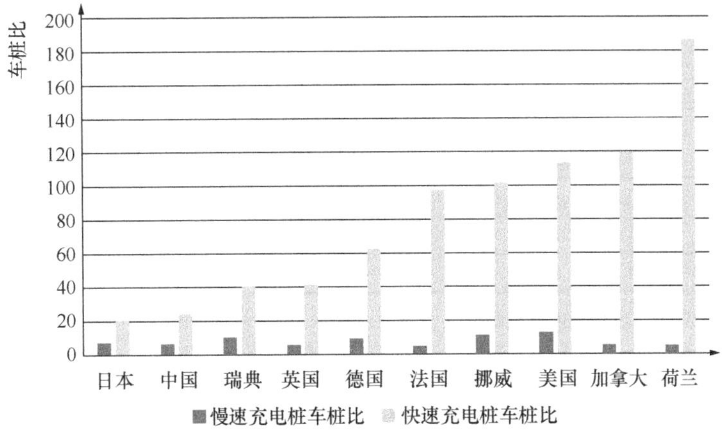

图1-41 2015年公共充电桩车桩比统计（含快速充电桩及慢速充电桩）

中国及日本，是公共充电设施领域中占全球前两位的国度。截至2015年，合计建设有超过全球1/2的快速充电设施。在日本，一个快速充电桩平均需服务21辆电动汽车，而在中国则是25辆。这一数据目前在全球范围内都处于领先地位。而同样的指标，即快速充电桩的车桩比，在美国则高达100～130。

在当前充电设施建设的快速发展阶段，各国公共充电桩的车桩比数据对于充电设施数量的发展规划具有一定的指导意义。但因为各国电动汽车的推广数量在汽车整体市场中的占比还太低，尚未有任何国家具备代表车桩比的最佳平衡点。

4. 充电设施扶持政策与成效

当前，全球电动汽车充电设施建设普遍处于初期的摸索阶段，充电设施建设缺乏稳固的商业模式，不具备营利性，对地方政府的扶持政策具有极强的依赖性。为了刺激电动汽车进一步的推广应用，各国以及地方政府采取多方面措施支持充电基础设施的部署，包括家用、工作场所以及公共场所的充电设施建设。

充电设施建设的扶持政策机制，可归类为两个大类，即政府部门机构的直接投资，以及间接性的财政补贴（包括，个人及私营企业建设充电设施的税收减免等）

几乎所有电动汽车市场占有率超过 0.5％的国家（2015 年，符合这一范畴的国家包括中国、丹麦、法国、德国、日本、荷兰、挪威、葡萄牙、瑞典、英国以及美国）都至少在国家层面上提供了充电桩建设的直接或间接的财政扶持政策（表 1-8）。

各国电动汽车充电设施建设扶持政策概况 **表 1-8**

	直接投资		财政补贴		每百万人口的充电设施数量	每百万人的公共充电设施数量
	公共充电设施	私人充电设施	公共充电设施	私人充电设施		
挪威	√	○			15143	1372
荷兰	√			√	6280	1084
丹麦	√		√	√	1732	309
瑞典	○				1674	175
美国	√		√	√	1340	97
日本	√	√			1171	174
法国	√	√	√	√	970	159
英国	○	√			933	155
德国	√				664	67
加拿大					612	98
葡萄牙					302	114
中国	√	√	√		265	42
西班牙	○	√			161	35
意大利	○				129	29

注：√代表全国性政策，○代表区域性政策。

1.4.2 世界主要国家电动汽车充电设施发展情况[21]

1. 美国

（1）发展现状

在电动汽车充电设施建设方面，联邦政府在 2010 年前提供相当于购买以及安装家用充电桩费用 50％的联邦税收减免，每个充电桩以 2000 美金封顶。建设大型充电设施的商业运营团体则最高可在充电设施建设方面申请 5 万美金的税后减免。

图 1-42 美国电动汽车充电桩建设示例

截至 2016 年 1 月，美国全境范围内共有 12203 个充电站，对比 2013 年的 5670 个充电站，实现了大幅的增长（图 1-42）。

（2）政策与措施

美国联邦政府为投资充电设施建设的个人和企业提供投资总额30%的补贴。另外，美国能源部还于2009年宣布将陆续投入10亿美元用于电网升级，以满足不断增加的电动汽车充电需求。

2. 日本

（1）发展现状

日本政府十分重视电动汽车发展，其电动汽车产业发展及示范应用也早于其他国家。日本充电设施建设的完备，始于东京电力公司对电动汽车发展的敏锐眼光，通过对电动汽车用户的行为分析，他们提出快速充电站的部署计划，以减少用户的里程焦虑，并构建了日本早期的快速充电站网络。此外，日本快速充电设施的建设也得益于由众多日本企业共同制定的CHAdeMO标准。该标准已成为全球最广为接受的快速充电设施行业标准。

2010年，日本经济产业省公布《新一代汽车战略2010》，以国家战略的方式支持电动汽车发展，其中一个最为重要的版块就是《新一代汽车充电基础设施推广战略》。战略中提出至2020年，全国部署200万个常规充电桩以及5000个快速充电站的宏伟目标。最新在2016年，由日本经济部提出的电动汽车发展新的路线图，提出日本至2020年100万辆电动汽车的目标，替代之前"新一代汽车计划"中15%～20%电动汽车销售市场占有率的目标。电动汽车充电设施的部署计划也会随着新增的电动汽车计划而提高。

日本电动汽车充电基础设施的建设始于2010年（图1-43），到2012年底，日本已建成1381个公共快速充电站，成为全球范围内拥有快速充电站最多的国度，同时也是车桩比数据最低的一个国家，约为30辆电动汽车对应一个快速充电桩。到2015年3月底，则增加至3087座。政府制定了到2020年，部署200万个慢速充电桩以及5000个快速充电站的宏伟目标。

图1-43 日本电动汽车充电桩建设示例

（2）政策与措施

2012年以前，日本"清洁能源汽车（CEV）补贴"政策为充电设施建设提供补助。2013年开始，新设立充电设施补贴，将充电设施补贴金额由充电器购置费的1/2调整为充电器购置费和安装工程费总金额的2/3，补贴额度根据充电器的性能、输出功率和用途，从20万日元到333万日元不等。

3. 荷兰

荷兰的电动汽车基础设施起步于2010年，并迅速从400个慢速公共充电桩增长至2011年的1841个充电桩。此后逐年增加至2012年的2782个以及2013年的3521个充电桩。荷兰在数年的电动汽车及充电设施推广应用中都保持了良好的态势。

截至2016年1月，该国共有7487个24小时开放的公共慢速充电桩，10871个限时的慢速充电桩，475个快速充电站以及超过55000个私人充电桩，成为全球人均充电设施最多的国度。

荷兰政府启动了专项计划，至 2015 年在全国境内建设超过 200 个电动汽车充电站。具体部署由瑞士电力及自动化公司 ABB 以及荷兰初创公司 Fastned 完成，致力于在全国范围内为 1600 万居民提供每 50km 一个充电站点的服务网络。

4. 挪威

截至 2016 年 3 月，挪威全国范围内共建设有 7632 个电动汽车充电站点。首都奥斯陆拥有 1996 个站点，位居全国首位，此后阿克斯胡斯以及霍达兰两座城市分别建设有 1117 个以及 932 个充电站点。尽管挪威电动汽车市场份额已连续数年位居全球第一，人均电动汽车保有量也为世界第一，但其快速充电桩的车桩比仅为 100～130。充电设施的建设速度并未跟上电动汽车推广应用的速度。纯电动汽车快速的推广应用导致每个公共充电站对应的电动汽车数量急剧增长。

1.4.3 我国电动汽车充电设施发展情况

1. 发展历程

回溯我国电动汽车充电设施发展历程，过去十年间，充电网络的建设从无到有，经历了跨越式的发展。其中具有重大标志性意义的充电设施建设项目及发展规划有如下内容：

2006 年，比亚迪在深圳总部建成深圳首个电动汽车充电站。

2008 年，北京市奥运会期间，建设了国内第一个集中式充电站，可满足 50 辆纯电动大巴车的动力电池充电需求。[10]

2009 年 10 月，上海漕溪电动汽车充电站通过验收，是国内第一座具有商业运营功能的电动汽车充电站。

2010 年 3 月，国家电网公司唐山南湖充电站建成投运，是我国首座国家电网典型设计充电站，可同时为 10 台电动汽车按快充和慢充两种方式进行充电作业。

2011 年 12 月，工信部、能源局、电力企业联合会三方联合推出《电动汽车传导充电用连接装置》等四项有关电动汽车充电接口和通信协议的四项国家标准，填补了充电设施行业标准的空白。

2013 年 2 月，国务院印发能源发展“十二五”规划，要求推进智能电网建设和建设新能源汽车供能设施。提出到 2015 年，形成 50 万辆电动汽车充电基础设施体系。

2013 年 7 月，位于杭州市西湖区古荡科技园的充换电立体车库建成并投入使用，成为我国首座纯电动汽车智能充换电立体车库，为杭州纯电动汽车微公交项目服务。

2015 年 1 月，工信部发布数据，全国现已建成了 723 座充电站和 28000 个充电桩，在充电站和充电桩的建设上也取得了不少的进步与发展。

2015 年，我国将对电动汽车充电基础设施的建设要求提到了全新的高度。

2015 年 9 月，国务院办公厅印发《加快电动汽车充电基础设施建设的指导意见》，督促各地区、各部门推动电动汽车充电基础设施建设。

2015 年 10 月，国家发改委等四部委发布《电动汽车充电基础设施发展指南（2015—

2020 年)》，形成“十三五”期间我国电动汽车充电设施发展规划的顶层设计指南，提出到 2020 年，新增集中式充换电站超过 1.2 万座，分散式充电桩超过 480 万个。

2015 年 12 月，国家能源局印发《省（区、市）电动汽车充电基础设施专项规划编制提纲》，要求各省（区、市）发展改革委（能源局）抓紧编制电动汽车充电基础设施专项规划，全面提速地区层面充电设施的建设计划。

2. 发展现状

根据国家电动汽车充电基础设施促进联盟的统计数据显示，截至 2016 年 6 月底，我国共有公共充电桩 8.18 万个；其中直流桩 1.35 万个；交直流一体桩 1.65 万个；交流桩 5.18 万个；较 2015 年底增长 65%。私人充电桩共计 5.54 万个，较 2015 年底增长约 12%（图 1-44）。同期，我国新能源汽车产销累计 49.7 万辆，保有量居全球首位。尽管我国充电设施建设保持了较高的增长速度，并与新能源汽车的增速保持了一致，但在总数方面仍远远落后于新能源汽车总量。

由上表可知，我国电动汽车与充电设施的配置比例一度曾高达 8：1，此后经过数年的发展逐年降低至约 5：1，但距离“一车一桩”的理想化目标还存在着较大的差距，充电设施的建设仍有待推进。

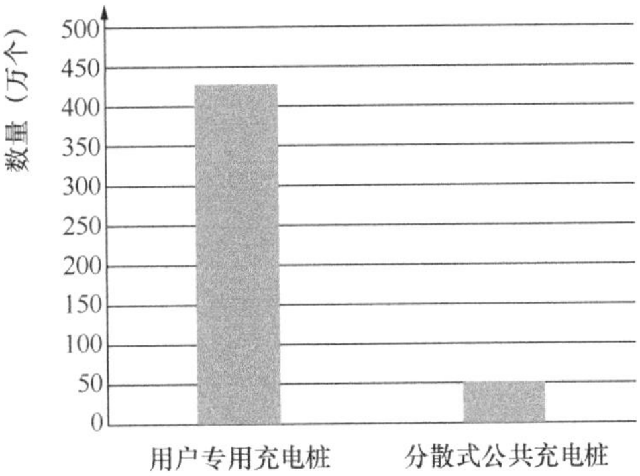

图 1-44 2013～2016 年 6 月我国新能源汽车、充电桩发展情况

3. 发展规划

2015 年，我国国务院、国家发展改革委等四部门相继印发《加快电动汽车充电基础设施建设的指导意见》和《电动汽车充电基础设施发展指南（2015—2020 年)》，形成“十三五”期间我国电动汽车充电设施发展规划的顶层设计指南。

根据《电动汽车充电基础设施发展指南（2015—2020 年)》，我国将按照适度超前原则明确充电基础设施建设目标。规划到 2020 年，新增集中式充换电站超过 1.2 万座，分散式充电桩超过 480 万个，以满足全国 500 万辆电动汽车充电需求，基本实现车桩比1：1 的目标。[22]

（1）分场所建设目标方面，如图 1-45 所示。

优先建设公交、出租及环卫与物流等公共服务领域充电基础设施，新增超过 3850 座公交车充换电站、2500 座出租车充换电站、2450 座环卫物流等专用车充电站。

积极推进公务与私人乘用车用户结合居民区与单位停车位配建充电桩，新增超过 430 万个用户专用充电桩，以满足基本充电需求。鼓励有条件的设施对社会公众开放。

合理布局社会停车场所公共充电基础设施，按照适度超前原则，新增超过 2400 座城市公共充电站与 50 万个分散式公共充电桩，以满足临时补电需要。

结合骨干高速公路网，建设“四纵四横”的城际快充网络，新增超过 800 座城际快充站，以满足城际出行需要。

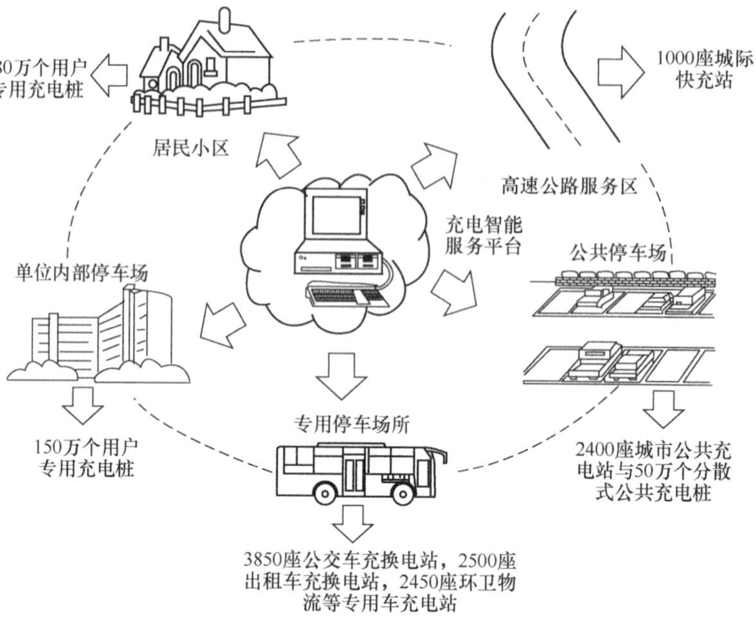

图 1-45　我国 2020 年充电基础设施分场所建设目标

图片来源：《电动汽车充电基础设施发展指南（2015—2020 年）》

如图 1-46、图 1-47 所示。

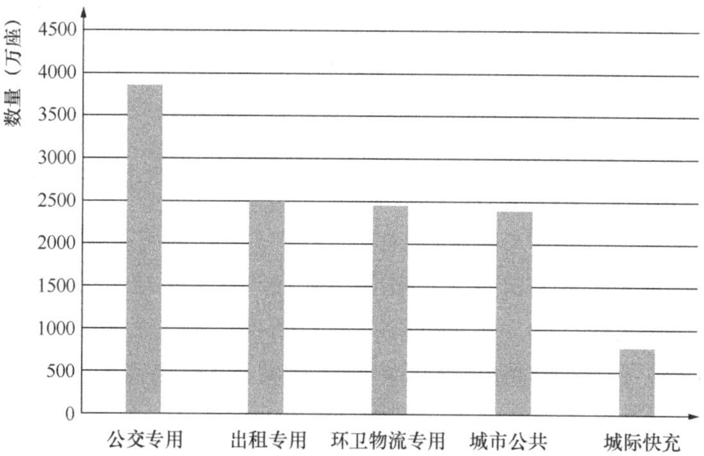

图 1-46　2015—2020 年新增集中式充电站总体目标

（2）分区域建设目标方面：

将全国划分为快速发展地区、示范推广地区以及积极促进地区。

1）加快发展地区

到 2020 年新增集中式充换电站超过 7400 座，分散式充电桩超过 250 万个，以满足超过 266 万辆电动汽车充电需求。

在新能源汽车推广应用城市，公共充电桩与电动汽车比例不低于 1∶7，城市核心区公共充电服务半径小于 0.9km；其他城市公共充电桩与电动汽车比例力争达到 1∶12，城市核心区公共充电服务半径力争小于 2km。

率先建成京津冀、长三角、珠三角三个雾霾防治重点区域的城际快充网络，各主要城市间实现互联互通。

2）示范推广地区

到 2020 年新增集中式充换电站超过 4300 座，分散式充电桩超过 220 万个，以满足超过 223 万辆电动汽车充电需求。

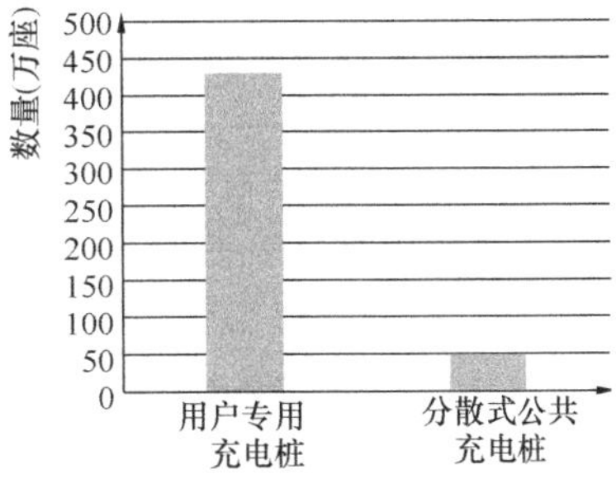

图 1-47　2015—2020 年新增各类充电设施总体目标

在新能源汽车推广应用城市，公共充电桩与电动汽车比例不低于 1∶8，城市核心区公共充电服务半径小于 1km；其他城市公共充电桩与电动汽车比例力争达到 1∶15，城市核心区公共充电服务半径力争小于 2.5km。

加强与加快发展地区的互联互通，以高速公路网为基础，逐步推进全国范围的城际快充网络建设。

3）积极促进地区

到 2020 年新增集中式充换电站超过 400 座，分散式充电桩超过 10 万个，以满足超过 11 万辆电动汽车充电需求。

省会等主要城市公共充电桩与电动汽车比例不低于 1∶12，城市核心区公共充电服务半径小于 2km。

按需开展城际快充网络建设。

4. 地方级发展规划

2015 年 12 月，国家能源局印发《省（区、市）电动汽车充电基础设施专项规划编制提纲》，要求各省（区、市）发展改革委（能源局）抓紧编制电动汽车充电基础设施专项规划，全面提速地区层面充电设施的建设计划。

为全面贯彻落实国家文件的相关要求，自 2015 年末到 2016 年中，全国已有十余座省市完成地区级电动汽车充电基础设施专项规划。表 1-9 罗列了“十三五”期间重点企业、省市编制的电动汽车充电基础设施专项规划。新一轮的发展规划在国家层面的指引下，在梳理发展现状、提出总体及分领域目标之外，纷纷提出了可操作性较高的任务安排及保障措施，是指引下一阶段城市充电基础设施建设的重要统领性文件。

全国各地及主要企业制定的相关发展规划　　表 1-9

省市	相关政策	内容
南方电网	《南方电网公司“十三五”电动汽车充电基础设施发展规划》(2015)	在南方五省将建成集中式充电站 674 座，公共分散式充电桩 2.5 万个
北京市	《北京市电动汽车充电基础设施专项规划(2016—2020 年)》(2015)	2016～2020 年，全市配建电动汽车充电桩约 43.5 万个

续表

省市	相关政策	内容
上海市	《上海市电动汽车充电基础设施专项规划（2016—2020年）》（2015）	2020年上海新能源汽车充电桩将在现有2.17万个基础上至少增加21.2万个
广东省	《加快新能源汽车推广应用的实施意见》	到2020年，全省新能源汽车推广应用累计超25万辆，初步形成覆盖主要城市的城际快充网络
浙江省	《浙江省电动汽车充电基础设施“十三五”发展规划》（2015）	到2020年，新建集中式充换电站800座以上、分散式充电桩21万个以上，具备满足23万辆以上电动汽车充电需求的能力
福建省	《福建省“十三五”电动汽车充电基础设施专项规划》（2015）	到2020年，新增集中式充换电站387～400座，充电桩9万～12万个，以满足福建省10万～13万辆电动汽车的充电需求
云南省	《云南省电动汽车充电基础设施规划（2016—2020年）和云南省电动汽车充电基础设施建设运营管理暂行办法》（2015）	到2020年，建成超过350座集中式充换电站，超过16.3万个分散式充电桩
湖南省	《湖南省电动汽车充电基础设施专项规划（2016—2020年）》（2015）	到2020年，湖南省拟新增集中式充换电站415座，分散式充电桩20万个，满足全省22万辆电动汽车充电需求
河北省	《河北省新能源汽车产业“十三五”发展规划（2016—2020年）》（2015）	到2020年，河北全省建设充电站1000座、充电桩10万个，其中高速公路服务区、机场、车站、大型公共服务场所实现全覆盖
陕西省	《陕西省电动汽车充电设施专项规划（2016—2020年）》（2015）	至2020年共需建设充电站454座、分散充电桩9.44万个
山西省	山西省电动汽车充电基础设施专项规划（2016—2020年）（2015）	2020年末，建成由343座集中式充（换）电站、19万个分散式充电桩、1个充电智能服务平台构成的覆盖全省、布局合理、高效智能的充（换）电基础设施体系
甘肃省	甘肃省新能源汽车推广应用实施方案（2016—2020年）（2015）	新能源汽车推广应用城市公共充电桩与电动汽车比例不低于1∶5，省内其他城市公共充电桩与电动汽车比例力争达到1∶10
石家庄市	《关于推进全市电动汽车充电基础设施建设的实施意见》（2015）	到“十三五”末，全市建设充（换）电站296座，充电桩9844个
沈阳市	《沈阳市新能源汽车推广应用实施方案（2015—2020年）》（2015）	到2020年，进行配套电网建设和改造，建设充电站120座、充电桩7200个

2 规划技术篇

电动汽车充电基础设施专项规划主要是结合土地利用规划、道路交通规划、电力专项规划、停车场规划、公交场站规划、旅游专项规划、物流港口规划、环卫设施布局规划等各类规划，制定科学的发展策略、准确预测电动汽车及充电设施发展规模，合理确定充电基础设施的空间布局、选址指引等，明确近期建设规模和时序，并根据实际需要，确定是否需要对近期建设充电基础设施站址进行选址；同时综合考虑城市发展远景，预留和控制远期规划的充电基础设施站址用地，是当前一种新型的市政专项规划。

根据2015年12月18日由国家能源局印发的《电动汽车充电基础设施专项规划编制提纲》，电动汽车充电基础设施专项规划编制共包括五大部分的内容，具体为电动汽车及充电设施发展现状、充电设施发展需求预测、发展目标、重大任务和规划实施。《电动汽车充电基础设施专项规划编制提纲》没有对该类专项规划的规划层次进行界定，难以满足不同层次专项规划的编制与管理需要；缺乏对发展策略的研究要求，不能满足不同阶段城市的发展诉求；没有对充电基础设施的空间布局原则与空间要点、选址指引方面的指引，无法满足城市规划部门对设施落地的空间管理需求。本章梳理了国内规划编制现状，根据现状实际管理需要，将电动汽车充电基础设施规划分为两个阶段：电动汽车充电基础设施专项总体规划和电动汽车充电基础设施专项详细规划。对两个阶段规划的工作任务、资料收集、文本编制内容、图纸绘制内容、说明书编制要求进行详细介绍。

2.1 电动汽车充电基础设施专项规划编制体系

2.1.1 编制任务

电动汽车充电设施专项规划的主要任务是依据国家及省市确定的电动汽车及其充电设施发展目标任务要求，结合城市经济社会发展情况，充分考虑电动汽车及其充电设施的发展现状和区域供配情况，制定适合城市的规划目标，科学预测电动汽车的发展规模，合理确定充电设施规模和布局，预留充电设施用地，并制定建设策略、措施和时序。

2.1.2 规划层次

电动汽车充电基础设施专项规划层次与城市规划基本一致，分为总体规划和详细规划两个层次（图 2-1、图 2-2）。

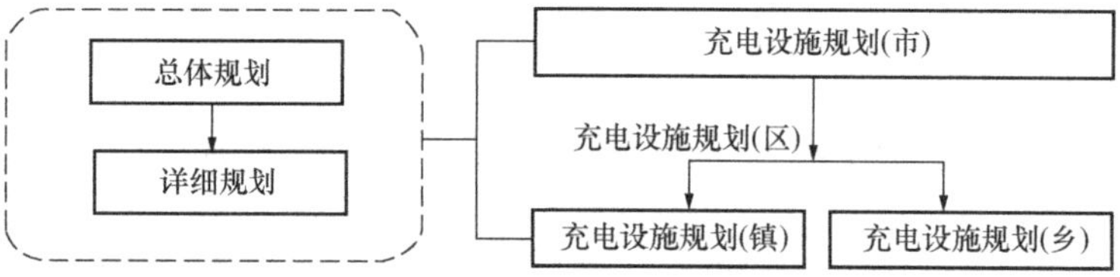

图 2-1　电动汽车充电基础设施规划编制总体框架图

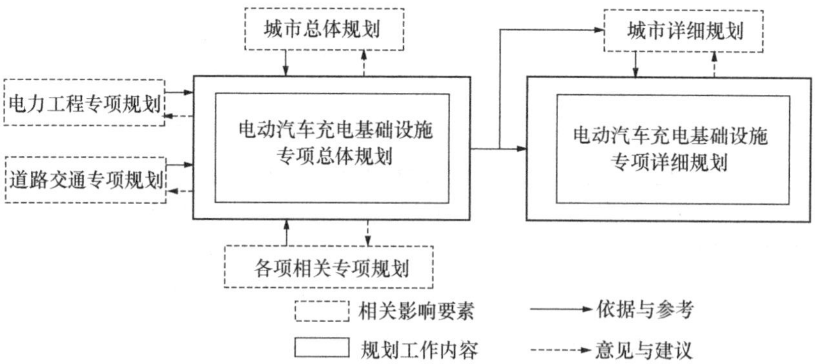

图 2-2　电动汽车充电基础设施规划编制体系图

考虑到电动汽车充电设施专项规划的系统性和整体性，在较大范围内进行规模预测、整体布局、系统构建更具科学性和合理性，一般只在区级层面或重点地区和特殊要求地区编制电动汽车充电设施专项详细规划。

电动汽车充电基础设施专项总体规划一般在市级或县区级行政区范围内进行充电基础

设施整体布局和系统构建，重点对电动汽车发展策略、充电模式、规划目标和规模、布局原则与策略、系统布局、建设管理模式等内容进行系统研究，是指导规划区电动汽车充电基础设施建设和管理的纲领性文件。

电动汽车充电基础设施详细规划也可分为区级的详细规划和镇（或街道级）详细规划。

区级详细规划，一般在区级行政区范围内进行充电基础设施布局，重点对区级的规划目标和规模、系统布局、建设计划等内容进行系统研究，是指导规划区电动汽车充电基础设施建设和管理的指导性文件。

镇（或街道级）详细规划，一般在镇（或街道）级行政区、城市重点地区或特殊要求地区编制，在较小的范围内对各类电动汽车充电基础设施的选址方案、建设模式、运营管理机制等内容进行详细研究，是规划范围内充电基础设施建设工程设计的直接依据。

2.1.3 各层次规划之间的关系

电动汽车充电设施专项总体规划、分区规划、详细规划三个层面的相互关系是逐层深化、逐层完善的，是上层次指导下层次的关系，即电动汽车充电设施专项总体规划是分区规划和详细规划的依据，起指导作用；而电动汽车充电设施专项分区规划、详细规划是对总体规划的深化、落实和完善。同时下层次规划也可对上层次规划不合理的部分进行调整，从而使规划的详细方案更具合理性、科学性和可操作性。

2.1.4 与法定规划之间的关系

电动汽车充电设施专项总体规划与城市总体规划相匹配，从本专项系统角度分析和论证城市经济社会发展目标的可行性、城市总体规划布局的可行性和合理性，并提出对城市发展目标和总体布局的调整意见和建议。同时依据国家及省市确定的电动汽车及其充电设施发展目标任务要求，城市总体规划确定的发展目标、空间布局，合理布局本系统的重大设施，制定本系统主要的技术标准和实施措施。

电动汽车充电设施专项分区规划是市政专项总体规划和市政专项详细规划的重要衔接，是根据城市电动汽车发展、充电设施规划建设的实际需要，按功能分区（行政管理区、新城、新区、特殊功能区、工程系统管理分区等）范围进行编制。从本专项系统角度分析和论证功能分区内城市规划布局的可行性、合理性，并提出相关调整意见和建议；根据电动汽车充电设施专项总体规划和城市功能分区的规划布局，布置本系统在功能分区内的主要设施，明确充电设施的选址区域，并对近期实施的充电设施用地进行选址，制定针对本功能分区的技术标准和实施措施。

电动汽车充电设施专项详细规划与城市详细规划相匹配，从本专项系统角度对城市详细规划的布局提出调整意见和建议。同时依据上层次专项规划和城市详细规划确定的用地布局，具体布置规划范围所有的充电设施，明确充电设施的用地红线坐标，提出相应的设施建设技术要求、管理运营要求和实施措施。

2.1.5 编制程序

1. 工作程序

电动汽车充电基础设施专项规划一般包括前期准备、现场调研、规划方案、规划成果4个阶段。

前期准备阶段是项目正式开展前的策划活动过程，需明确委托要求，制定工作大纲。工作大纲内容包括技术路线、工作内容、成果构成、人员组织和进度安排等。

现场调研阶段工作主要指掌握现状自然环境、社会经济、城市规划、相关政策的情况，收集电力部门、发展改革主管部门、规划主管部门、交通主管部门和其他相关政府部门的发展规划、近期建设计划及意见建议。工作形式包括现场踏勘、资料收集、部门走访和问卷调查等。

规划方案阶段主要分析研究现状情况和存在问题，并依据城市发展和行业发展目标，确定电动汽车的发展策略，进行发展策略下的电动汽车及其充电基础设施的规模预测。结合城市规划情况，进行电动汽车充电基础设施系统布局，安排建设时序，并对近期拟实施的充电基础设施用地进行选址。期间应与电力部门、发展改革主管部门、规划主管部门、交通主管部门和其他相关政府部门进行充分的沟通协调。

规划成果阶段主要指成果的审查和审批环节，根据专家评审会、规划部门审查会、审批机构审批会的意见对成果进行修改完善，完成最终成果并交付给委托方。

其工作流程见图2-3。

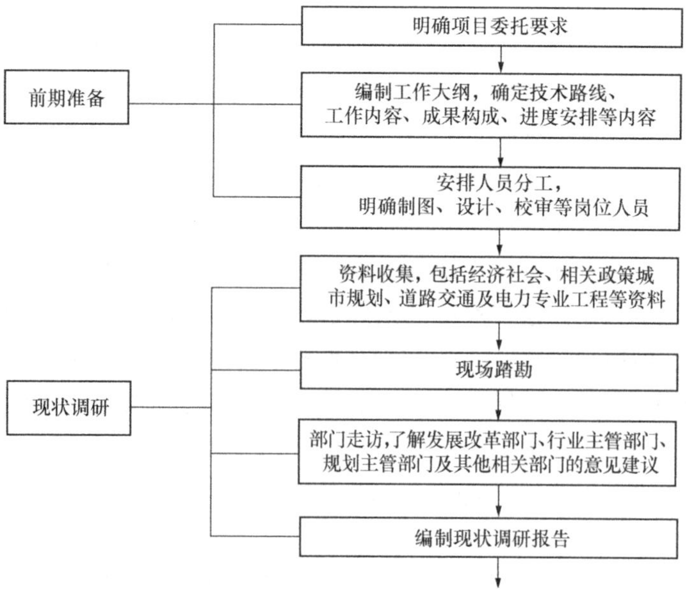

图2-3 电动汽车充电基础设施专项规划工作流程框图（一）

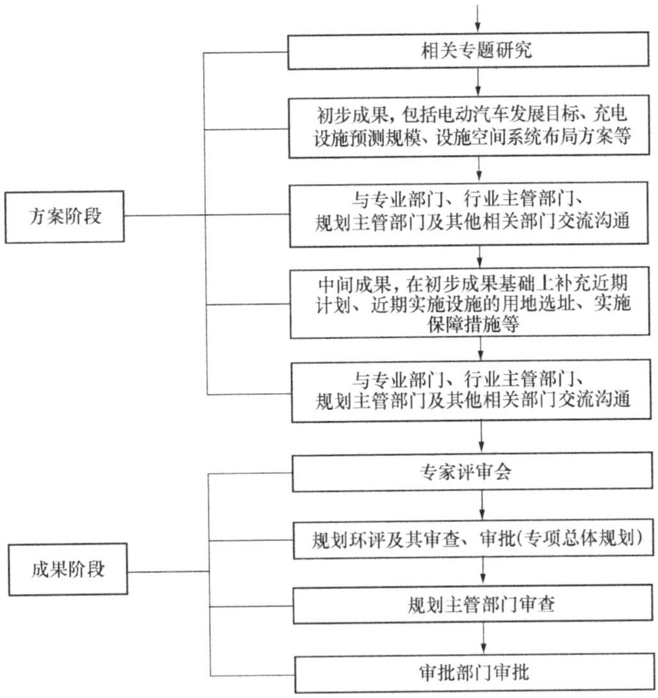

图 2-3　电动汽车充电基础设施专项规划工作流程框图（二）

2. 编制主体

电动汽车充电基础设施专项规划应由城市规划管理部门单独组织编制或联合发展改革部门共同组织编制。

3. 审批主体

电动汽车充电基础专项总体规划一般由市规划委员会或市政府审批，电动汽车充电基础设施专项详细规划建议由规划管理部门审批。

2.1.6　成果形式

规划成果包括规划文本和附件，规划文本是对规划的各项指标和内容提出规划控制要求或提炼规划说明书中重要结论的文件；附件可包括规划说明书、规划图纸、现状调研报告和专题报告；其中现状调研报告和专题报告可根据需要编制。

2.2　电动汽车充电基础设施专项规划编制指引

2.2.1　工作任务

以城市总体规划或分区规划为依据，与电动汽车发展规划及推广计划、道路交通及相关公交场站规划、停车场规划、旅游规划、电力工程规划等专业规划相衔接，确定城市电动汽车充电基础设施发展策略、发展规模、总体布局、近期计划与实施策略。合理选择充电模式，形成以城市公共充电站、公交充换电站、物流环卫车专用充电站等不同类型，又互为补充，点、线、面相结合的完善的充电基础设施体系。

2.2.2 资料收集

电动汽车充电基础设施专项规划需要收集的资料包括自然环境资料、经济社会情况、城市规划资料和相关专业资料等。城市经济社会资料包括经济发展、人口、土地利用和城市布局资料等；城市规划资料包括城市总体规划、分区规划、详细规划和其他相关规划资料等；各相关专业资料主要包括道路交通规划、公交场站规划、停车场规划、物流及港口用地、环卫设施用地规划等和其他相关资料等（表 2-1）。

电动汽车充电基础设施专项总体规划主要资料收集汇总表　　表 2-1

序号	部门与对象	主 要 内 容
1	城乡规划部门	1∶1000 地形图
		已经划拨或已出让用地的地籍资料
		上层次规划（如城市总体规划等）
		本地区历年编制的主要规划（如控制性详细规划）
		本地区的其他专项规划及现状情况（如道路交通规划、电力规划、停车场规划、公共设施与居住用地规划，现有小区分布等）
		相邻地区已批准实施的规划 已批准的设计要点
2	发展和改革部门	关于公交车、出租车、公务车、私家车采用电动车形式的相关发展规划
		政府对电动汽车的发展意向
		支持发展新能源（电动）汽车的相关鼓励措施与推进举措
		已编相关规划的落实情况
3	交通运输部门	道路交通规划中预测的各交通区客货运发生量
		现有道路网及交通组织、交通枢纽（客运站）、交通通行、停车设施现状与规划情况、公交车场站分布情况
4	环保部门	城市新能源汽车的近期推广计划
		城市新能源汽车的推广方向（公交大巴、出租车、私家车、货车）及规模（拟推广各类车数量）
		扶持新能源汽车发展的相关政策
5	住房和城乡建设部门	城市历年来建设投资规模及建设发展状况
		市政设施现状、发展计划
		已建电动汽车充电站的建设程序
		后续新规划、拟建充电设施建设的报检程序包括哪些
6	旅游部门	规划区主要的旅游资源类型及分布、旅客规模及交通方式等基本情况
7	统计部门	《城市统计年鉴》 现状人口状况（人口数量、构成与分布等）
8	供电部门	现状变电站和规划变电站供电范围划分
		规划区 10kV 地理接线图
		电缆沟分布情况
		已建电动汽车充电站的详细情况、充电站的建设计划等

续表

序号	部门与对象	主 要 内 容
9	公交部门	电动公交汽车（纯电动、油电混合动力）的现状及规划保有量，公交场站配建充电设施的现状及规划情况
10	主要企业	已推广电动大巴的规模及运营使用情况
		近期的电动大巴推广计划，远期的推广设想
		已建的电动汽车充电设施的规模、布局及运营使用情况
		近远期拟建的电动汽车充电设施的规模、布局及运营使用情况
		新巴公司的运营管理机制、建设过程中承担的角色、资金来源及成本回收、经济效益如何保障等情况

2.2.3 文本编制内容

电动汽车充电基础设施专项总体规划文本内容包括：规划总则；规划范围、期限；规划依据；规划目标；规划原则；电动汽车分类；电动汽车充电设施分类；电动汽车发展趋势研判；城市发展电动汽车的综合条件研究；电动汽车充电模式选择；发展策略；规模预测；充电设施规划布局；电力保障；交通保障；充电设施场地安全要求；近期目标；实施计划；近期投资估算及环保效益评估；实施策略；政策建议；附件。

2.2.4 图纸绘制内容

电动汽车充电基础设施专项总体规划图集宜包括两部分：规划成果图和规划背景图。

1. 规划成果图

（1）充电设施现状分布图；

（2）充电设施规划布局图（远期）；

（3）充电设施近期建设规划图（近期）；

（4）电力保障方案图；

（5）交通保障方案图；

（6）各类充电设施布局分图（多张）；

（7）分区布局图（多张）；

（8）近期实施设施选址图纸（多张）。

2. 规划背景图

（1）土地利用现状图；

（2）土地综合利用规划图；

（3）城市布局结构规划图；

（4）建设用地布局规划图；

（5）城市更新规划图；

（6）城市道路系统现状图；

（7）综合交通规划图；

（8）城市道路系统规划图；

（9）城市停车设施现状图；

（10）城市停车设施规划图；

（11）城市公交场站现状图；

（12）城市公交场站规划图；

（13）城市旅游现状图；

（14）城市旅游规划图；

（15）城市港口及物流用地现状图；

（16）城市港口及物流用地规划图；

（17）城市环卫处理用地现状图；

（18）城市环卫处理用地规划图；

（19）城市电力设施现状图；

（20）城市电力设施规划图。

2.2.5 说明书编制要求

电动汽车充电基础设施专项规划说明书主要内容包括：

（1）项目概述：主要包括规划背景、研究对象、规划范围及期限、规划依据、工作内容、规划目标和技术路线等；

（2）形势研判与政策解读：主要包括对电动汽车发展形势的分析判断、国家省市相关政策的解析；

（3）概念解读与案例借鉴：对相关概念、相关事项的界定，对国内外先进案例介绍、分析与借鉴；

（4）相关规划解读：包括城市总体规划、片区控制性详细规划等空间规划、公交场站及停车场道路交通及电力工程等专项规划等；

（5）规划区现状发展条件研判：根据城市社会经济、城乡建设、机动车发展等情况，结合电动汽车及其充电设施发展情况、土地利用情况、道路交通情况、电力工程情况、旅游资源情况等多方面条件进行系统分析、综合研判；

（6）发展策略与规模预测：根据国家及地方的大政方针、结合城市的发展阶段及实际情况，制定城市的电动汽车发展策略，并根据发展策略预测不同目标年的电动汽车发展规模、充电设施发展规模；

（7）电动汽车充电基础设施系统布局规划：根据城市功能分区、空间布局、土地使用、开发建设等，结合道路交通、公交场站及停车场站点、环卫物流用地布局、电力供应等因素，确定电动汽车充电基础的系统布局和类型等；并提出充电基础设施选址的规划指引；

（8）近期实施计划：依据远期目标，结合城市实际，合理确定近期目标和实施计划，并明确近期实施的充电基础设施的选址方案等；

（9）实施保障与政策建议：借鉴国内外相关经验，结合城市当地的实际，提出针对性强、可操作的实施保障措施和建议。

2.3 综合发展条件分析

2.3.1 地方政策扶持条件分析

1. 研究政策条件的目的

电动汽车目前正处于政府推广为主导的阶段，了解当地推广新能源汽车的基本条件，掌握地方性政策的主导方向，明确政府推广力度与市场的基本关系，是基础设施规划策略制定的基础依据。

2. 政策条件的基本内容

（1）推广方案

各地方性推广方案，主要包括：基本情况、指导思想、原则及目标；总体推广目标；重点任务，明确重点领域全面推广新能源汽车，以及统筹部署基础设施建设；相应技术开发要求；保障措施。

（2）管理办法

从各地方推广应用城乡（区域）政策出台类型来看，主要为推广应用管理办法与财政补贴管理办法，主要内容为：明确指导思想和目标，确定任务分工和保障措施；配套补贴资金，明确补助范围、补贴标准、资金使用管理监督、资金划拨方式以及任务区分工等。

（3）财政补贴

主要包括：财政补贴对象、补贴的标准、资金承担机制和财政补贴方式、财政补贴流程、补贴申报材料和监督管理等主要内容。

（4）充电设施

通过对充电类型、建设主体、建设办法等主要方面保障充电设施的落实。明确地方性充电类型，在此基础之上，提出充电设施的建设原则，按用途分为自用、专用、公用等类型，按充电时间分为快速充电与慢速充电，并规定分类落实的基本情况。建设主体，为确保顺利落实充电设施，地方政策一般会从市场角度入手，明确电动汽车生产企业与用户之间的权责关系，并要求电力企业做好供电工作。建设办法，要求相关管理部门，在审批环节进行监督，如：设计审查及规划竣工验收等环节。政策支持，如充电设施运营费用及土地政策支持。将地方各政府主管部门按照其业务职能，进行职责分工。

（5）用电价格

主要是明确收取充电费用和具体电价优惠的标准。

（6）产业发展

主要是明确新能源汽车产业发展目标和规划，保障新能源汽车产业稳定快速发展。

3. 基础设施规划需关注的重点信息

（1）电动汽车推广领域

通过收集各地方电动汽车推广政策来看，目前，其推广领域主要集中于公交车、邮政快递车、物流用车、出租车、环卫车、政府机关等公共机构公务用车、企业和私人用车等公用、专用和自用车辆方面。各地方根据其经济、产业结构、优势企业等基本情况，会对以上各种类型车辆进行结构划分，电动汽车基础设施规划须与地方政府的推进计划和力度相匹配，这将直接影响规划的策略和后续的实施可操作性。

（2）充电基础设施推广目标

按照地方各类电动汽车的推进目标与计划，多数地方也配套出台了充电基础设施的推广目标，以上述分析，电动汽车领域类型较多，决定了为其服务的充电基础设施的基本类型，因此，规划需结合各地方充电基础设施推广政策，在明确充电设施基本原则的前提下，结合服务车辆种类及特性要求，科学合理地展开充电基础设施规划。

2.3.2 三方面主体情况分析

影响电动汽车推广与发展的主要涉及三方面主体，即：政府、企业、科研单位。政府部门主要依托发布政策来调控电动汽车及其基础设施的发展，其主导作用在于搭建基础平台，根据调研情况显示，各地方主要方向与力度虽不尽相同，却也大体相类似；而各地企业（包括：电力企业、成品油零售经营企业、电动汽车生产企业、电池制造商、第三方运营商等单位等）、科研单位等力量分布差异较大。如表 2-2 所示，在政策差异性不强的情况下，地方推行电动汽车的相关推动力量不容小觑，如："北京电动车辆协同创新中心"与"电动车辆国家工程实验室"，主要职能为电动车辆的基础理论研究与关键技术攻关，在电动车辆科研、产业化和示范运行方面积累经验，致力于电驱动技术，成功研制了国内首批电动旅游客车、纯电动低地板公交客车、混合动力电动旅游客车、燃料电池汽车、纯电动轿车等共 20 余项电动车辆整车，并依托相关产品成功在北京奥运会时实施中心区零排放电动客车工程，相关技术成果在上海世博会、广州亚运会成功推广应用。在其技术支持下，多个城乡电动汽车的推广应用工作顺利展开。

电动汽车推广部分主体情况一览表 **表 2-2**

序号	城市	电力企业	成品油零售经营企业	电动汽车生产企业	基础设施建设企业	第三方运营商	科研单位
1	北京	国家电网	中石油、中石化	北汽集团	中国普天、特来电、基业达	若干	北京电动车辆协同创新中心、电动车辆国家工程实验室
2	上海	国家电网	中石油、中石化	上汽集团	—	—	—
3	深圳	南方电网	中石油、中石化	比亚迪集团	—	—	—
4	杭州	国家电网	中石油、中石化	吉利集团	—	—	—

主要相关机构是电动汽车快速推广的重要力量，因此，在电动汽车充电基础设施规划与管理阶段，应在充分分析电动汽车各主要推动力量的基础之上，科学预判，合理制定空间规划，并配套相应管理办法。

2.3.3 我国各主要城市的电动汽车充电设施规划建设情况分析

“十二五”以来，我国充电基础设施发展取得了长足突破，形成了初具规模的充电网络。深圳、杭州、合肥等地已建成较大规模的城市充电服务网络，苏沪杭地区已初步建成城际充电服务网络，京沪、京港澳、青银等高速公路沿线已基本建成省际充电服务网络。各省市在充电设施建设方面积累了经验，为下一步发展奠定了基础。

1. 北京市

(1) 发展现状

北京市充电设施建设规模及水平全国领先。截至2015年底，全市累计建成5座大型换电站及2.1万个充电桩。其中，公共专用领域，在公交、环卫、出租等专用停车场站内，累计建成234处、约3700个充电桩，能够较好满足当前示范运行车辆的用电需求；私人自用领域，在居民小区的个人固定停车位上，累计建成约1.2万个自用充电桩，为电动汽车用户提供了基本充电保障；社会公用领域，在大型商圈、写字楼、高速公路服务区、P+R停车场、加油站等公共停车区域，累计建成500余处、约5000个公用充电桩，初步形成了六环范围内平均服务半径5km的公用充电网络。

2016年，北京市预计将开展“电动社区计划”，实施分类管理。在具有固定停车位及电源条件的社区，率先实现电源条件到车位；在无固定停车位的社区，鼓励在公共管理区域率先建设公用充电桩；在无充电桩安装条件的社区，率先投放移动充电宝。

(2) 发展目标

规划到2020年，北京市需配建电动汽车充电桩约43.5万个。其中，社会公用领域，按照公用充电桩与电动汽车的比例不低于1∶7的要求，需配建公用充电桩6.5万个；私人自用领域，需配建充电桩36万个；公共专用领域，坚持充分挖掘自有场站空间资源和高效利用社会公用充电网络相结合，公交、物流、公务、出租等领域配建公共专用充电桩约1万个。

规划到2020年，城市核心区、通州新城、亦庄、延庆冬奥区域等重点区域充电服务半径将小于0.9km。

(3) 建设经验

坚持“自用慢充主导、公用快充补电”的总体思路，本市全面系统规范充电设施建设运营，形成常态化检查工作机制，打造全国充电设施建设运营典范城市。

1) 私人自用充电桩

启动“电动社区”行动计划；超前布局，分类推进，破解“最后一公里”难题。对于小区内物业及停车位的复杂情况，北京市在小区充电设施建设方面总结出如下经验：

第一类：具有电源条件和固定停车位，率先实现电源条件到车位；

第二类：具有电源条件但无固定（或长租）停车位，率先在各阶层社区公共领域建立公共充电桩；

第三类：无充电桩安装条件，率先投放移动充电车。

北京市住房和城乡建设委员会通过相关政策制定，约束小区物业配合小客车自用充电设施安装建设的行为，为充电桩进小区提供了极大的支持。

2）社会公用充电桩

现阶段，北京市社会公用充电设施存在多方面市场主体（央企、市属国企、民营企业等），如国家电力电网公司、普天新能源、特来电等。上述建设主体依据国家充电接口标准，建设统一的充电设施，但彼此信息不相通，极大地降低了电动汽车车主的充电使用效率。有鉴于此，北京市建设公用充电基础设施平台“e 充网”，可通过手机 APP 或网页版实现充电桩的查询、导航等功能，为用户提供公共充电服务。

3）充电设施创新模式

①路灯充电桩

路灯充电桩建设模式为路灯杆上加挂一个充电桩，方便纯电动车路边停车补电（图 2-4）。路灯充电桩的改造试点始于北京市昌平区，靠近昌平线南邵地铁站的凯创路上，84 盏路灯从传统高压钠灯改造为 LED 灯，节省出的电路容量正好用于支撑 10 个路灯充电桩的运行。

②机械式立体停车库配建充电设施

2015 年 11 月 3 日，北京首座仅占用 8 个车位，却能容纳 43 辆电动汽车同时充电的 6 层智能充电式升降横移立体车库成功上线。这座位于北京东三环 CBD 鹏龙大厦的立体充电停车库是探索城市充电和停车问题的优化解决方案。如图 2-5 所示。

图 2-4　路灯充电桩模式

图 2-5　北京市特来电智能充电式立体车库

③ 太阳能充电桩

2015 年 10 月 21 日，北京市最大的光伏超级充电站——石景山站破土动工，将为北京西部的电动车充电问题提供一大支撑，整个充电站的能源提供将全部由太阳能完成，将建成 50 根充电桩，具备每天为 80 辆电动车充电的能力（图 2-6）。

④ 无线充电

北京市第一个实现无线充电的新能源车车库，将在首钢园区内开工建设，预计提供

40 个“大车位”，为新能源公交车提供充电服务（图 2-7）。现阶段，电动汽车无线电充电技术设备价格为 1 万～2 万元，无线充电相较于传统的充电桩或充电站充电有许多优势，包括充电设施地埋，即不用征地，不占用地面空间，无凸起，干净整洁；建设周期短，运营成本低，可实现全无人值守。

图 2-6 太阳能充电桩

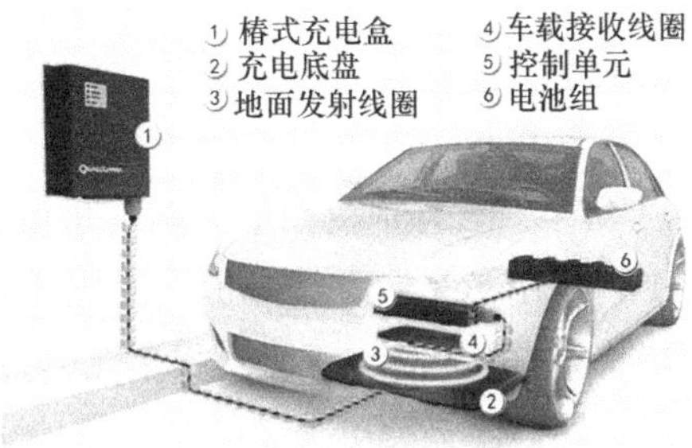

图 2-7 无线充电模式示意图

图片来源：徐松，蒋伟．电动车无线充电系统设计，电力电子技术，2015，12（10）：89-91

⑤ 移动充电宝

北京市公共充电桩网络建设之上，于 2016 年投入 500 辆移动充电车进暂无条件设置充电桩的老旧小区。目前北京市已有多家企业完成了车用移动充电宝的研制工作（图 2-8）。充电宝占地约 $1m^2$，高约 1m，重量约为 200～300kg，带电量为 20～40 度电，可为电动汽车提供慢充及快充服务。

图 2-8 移动充电模式示意图

图片来源：3158 汽车网

⑥ 复合用地模式

2015 年 7 月 3 日，北汽新能源汽车与中石化旗下北京石油已签订一项战略合作协议，双方将在北京石油的加油站网络资源基础上，搭建充电和换电服务。2015 年投入的 2～4 个换电站均在中石化加油站的基础上进行改造建设。随着电动汽车的普及，更多加油站将采用加油与充换电的双重模式。

2. 上海市

（1）发展现状

设施建设稳步推进。截至 2015 年底，上海市已建各种充电桩共计 2.17 万个，其中住宅区建设的私人充电桩超过 1.65 万个，机关、企事业单位专用充电桩约 0.32 万个，公交、物流专用桩约 0.08 万个，社会公用充电桩约 0.12 万个。

（2）发展目标

按照“自（专）用为主、公用为辅，分类落实”原则，公共充电桩与新能源汽车比例不低于 1∶7，外环以内地区以及新能源重点发展地区公共充电服务半径不大于 0.9km，其他区域公共充电服务半径为 1.5km。

为满足新能源汽车的上述发展目标要求，经测算，至 2017 年上海市新能源充电设施规模需达到 10.3 万个，有充电功能的公交停保场需 42 座；至 2020 年，全市新能源充电设施规模需达到 21.1 万个，有充电功能的公交停保场需 68 座。

公共服务领域充电设施：公共桩按照乘用车（不含公务）桩车比 1∶7 配置，公交车按照桩车比 1∶3 配置，物流车按照桩车比 1∶2 配置，环卫车按照桩车比 1∶2 配置，社会客车按照桩车比 1∶2 配置（按照鼓励自、专用充电桩提供共享服务的原则，桩车比按照 1∶1.4）。

3. 杭州市

（1）发展现状

2014 年 1～12 月，杭州市国网杭州供电公司建设了公交车充换电站 1 座、配置换电工位 4 个，乘用车充换电站 3 座、换电工位 9 个；西湖电子集团建设了 8 座公交车充电站、配置快充桩 300 个，4 座出租车充电站、配置快充桩 150 个；康迪集团建设了微公交立体车车 4 座、配置充电位 268 个，微公交平面站点 30 个、配置充电位 450 个。

截至 2015 年底，杭州市已建成充换电站 233 座。省电力公司承担的纯电动汽车动力智慧服务网络建设列入全省 20 个智慧城市示范试点项目。

（2）发展目标

规划到 2020 年，杭州市新建专用充换电站不少于 110 座，公用充换电站不少于 50 座，自用充电桩不少于 6 万个，公用充电桩不少于 3000 个，共计新建集中充换电站不少于 160 座，分散充电桩不少于 63000 个。

切实推进自用充电设施发展：按照 1∶1 的车桩比，在用户居住地停车位、单位内部停车位加快推进以交流慢充为主的自用充电桩建设。新建住宅配建停车位应 100%预留充电设施建设安装条件，建设充电基础设施比例不低于总停车位数量 10%。

（3）建设经验

1）2009 年，杭州成为全国首批 25 个节能与新能源汽车示范推广试点城市之一。在寸土寸金的杭州建设规模充电站并不容易，且“插充”模式下充电场地循环利用率低。基于此，杭州市电力局通过市场调研，找准市场定位，以城市综合体为依托，“换电为主、插充为辅”的“杭州模式”出台。“换电”模式下，能源补充更加灵活便捷，从根本上解决了电动汽车“跑不远”的困扰，同时改变了车辆销售环节，开辟了一条“车电分离，裸车销售，电池租赁”的新思路，大大降低了消费者的购车成本和养护成本。

2）2010 年 6 月，国内首座集“充、换、配送”功能为一体的杭州古翠换电站建立，借助机械装置 3 分钟内就可为一辆车更换电池。在建设大型充换电站的基础上，只需提供一个集装箱大小的场地，就可以实现电池的充电、配送和更换。在日常运营当中，每辆出租车需要更换 2～3 次电池。如图 2-9 所示。

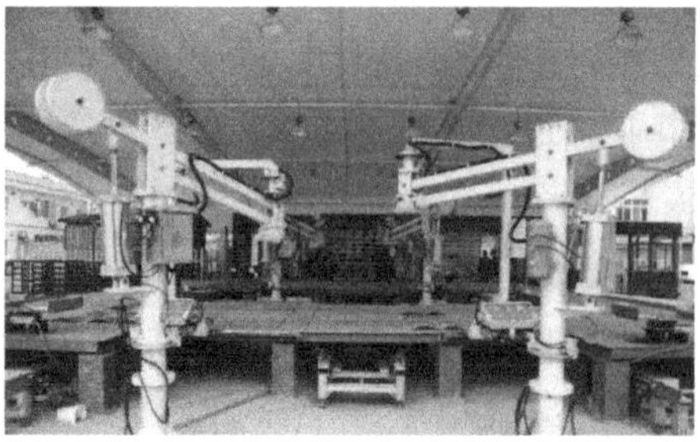

图 2-9　杭州时空移动电网万华换电站

图片来源：时空电动汽车

3）杭州市区已构建起“城区 10 分钟、郊县 20 分钟”充换电服务圈，为新能源汽车的发展提供了现实基础。杭州的换电站主要由国家电网公司负责建设，分散在全市的各个片区。换电过程为半自动，需要两名工业以及一个机械臂，花费约5分钟时间共同完成。更换下来的电池在主要换电中心进行续充，这些电池具备储能以及平衡电网负荷的作用。

4. 广州市

（1）发展现状

根据广州市发改委披露的报告显示，广州作为新能源汽车推广应用试点城市，在两轮时间节点中均超额完成任务。在充电基础设施建设方面，2014年，广州市新建320个充电桩（机），包括285个交流慢充桩，35个直流快充机，在建364个充电桩（机），主要分布在公交场站、酒店、商场、公共停车场和企业内停车场、环卫作业站场以及大学城、花都区等。为推动充电基础设施的科学布局，广州市加紧编制了《广州市充电设施工作方案》、《广州市新能源汽车充电设施运营试点工作方案》、《广州市推进电动汽车充换电设施建设与管理暂行办法》等，敦促电网企业制定了充电设施用电报装绿色通道。

到2015年底，广州市在全市11个区累计建成投入使用的换电站1个、交直流充电桩4022个。

（2）发展目标

计划在2018年前，建设73个新能源汽车充电站、34700个充电桩，总投资25.3亿元。其中，新建住宅小区、社会停车场、商务、商场、酒店等商业服务业设施，应按不低于规划停车位数18%的比例建设充电设施或预留充电设施接口；上述已建及在建的设施，应结合实际需求和场地建设条件建设充电桩；公共机构的内部停车场，应按不少于规划停车位数10%的比例规划设置电动汽车专用停车位、配建充电桩。

5. 深圳市

（1）发展现状

为满足新能源汽车使用，到2016年5月，深圳已经建成集中式的充电站达166座（图2-10），公交的快速充电桩1832个，公共快充桩2365个，遍布在小区和公共停车场的慢充桩达19232个。与2015年底的数据相比，集中式充电站增加了22.96%，快速充电桩增加了33.83%，慢速充电桩增加了27.08%。

图2-10 深圳市福田交通枢纽公交加电站

（2）发展目标

在“十三五”期间，深圳将按照“适度超前”原则，要求新建住宅、大型公共建筑物和社会公共停车场按停车位数量的30%配建慢速充电桩，并100%预留建设安装条件；已建住宅、大型公共建筑物和社会公共停车场按停车位数量的10%配建慢速充电桩；已建政府机关、国有企事业单位等非经营性停车场按停车位数量的20%配建慢速充电桩。

为解决约束新能源汽车发展瓶颈的充电基础设施建设等突出问题，“十三五”期间，深圳将建设公交综合车场13个，公交快速充电桩8246个，社会公共快速充电桩1.08万个，慢速充电桩 11.5 万个。

2.3.4 我国电动汽车充电设施存在的问题与发展对策

在过去十年电动汽车产业飞速发展的过程中，我国电动汽车充电基础设施的布局建设，始终处于相对落后的状况。总体而言，由国家电动汽车充电基础设施促进联盟的统计数据显示，我国充电桩的数量远未能满足现有电动汽车的充电需求，更无法支撑起未来庞大的电动汽车市场及新增的充电需求，其滞后性已成为电动汽车产业发展的主要制约因素。

电动汽车充电设施类型多样，涉及多个建设阶段及多样化的参与主体，因此在当前的发展阶段存在着多方面的问题，共同造成了电动汽车充电设施发展迟缓的现状。解决充电基础设施建设过程中单方面的问题，并不能迅速扭转充电设施的发展现状。需要从统筹的角度，纵观充电设施从规划、建设到运营管理全阶段所存在的主要问题，并进行梳理（图2-11）。本书将结合行业发展趋势、文献研究、国内外发展经验等，对我国电动汽车充电设施存在的问题提出相应的发展对策。

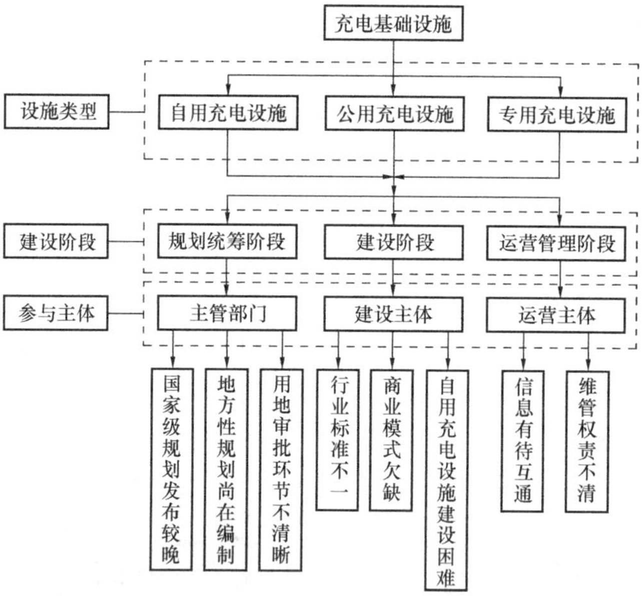

图 2-11 充电设施建设的类型、建设阶段、参与主体及存在问题示意图

1. 充电设施建设方面

（1）充电基础设施规划统筹滞后

我国早在 2012 年 7 月，由国务院发布《节能与新能源汽车产业发展规划（2012—2020）》（简称《规划》），提出主要目标包括：到 2015 年，纯电动汽车和插电式混合动力电动汽车累计产销量达到 50 万辆；2020 年，全国新能源汽车产能达 200 万辆、累计产销量超过 500 万辆。《规划》对我国新能源汽车产业发展的战略取向、技术路线及重点工程等提出了指导意见，其中要求积极推进充电设施建设，但缺乏具体的规划布局及任务分工。

到2015年末，我国逐渐意识到充电设施建设缺乏全国一盘棋的统一规划，将目光重新聚焦到基础设施的建设上来，积极制定国家层面的充电设施发展规划——《电动汽车充电基础设施发展指南（2015—2020年）》（简称《指南》）。《指南》以全国各省市的经济状况、充电设施发展现状等条件为依据，将充电设施网络化建设的任务进行区域分解，具体落实到各地方层面，为充电设施建设的区域性统筹建设提供了依据。

在国家层面的基础设施发展规划之外，国家亦鼓励各省市因地制宜，制定地区性的充电设施发展规划。在"十三五"的开局之年，北京市、上海市、浙江省、福建省、南方电网等十余个省市部门，相继编制完成地方性"十三五"期间电动汽车充电设施的专项规划，为未来五年的发展提供目标指引及任务分工。

（2）发展对策

1）各地方政府要承担充电基础设施发展的主体责任，将充电基础设施发展纳入政府专项管理，建立协调机制，明确职责分工，完善配套支持政策，尤其是要建立由发展改革部门牵头、相关部门紧密配合的协同推进机制。加快地方性电动汽车充电设施专项规划的编制工作，由省级逐步向市级推进，并在有条件的城市重点区域编制区级专项规划，加强充电基础设施发展顶层设计，提高规划的可操作性。

2）地方性充电基础设施专项规划可结合充电基础设施建设计划、运营管理办法、补贴标准等共同编制，保证专项规划与后续建设计划、实施细则等取得一致性，起到相互配合的作用。

3）充电基础设施建设需要规划、用地、电力等多项前提条件，在规划报建阶段涉及多个主管部门和相关企业。政府应编写自用、专用及公用充电设施的建设流程，明确相关部门的权责及分工，在规划的前端为充电设施的建设提供有利条件。

2. 用地审批方面

（1）用地审批环节政策不清晰

我国电动汽车充电设施尚属于新生事物，部分地区的主管部门对自身管理的权责、用地审批等环节的政策要求并不清晰，极大地阻碍了充电设施的建设进程。

对独立占地及附建式充电站的用地类型无明确定论。在2011版的国标《城市用地分类与规划建设用地标准》中，充电站列为"加油加气站用地（B41）"；2013版的《深圳市城市规划标准与准则》，将充电站纳入"其他交通设施用地（S9）"。但在充电设施实际建设过程中，因为早期控制性详细规划缺乏对充电站用地的管控、预留，充电设施的落地往往面临极大的阻力。

当前阶段，各地大型电动汽车充电设施项目的建设用地，往往需要地方政府的特批、协调，以过渡期支持政策或租约的模式满足近期的充电设施建设，缺乏长期性、持久的用地审批政策。

（2）发展对策

1）加强规划指导，各地要将充电基础设施专项规划的有关内容纳入城乡规划，完善独立占地的充电基础设施布局，明确各类建筑物配建停车场及社会公共停车场中充电设施的建设比例，或预留条件要求。将充电设施建设要求纳入已有各类建筑的规划建设管理流程当中。[11]

2）明确用地支持政策。要求各地要将独立占地的集中式充换电站用地纳入公用设施营业网点用地，按照加油加气站用地供应模式，结合土地供应年度计划和可供应国有建设用地实际情况，优先安排土地供应。

3）强调简化规划建设审批。要求各地要减少充电设施的规划建设审批环节，加快办理速度。对充电基础设施用地项目在实行模板化组件、网上审批的基础上，各级国土资源主管部门可建立用地报批提前介入、现场办公、绿色通道和专人负责跟进等机制。

3. 行业标准方面

（1）行业标准不一、建设混乱

电动汽车及充电设施产业发展处于群雄并起的阶段，最明显的特征是各自为战，企业出于抢占市场份额的自我保护意识，采用不同规格、电压、充电模式的充电接口（图 2-12）。标准的不统一导致不同品牌间充电设施不可共用，分散了本就不多的充电设施资源，充电设施的公共属性被弱化[23]。

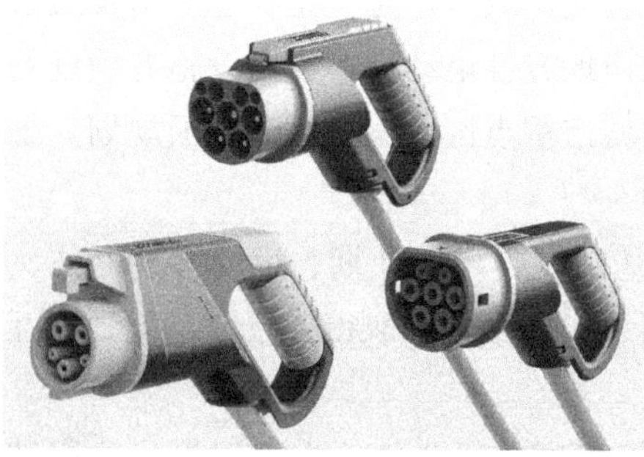

图 2-12　电动汽车充电设施不同的充电接口

图片来源：观察者

2015 年 11 月，国家能源局结合我国电动汽车充电设施发展对标准化提出的新需求和近年来的工程建设实践，组织能源行业电动汽车充电设施标准化技术委员会在原电动汽车充电设施标准体系框架的基础上，进一步梳理、优化和补充完善，形成了《电动汽车充电设施标准体系项目表（2015 年版）》，共分为两个层级，由 8 个技术领域、58 项标准构成。然而，尽管该项目表以国家标准（GB）和能源行业标准（NB）建立标准体系，其中绝对大部分为推荐性标准，不具备法定要求，在具体执行过程中缺乏约束力。

此外，北京市、深圳市、重庆市、浙江省等部分省市地区编制了地方性行业标准，如深圳市标准化指导性技术文件《电动汽车充电系统技术规划》，提出了地方性要求。而外国电动汽车企业如特斯拉，也采取独立的充电设施标准及专用充电站。上述因素共同造就了当前充电设施行业标准不统一、难兼容的问题。

现阶段，电动汽车保有量尚不足汽车总量的百分之一，统一充电设施标准还相对较容易，改造成本较低。若等到电动汽车大规模发展后，拥有巨大的保有量时再统一充电标准，不但会有巨大的成本支出，而且改造难度也会被成倍放大。

（2）发展对策

1）尽管现状已颁布的部分技术标准存在执行难的问题，仍需加快完善充电基础设施相关相关标准及规范。优先完成充电接口及通信协议等关键国家标准修订稿的发布，尽快组织完成有关标准的审查和报批程序；新版国标发布后，要对存量充电设施进行改造升级，尽快实现充电标准的全国统一。此外，还要制定无限充电等新型充电技术标准，完善充电基础设施计量、计费、结算等运营服务管理规范，加快建立充电基础设施的道路交通表示体系等，进一步完善标准规范体系。

2）确保国家标准的监督执行，促进不同企业和不同城市充电设施的统一兼容，成立电动汽车充电基础设施合作联盟，组织开展充电基础设施的产品检测与认证工作，配合政府严格产品准入管理。

4. 商业模式方面

（1）缺乏成熟的商业模式

目前我国电动汽车充电基础设施的建设仍处于初级概念阶段，并未形成成熟的商业模型。充电设施建设的主要参与者包括电网企业、石油气化企业、汽车生产商、充电设施制造商及运营商五类主体，尽管上述建设主体均有各自的商业逻辑，或依赖于低成本的电价，或基于丰富的加油加气站土地资源，或出于抢占市场份额的需求，但其盈利模式仍不清晰，属于持续烧钱的市场争夺阶段。

充电设施仅靠充电收费难以盈利，而打通产业链，靠充电以外的增值服务赚钱还尚需时日。在前景尚不明朗的背景下，负责充电桩建设的国家电网和南方电网难有积极性，投资者也很难迅速投入充换电设施领域。当前社会资本建一个普通规格的快充充电桩成本约需 3 万～5 万元，如果按照每度电 0.8 元的充电服务费标准，再加上后续维护费用，投资在可见时期内难以取得收支平衡。

电动汽车充电设施建设虽有跨界、互联网众筹等模式初显活力，但从总体上看，投资充电桩的企业尚处探索中，商业模式单一，服务内容单一，严重限制了充电设施的盈利能力、发展能力。充电设施、充电网络面临着商业模式创新的严峻挑战。

（2）发展对策

1）以国外成熟的充电设施商业模式为借鉴，积极引入社会资本，要求地方政府应有效整合公交、出租场站以及社会公共停车场等各类公共资源，通过政府与社会资本合作（PPP）等方式培育市场主体，为社会资本进入创造条件。

2）地方政府应尽早出台充电服务的分类指导价格，财政补贴实施细则，为企业提供稳定的政策预期，营造有利的投资环境。

3）充电服务企业要发挥创新主题的作用，通过积极探索与商业设施、整车销售及售后等方面的合作，利用好融资租赁，特许经营权质押、合同能源管理等业务模式，引入众筹、线上与线下相结合等“互联网”的新兴业务模式，拓展只能充放电、电子商务和广告等增值服务的多种方式进行商业模式创新，提升企业盈利能力。

5. 设施建设方面

（1）自用充电设施建设困难

在现行三种类型的充电设施当中，公用充电设施由政府主管部门统筹建设，能较好地协调用地、供电、建设等现实问题；专用充电设施，一般由具有独立停车场地的运营商建设，不存在用地方面的掣肘。而自用充电设施，因为报建申请的全过程，与政府相关部门、电网、物业等各方所有的申请、组织、协调等工作都是由电动车私家车主个人承担，因此面临着较大的建设困难。

从国外电动汽车发达国家的经验来看，自用充电设施建设的规模远大于公用充电设施的数量。相关数据显示，美国有超过 2/3 的电动乘用车在家里充电；日本同样以自用充电桩为主，慢充和快充设施的比例达到 4∶1；欧洲的情况也相类似，平均每 1 万个慢速充电桩中，仅有 100 多个快充站。这一方面得益于国外乡村别墅独立停车位的良好建设条件，也在于自用充电设施建设流程的完善。

我国自用充电设施与实际需求间，存在较大的缺口，其报建安装主要面临两方面的问题：自有产权的车位以及物业服务公司的阻挠。首先，自用充电设施的建设需要解决用地问题，需要电动车私家车主具有自有产权的车位；其次，因为充电桩的电路与普通家用电路存在差异，需要提供更大的电压及电流，对小区的整体的电功率上限造成压力，在安装入户时，安全性成为最大的问题。因此，小区物业往往以用电安全及消防安全为由，阻止充电桩进入小区。要实现我国到 2020 年“一车一桩”的发展目标，尚需在物业管理的配合方面，做很多指导及整合工作。

（2）发展对策

1）在国家层面，加快出台居民区充电基础设施建设的相关细化政策，会同国管局、国资委等单位加快推进企事业单位充电基础设施建设。以国家部委联合的形式，发布电动汽车基础设施建设安装指导意见，进一步落实地方政府主体责任，充分调动各有关方面积极性，切实解决当前居民区电动汽车充电设施建设难题。

2）地方政府层面，拟定居住区电动汽车充电设施建设规定，规范小区内充电桩建设的流程。对现有居住区，应结合老旧小区改造，有步骤有顺序地推进现有居民区停车位的电气化改造。国家可对居民区停车位的电气化改造酌情给予专项建设基金等政策支持，地方政府负责统一协调有关部门和单位给予施工便利；对新建居住区，建议明文规定充电设施停车位的建设比例，并百分百预留敷设条件。新建居住区停车位配套供电设施应与主体建筑同步设计、同步施工，作为建筑项目报规、验收的审核条件之一。

3）划分充电基础设施产权人、建设单位、管理服务单位等相关主体的权利义务以及相应建设使用管理流程，促进充电基础设施建设。尤其需引导、规定、鼓励物业服务企业发挥积极作用。以行政手段等方式规定物业服务企业，在居民区充电基础设施安装过程中，积极配合业主及委托的建设单位并协助现场勘查、施工，不得阻挠充电设施合法建设需求。鼓励物业服务企业利用公共停车位建设相对集中的公共充电设施并提供充电服务。地方可充分利用财政资金杠杆作用，对配套服务于管理积极主动、成效突出的物业服务企业给予适当奖励。

4）创新居住区充电设施商业运营模式。充分发挥市场作用推进小区充电基础设施可持续发展，探索第三方充电服务企业、物业服务企业、车位产权方、业主委员会等多方参与居民区充电基础设施建设运营的市场化合作共赢模式，鼓励引入局部集中改造、智能充电管理、多用户分时共享等创新运营模式，提升日常运维服务水平。

6. 信息化与互联互通方面

（1）信息网络化互联互通有待建立

根据国家能源局电力司副司长在 2016 年中国电动汽车百人会上作的表述，“充电基础设施的互联互通，就是充分发挥充电设施的利用效率，最大程度为用户提供充电的便利，努力实现各个已建桩之间、各个运营商之间信息的共享、共用，确保做到有桩找得到、充得上、能支付。”

当前，我国相较于全球其他电动汽车发达国度，在充电设施建设的数量方面占有一定的优势，但在充电设施信息互联互通方面则较为欠缺，不仅缺乏省一级的信息公共平台，甚至连市级信息平台也少有完成，而涵盖自用、公用、专用三类型充电设施在内的信息公共平台更是难以实现。目前，我国仅有北京市建立起“新能源汽车运行服务与管理中心”，上海市成立“上海充换电设施公共数据采集与监测市级平台”，整合各企业充换电设施数据，方便电动汽车用户便捷地查询到充换电设施信息等。

我国大部分城市缺乏充电设施信息平台，已经建成的充换电设施，由于没有实现互联互通，造成充电设施的利用率低、经济性差。不同运营商之间充电桩使用的手机应用软件、收费标准不一样，支付方式也不一样，难以实现通用，对用户的使用造成影响，成为制约充电桩使用率的重要问题。

（2）发展对策

1）在基础设施建设和运行机制方面，政府应该进一步加大力度，协调电网企业、车企、油企等利益相关主体的关系，以建立政府、企业等多方参与、多方受益的建设、运营和维护的机制。设立统一的监管平台，通过一个统一的平台来实现找桩和充电的功能，即实现充电桩的互联互通（图 2-13）。

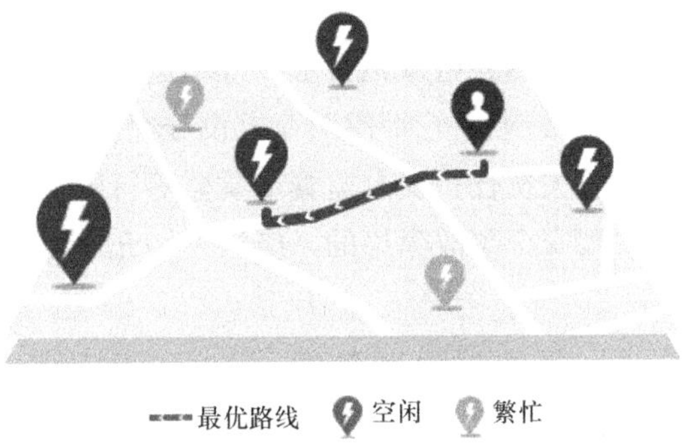

图 2-13　电动汽车信息网络化建设模型

2）整车企业、电力企业、分时租赁企业等产业链上下游企业需通力合作、开放信息，成立一个专门的机构，建立统一的运营管理规范。一是实现基本信息的共享；二是实现充电服务费用的统一支付；三是完善公共服务平台的其他功能。依托联盟构建充电基础设施信息服务平台，统一信息交换协议，有效整合不同企业和不同城市的充电服务平台信息资源，促进不同服务平台之间的互联互通。

7. 维护管理方面

（1）维护管理权责不清

我国早期公用充电设施的建设，以示范效应为重要的衡量因素，存在着彰显设计成果的偏向性。部分充电站采用独立占地，而大部分充电设施围绕地面停车场开展建设，导致充电桩直接暴露在外环境日晒雨淋，极其容易造成设备的损坏及折旧。公用充电场站以公益开放为目的，一般由停车场（站）保安兼职管理，不负责对充电设施的使用状况进行检测，导致充电设施在后续运营中失效。

专用充电设施，包括公交车、出租车、环卫车及物流车专用充电场站，通常以运营方自有场地为基础建设，满足自有电动车辆的充电需求，具有较好的维护状况。以上海市金高路新能源公交停保场充电站为例，为提高电动汽车及充电设施的使用效率，该场站聘请专业的技术管理团队，搭建信息化管理平台，以监控充电设施的运营情况，实现充电设施的高效率运转。场站内 73 个直流充电桩，通过中央控制室的统筹协调，确保在夜间有限的时间内，满足 300 辆新能源汽车的充电需求。

自用充电设施，以小区内充电桩为主，购买环节牵涉车企，安装环节涉及设施厂商及物业管理部门，使用权及所有权又归属于业主。参与建设的主体过多，导致后续维护及管理的权责不清。

（2）发展对策

1）对于公共充电设施，应当在建设安装完成后，雇佣专用的充电设施运营企业经营管理，并提供充电设施维修保养及其他配套服务。

2）对于个人自用、公共机构和企业专用充电设施，鼓励充电设施运营企业与业主、物业服务企业、公共机构等单位合作，形成优势互补、收益共享的合作模式。鼓励各类投资者将充电设施委托给充电设施运营企业统一管理。未委托充电设施运营企业统一管理的充电设施，投资者可以与所在物业服务企业通过签订服务协议等方式明确双方责任、权力和利益，保障充电设施安全、规范运行。

3）由行业主管部门对充电设施经营、使用的安全状况等进行监督检查，落实“一岗双责”有关责任；安全监管及质监等行政主管部门、公安消防机构要根据各自职责加强监管，发现安全事故隐患的，应当通知充电设施运营企业、用户及时采取措施消除隐患。

2.3.5 自然与规划条件

1. 区位与自然条件

（1）分析目的

通过对区位及自然条件的分析，定位项目所在的区域，了解掌握该区域周边的电动汽车推广情况；同时，注意辨别项目所处地理自然空间特点，这主要是因为无论在电动汽车先期推广的何种阶段，其充电基础设施作为配建设施均要强调其服务能力指标，自然空间特点无凝是影响服务能力发挥的基础条件之一，如：河网水系发达的区域与多山丘陵的区域，其对电动汽车充电基础设施的服务均有着符合自身特点的布设需求。

（2）主要内容

区位与自然条件是为任何项目先期开展的基础性分析工作内容之一，对于电动汽车充电基础设施而言，其作用不仅仅只是基础分析，还应着眼于后续推广布局的角度来综合审视，应着重从项目区位周边的城乡电动汽车充电基础设施已有条件进行分析，并结合区域自身推广需求，进行区位与自然条件的综合研判。这主要包括：区位周边电动汽车及充电基础设施发展条件、区位与自然条件概况、提炼自然条件特征。

1）区位周边电动汽车及充电基础设施发展条件

在全球日益重视电动汽车产业化推进的历史阶段，大到各国家、小到各城乡之间，均在积极推进电动汽车及充电基础设施的推广与建设，在此背景下，任何一个区域在进行充电基础设施规划与管理之前，需充分调查了解周边城乡的推进情况，从基础设施共享、规模效益发挥、产业化推广，以及产业链的互补等各个角度，均要求了解区位周边电动汽车及充电基础设施发展条件。

2）区位与自然条件概况

在完成区位周边基本情况分析基础之上，着重从区位自身自然条件出发，审视与外部充电基础设施的关系问题，以此为目标解读区位与自然条件的基本情况。

3）提炼自然条件特征

着重从自然空间维度，提炼自然空间的基本特征，结合后续城乡规划结构分析，研究自然空间结构对充电基础设施的影响与要求，为后续充电设施的体系化布局提供基础分析依据。

（3）关键信息

主要通过文献资料与调查研究等方式收集并分析关键信息。

文献资料：包括区位自身及周边电动汽车产业的发展及各自特点、充电基础设施的推进及建设情况等方面的资料和书籍，以及各期刊、杂志等专著。

调查研究：通过调查研究的方式，对研究对象的电动汽车推广及充电基础设施建设的发展现状进行调查分析，总结归纳出充电基础设施的外部需求及自身问题，然后通过对大区域的资料进行认证的整理和分析，最后得出结论和一些建议。

2. 人口与经济条件

（1）分析目的

充电设施的发展需经历时序安排，尤其在初期鲜有市场需求的情况下，其布局的考量因素之一即是研究区域的经济条件与人口规模，这一点，在以城镇体系为研究对象时，体现得尤为明显。城乡发展难以呈现均质化趋势，这一点在国内外城乡发展史中已有明确定论，相反，大多出现等级化甚至是极化效应。因此，充电设施规划作为空间规划的类型之一，必须思考并研判其所在区域的城镇化特征，并与其取得某种一致，这种一致更多地体现在空间上，但其本质却是区域的经济条件以及与产业经济相符的人口情况。

（2）主要内容

以区域的视角，寻找并分析研究对象在其大区域下所承担的城乡职能，了解城乡的主要性质、人口规模等级等情况，作为后续充电设施规划“定性、定量、定位”的依据之一。

（3）关键信息

通过人口、经济条件，在研究区域内部，将空间按照人口、经济规模划分等级，挖掘预判将来可能的市场需求方向。

3. 土地利用现状与规划

（1）分析目的

通过分析研究对象的现状建设情况与规划发展条件，掌握充电设施规划的基础平台依据，一方面在城乡规划编制体系中，明确空间规划的层次，另一方面，厘清设施规划的基础规划依据，是为充电设施规划的基础性工作。

（2）主要内容

1）基础资料收集

充电设施布局层面需要相对详细的用地信息，一般需对接土地利用规划的详细规划层次，为控制性详细规划，所需要收集掌握的资料如下：

1：2000 精度以上的地形图；

已经划拨或已出让用地的地籍资料；

上层次规划（如城乡总体规划、分区规划等）；

研究范围内编制的主要规划（如控制性详细规划）；

研究范围内其他专项规划及现状情况（如道路交通规划、电力规划、停车场规划、公共设施与居住用地规划，现有小区分布等）。主要包括：用地的开发指标，主要可供车辆的车位数；路边停车位设置现状及规划图；居住及办公用地规划；公共停车场现状与规划等。

2）城乡发展方向研判

依据空间规划对资源条件及区域影响等因素的研究提出的，为城乡各项建设规模扩大所引起的城乡空间地域扩展的主要方向，研判后续空间发展的重点片区，为充电设施规划提供方向指引。

3）空间规划特征提炼

城乡空间随着历史发展成因及基础条件的限制等影响，呈现出多样化的空间形态，而充电设施由于其市场化阶段性不同，在先期起步阶段需着重依托空间的体系特征开展推广工作，在后期成熟阶段也要考虑其服务的合理性等要求。这些均需要对空间特征有深入的了解，方能提出合理与可行的规划布局方案。

4）对设施规划的建议

在对空间的现状与规划的基本情况分析后，对空间发展的方向与重点区域进行了解，对充电设施落实赖以依存的空间特征进行充分了解与掌握。在此基础上，提出对充电设施建设具有指导意义的建议，作为设施规划的权重因素与指引条件。

（3）关键信息

通过城乡性质、主要职能体现充电设施的主要服务类型；

土地利用规划明确充电设施的实际研究范围；

用地结构与空间发展方向明确充电设施规划方向。

4. 城乡交通现状与规划

（1）分析目的

交通作为城乡发展的必要基础设施之一，也是电动汽车发展的必要条件，是电动汽车运行的必要载体，通过分析城乡交通现状及规划情况，为充电设施的线状空间布局提供依据，充分完善充电设施体系，发挥充电设施的网络化作用。

（2）主要内容

1）现状交通条件；

2）交通需求分析；

3）交通发展模式；

4）对外交通协调；

5）道路系统规划；

6）公共交通规划；

7）慢行系统规划；

8）停车系统规划；

9）货运系统规划；

10）交通管理规划；

11）近期建设规划。

（3）关键信息

在以上城乡交通规划的主要内容中，道路系统与停车系统是支撑充电设施规划的关键信息，根据交通规划，通常将道路系统划分为“通”与“达”两类功能，其中充电设施线状层面布局依托的是道路系统“通”这一部分功能的路网系统，即为“高速公路、快速路、干线性主干道”等方面内容。目前充电设施主要围绕停车位布设，因此，停车系统是充电设施在城乡内部服务的重要依托，掌握其现状与规划内容，为充电设施提供最基础的建设平台。

5. 电力设施现状与规划

（1）分析目的

充电设施的能量来源离不开电力系统的支撑，现有电力设施的电力供应是否能满足新建充电设施的充电需要，规划供电设施的供应能否满足，在时序上是否能够衔接，不足时需要新增电力设施的容量、供电方案如何确定，都是需要考虑的重要方面，这也是分析电力设施现状及规划的目的。

（2）主要内容

主要包括电缆通道规划与近期建设计划。

依据《电动汽车充电站及充电桩设计规范》Q/CSG 11516.2—2010，供电电源要求“8.3.3 用电设备在100kW以上充电站应采用10（20）kV电压等级供电。用电设备的容量在100kW及以下的充电站，可采用380V电压等级供电。”在电缆通道规划，电缆沟主要为10kV电缆服务，因此，需要掌握城乡中10kV电缆沟通道的现状及规划情况；同时，需要进一步了解其近期实施计划，以指导充电设施近期布局规划。

（3）关键信息

充电设施布局规划完成后需从电力供给的角度，检验规划区域的电力供给保障能力，并提出设施管理的合理化建议。

6. 国家与地方出台的相关政策分析

（1）分析目的

电动汽车目前仍处于推广的初期阶段，在向市场化过渡的过程中，仍需依靠政策推力来完成过渡性发展阶段。从国家政策到地方政策，从货币比补贴、上牌限制、充电设施建设鼓励支持等方面，为电动汽车的推广提供了全方位的政策支持，从目前来看，在试点城乡已取得较好的实施效果。

（2）主要内容

解读各层次政策的要点，结合其定性与定量要求，提出城市和地方的充电设施类型及其发展方向，并明确不同类型充电设施的比例关系。

（3）关键信息

借助政策助力，结合地方电动汽车发展特点及资源条件，包括科研力量、企业实力、市场发展情况、主要部门制定的电动汽车推广计划等，提出适合当地的充电基础设施规划及建设指引。

7. 综合发展条件研判

结合上述电动汽车及充电设施相关的各类因素的梳理与分析，从宏观到微观、从政策指到技术要求，全面总结充电设施规划所需的基本条件，并在此基础上做出科学判断，进而明确几方面结论：

（1）适合地方的充电设施发展方向；

（2）适合地方的充电设施发展策略；

（3）充电设施与空间的匹配关系；

（4）其他条件对充电设施的制约。

2.3.6 案例分析

1. 政策与空间条件分析

以《宝安区电动汽车充电站、充电桩系统布局规划》[25]为例，该项目在系统分析了政策、区域电动汽车主要推广条件、自然及规划条件的基础上，总结归纳出对后期充电设施规划有针对性的分析结论。

（1）有利条件

1）外部机遇

国家、地方政府针对电动汽车的发展所制定的一揽子政策与规划，使电动汽车充电设施作为电动车发展的前提条件备受重视，得到了政府部门的大力支持。

目前国际与国内市场电动车及充电设施建设投资大力驱动，将有力促进电动汽车充电设施的建设。

2）自身优势

规划优势：宝安区作为深圳市的区域生产性服务业中心，全市重要的客运和货运枢纽地区，规划定位为未来现代化经济中心城市——深圳的工业基地和西部中心。必将对生态保护及可持续发展提出更高的要求，“绿色城市”、“绿色交通”等城市发展策略，对电动汽车的推广有着内在的需求，配套充电设施的建设既顺应了该地区的发展要求，又将在全市乃至全国起到先进示范作用。

现状优势：该区的空间形态是以“点-轴”为主的组团式发展模式，该用地模式将十分有利于电动汽车充电设施的示范引导作用的发挥与形成。

(2) 限制因素

1) 用地方面

在深圳市整体土地资源制约的大背景下，宝安区可利用的建设用地已非常稀少，且现状已基本建设殆尽，如何落实规划充电设施是本次规划面临的主要困境之一（图 2-14、图 2-15）。

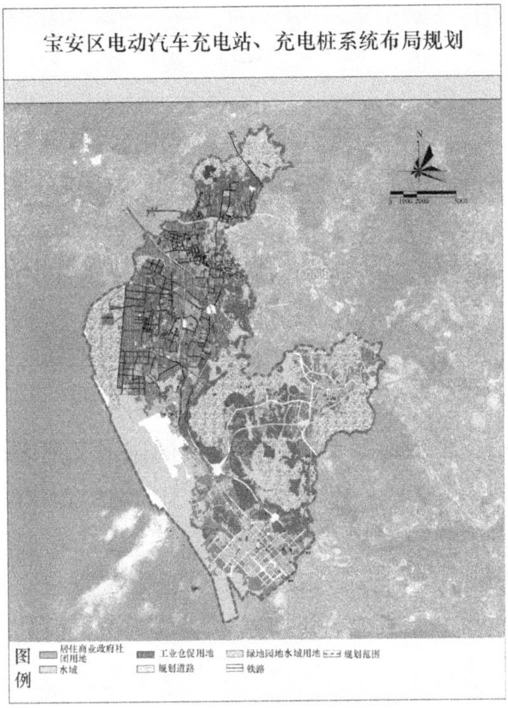

图 2-14　宝安区土地利用现状图

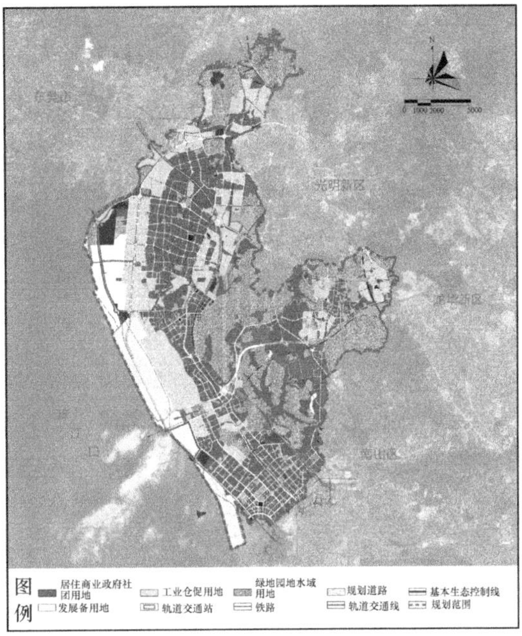

图 2-15　宝安区土地利用规划图

2) 交通方面

目前现状规划区道路交通的主要问题在于内外交通分工、路网系统性、通达性、交通组织及服务水平等方面，这些不足将制约电动汽车的推广及充电设施的落实效益，不利于充电设施的系统化、网络化发展。

2. 城市推广案例剖析

(1) 北京

1) 推广效果。电动汽车推广应用规模居全国前列。截至 2015 年底，全市累计推广应用电动汽车达到 3.59 万辆，仅 2015 年新增电动汽车 2.35 万辆，电动汽车推广应用明显提速，整体规模居全国前列。其中，公交、环卫、出租等公共服务领域 1.62 万辆，个人及单位购买小客车 1.97 万辆。

充电设施建设规模及水平全国领先。截至 2015 年底，全市累计建成 5 座大型换电站及 2.1 万个充电桩。其中，公共专用领域，在公交、环卫、出租等专用停车场站内，累计建成 234 处、约 3700 个充电桩，能够较好满足当前示范运行车辆的用电需求；私人自用领域，在居民小区的个人固定停车位上，累计建成约1.2万个自用充电桩，为电动汽车用户提供了基本充电保障；社会公用领域，在大型商圈、写字楼、高速公路服务区、P+R停车场、加油站等公共停车区域，累计建成500余处、约5000个公用充电桩，初步形成了六环范围内平均服务半径5km的公用充电网络。

2）推广主体。由市政府牵头，市科委、市发展改革委、市经信委、市财政局等14个相关委办局为成员单位，成立建立联席会议制度，统筹推进新能源汽车工作。并由科委成立“北京市新能源汽车发展促进中心”专职机构，协调解决政策推进过程中的具体问题。

（2）上海

1）推广效果。车辆规模快速增长：2013～2015年，上海市累计推广应用各类新能源汽车57666辆，其中新能源乘用车51754辆（包括私人车36685辆，租赁车5307辆，公务车辆9762辆）。

设施建设稳步推进：截至2015年底，上海市已建各种充电桩共计2.17万个，其中住宅区建设的私人充电桩超过1.65万个，机关、企事业单位专用充电桩约0.32万个，公交、物流专用桩约0.08万个，社会公用充电桩约0.12万个。

2）推广主体。上海市在新能源汽车推广应用的各项政策中均提出明确的部门分工，以市发展改革委及市经济信息化委负责综合协调；市财政局负责扶持政策的制定及落实；市科委加强技术支撑和研发；市交通委负责牌照运营管理；市规划国土资源局对配套基础设施用地的规划提出指导；各区政府制定推广应用的实施方案等。

（3）杭州

1）推广效果。到2015年底，浙江省共推广新能源汽车29830辆，数量居全国前列。其中，由杭州、湖州、绍兴、金华组成的试点城市群共推广25328辆，规模居全国第三；杭州推广新能源电动汽车22011辆。在公共交通领域推广层面，杭州市在2015年新购公交车中，清洁能源和新能源客车比例达到91.04%。

2014年，杭州市推广应用新能源汽车7436辆。纯电动客车4辆、纯电动出租车60辆、插电式混合动力乘用车101辆、纯电动乘用车7269辆、纯电动专用车2辆。

截至2015年底，杭州市已建成充换电站233座。省电力公司承担的纯电动汽车动力智慧服务网络建设列入全省20个智慧城市示范试点项目。

2）推广主体。主要依托本地车企康迪电动汽车公司推广低速城市型纯电动汽车，满足城市内部短途出行的需要。

2.4 电动汽车充电设施的发展模式与发展趋势分析

电动汽车充电是电动汽车使用过程中必不可少的环节，充电快慢影响着电动车使用者出行的规律。根据电动车动力电池组的技术特性和使用性质，可存在着不同充电模式。

2.4.1 电动汽车充电特性分析

1. 充电快速化

相比发展前景良好的镍氢和锂离子动力蓄电池而言，传统铅酸类蓄电池具有其技术成熟、成本低、电池容量大、跟随负荷输出特性好和无记忆效应等优点，但同样存在着比能量低、一次充电续驶里程短的问题。因此，在目前动力电池不能直接提供更多续驶里程的情况下，如果能够实现电池充电快速化，从某种意义上也就解决了电动汽车续驶里程短这个致命弱点。

2. 充电通用化

在多种类型蓄电池、多种电压等级共存的市场背景下，用于公共场所的充电装置必须具有适应多种类型蓄电池系统和适应各种电压等级的能力，即充电系统需要具有充电广泛性，具备多种类型蓄电池的充电控制算法，可与各类电动汽车上的不同蓄电池系统实现充电特性匹配，能够针对不同的电池进行充电。因此，在电动汽车商业化的早期，就应该制定相关政策措施，规范公共场所用充电装置与电动汽车的充电接口、充电规范和接口协议等。

3. 充电智能化

制约电动汽车发展及普及的最关键问题之一是储能电池的性能和应用水平。优化电池智能化充电方法的目标是要实现无损电池的充电，监控电池的放电状态，避免过放电现象，从而达到延长电池的使用寿命和节能的目的。充电智能化的应用技术发展主要体现在以下方面：优化的、智能充电技术和充电机、充电站；电池电量的计算、指导和智能化管理；电池故障的自动诊断和维护技术等。

4. 电能转换高效化

电动汽车的能耗指标与其运行能源费紧密相关。降低电动汽车的运行能耗，提高其经济性，是推动电动汽车产业化的关键因素之一。对于充电站，从电能转换效率和建造成本上考虑，应优先选择具有电能转换效率高、建造成本低等诸多优点的充电装置，如集中隔离型充电装置等。

5. 充电集成化

本着子系统小型化和多功能化的要求，以及电池可靠性和稳定性要求的提高，充电系统将和电动汽车能量管理系统集成为一个整体，集成传输晶体管、电流检测和反向放电保护等功能，无需外部组件即可实现体积更小、集成化更高的充电解决方案，从而为电动汽车其余部件节约出布置空间，大大降低系统成本，并可优化充电效果，延长电池寿命。

2.4.2 电动汽车充电模式分析

根据电动汽车动力电池组的技术和使用特性，电动汽车的充电模式存在一定的差别。对于充电方案的选择，现今普遍存在常规充电、快速充电和电池组快速更换系统三种模式[25]。

1. 常规充电

(1) 概念

蓄电池在放电终止后，应立即充电（在特殊情况下也不应超过 24h），充电电流相当低，大小约为 15A，这种充电叫作常规充电（普通充电）。常规蓄电池的充电方法都采用小电流的恒压或恒流充电，一般充电时间为 5～8 小时，甚至长达 10～20 多个小时。

(2) 优缺点

常规充电模式的优点为：尽管充电时间较长，但因为所用功率和电流的额定值并不关键，因此充电器和安装成本比较低；可充分利用电力低谷时段进行充电，降低充电成本；可提高充电效率和延长电池的使用寿命。

常规充电模式的主要缺点为充电时间过长，当车辆有紧急运行需求时难以满足。

(3) 适用范围

这种充电模式通常适用于：设计电动汽车的续驶里程尽可能大，需满足车辆一天运营需要，仅仅利用晚间停运时间充电；由于常规充电以相当低的电流为蓄电池充电，因此在家里、停车场和公共充电站都可以进行；常规充电站一般规模较大，以便能够同时为多辆电动汽车进行充电。

2. 快速充电

(1) 概念

快速充电常规蓄电池的充电方法一般时间较长，给实际使用带来许多不便。为了缩短蓄电池达到满充状态的时间，同时，尽量降低蓄电池正负极板的极化，以提高蓄电池使用效率，国内外一直都在不断地研究和开发快速充电方法和技术。快速充电电池的出现，为纯电动汽车的商业化提供了技术支持。快速充电又称应急充电，是以较大电流短时间在电动汽车停车的 20min～2h，为其提供短时充电服务，一般充电电流为 150～400A。

(2) 优缺点

快速充电模式的优点为：充电时间短；充电电池寿命长（可充电 2000 次以上）；没有记忆性，可以大容量充电及放电，在几分钟内就可充电至 70%～80%；由于充电在短时间内（约为 10～15min）就能使电池储电量达到 80%～90%，与加油时间相仿，因此，建设相应充电站时可不配备大面积停车场。

但是，相对常规充电模式，快速充电也存在一定的缺点：充电器充电效率较低，且相应的工作和安装成本较高；由于采用快速充电，充电电流大，这就对充电技术方法以及充电的安全性提出了更高的要求，同时计量收费设计也需特别考虑。

(3) 适用范围

这种充电模式适用情况为：电动汽车续驶里程适中，即在车辆运行的间隙进行快速补充电，来满足运营需要；由于相应的大电流需求可能会对公用电网产生有害的影响，因而快速充电模式只适用于专用的充电站。

3. 机械充电

(1) 概念

即电池组快速更换系统。通过直接更换电动汽车的电池组来达到为其充电的目的。由于电池组重量较大，更换电池的专业化要求较强，需配备专业人员借助专业机械来快速完成电池的更换、充电和维护。

（2）优缺点

采用这种模式，具有如下优点：电动汽车用户可租用充满电的蓄电池，更换已经耗尽的蓄电池，有利于提高车辆使用效率，也提高了用户使用的方便性和快捷性；对更换下来的蓄电池可以利用低谷时段进行充电，降低了充电成本，提高了车辆运行经济性；从另一个侧面来看，也解决了充电时间乃至蓄存电荷量、电池质量、续驶里程长及价格等难题；可以及时发现电池组中单电池的问题，进行维修工作，对于电池的维护工作将具有积极意义，电池组放电深度的降低也将有利于提高电池的寿命。

这种模式应用面临的几个主要问题是：电池与电动汽车的标准化；电动汽车的设计改进、充电站的建设和管理，以及电池的流通管理等。

（3）适用范围

这种模式适用条件为：车辆电池组设计标准化和易更换；车辆运营中需要及时更换电池来满足运行，充电站中电池充电和车辆可实现专业化快速分开；由于电池组快速更换需要专业化进行，因而电池组快速更换模式只适用于专用的充电站。

1）常规（慢）充电模式

常规充电即是采用随车配备的便携式充电设备进行充电，可使用家用电源或专用的充电桩电源。充电电流较小一般在 16～32A 左右，电流可直流或者两相交流电和三相交流电，因此视电池组容量大小充电时间为 5～8 小时。

电动车多数采用 16A 的插头的电源线，配合着合适的插座和车载充电机，即可在家中为电动车充电。值得注意的是，一般家用插座为 10A、16A 插头并不通用。需要用电热水器或空调的插座。电源线上的插头有标明该插头是 10A 还是 16A。当然也可以采用厂家配备的充电设备。

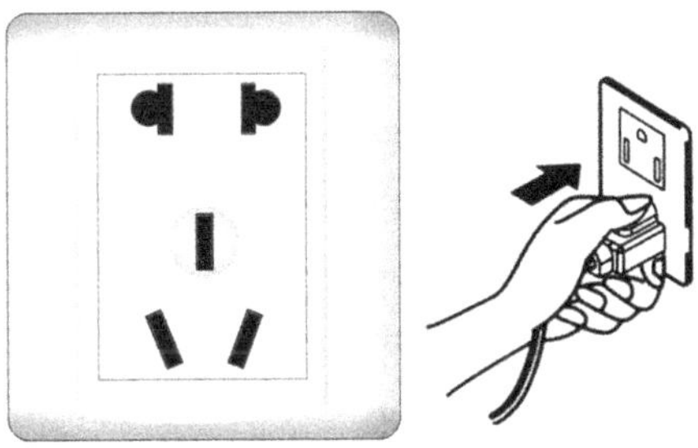

图 2-16　常规充电插座示意图

如图 2-16、图 2-17 所示。

尽管常规充电模式缺点非常明显，充电时间较长，但其对充电的要求并不高，充电器和安装成本较低；可充分利用电力低谷时段进行充电，降低充电成本；更为重要的优点是可对电池深度充电，提升电池充放电效率，延长电池寿命。如图 2-18、图 2-19 所示。

常规充电模式适用非常广泛，可设立在家里、公共停车场与公共充电站等可长时间停放地方。因充电时间较长，可大大满足白天运作、晚上休息的车辆。

更深入了解，常规充电模式主要采用定流充电和定压充电两种方式进行充电。定流充电是指充电全过程中，保持充电电流基本恒定的充电方法。在充电过程中，因为充电电流会随着电池组的电动势逐渐升高而下降，所以需要随时根据充电程度调整电压和分级调整定流电流。主要应用于初充电、补充充电和去硫化充电。家用充电实拍见图 2-20。

图 2-17　常规充电桩实拍图

图 2-18　常规充电实拍图

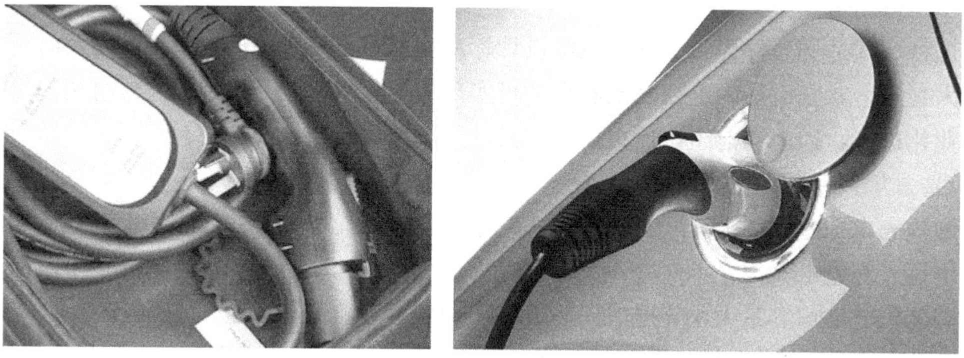

图 2-19　常规充电枪实拍图

定压充电是指充电过程中，电源电压始终保持不变的充电方法。采用定压充电时，电池组必须并联在充电电源之间。随着电池组电动势的增加，充电电流会逐渐减小，若充电电压调节恰当，充电电流变为 0 自动停止，即为充电终了。定压充电缺点是，必须适当地选择充电电压，若电压过高，容易过充电，电池活性物质脱落，电池整体发热，容易自燃；并且定压充电不能保证彻底充满电。恒流充电机实拍图见图 2-21。

定流充电适应性强，可以任意选择和调整充电电流，因此可对各种不同情况的电池组深度充电，对电池组损害非常小，可延长电池组整体寿命。可是这种方法最大弊端是充电

图 2-20　家用充电实拍图

图 2-21　恒流充电机实拍图

时间过长，且需要经常调节充电电压来调节电流。定压充电可减少充电时不必要的麻烦。现在的常规充电模式基本都采用定流和定压充电混合工作，充电前期采用定流充电，可保证电池深度充电；后期则采用定压充电，可自动减少电流大小结束充电，避免过充电。

2）快速（超级）充电模式

顾名思义为能快速充满电的充电方法，通过非车载充电机采用大电流给电池直接充电，使电池在短时间内可充至 80%左右的电量，因此也称为应急充电（图 2-22～图 2-25）。快速充电模式代表为特斯拉超级充电站。快速充电模式的电流和电压一般在 150～400A 和 200～750V，充电功率大于 50kW。此种方式多为直流供电方式，地面的充电机功率大，输出电流和电压变化范围宽。

图 2-22　快速充电实拍图一

图 2-23　快速充电实拍图二

图 2-24　快速充电实拍图三

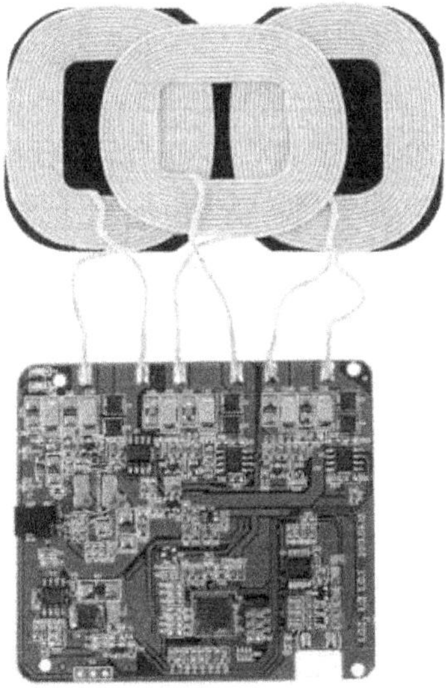

图 2-25　快速充电实拍图

虽然快速充电的充电速度非常高，其充电时间接近内燃机注入燃油的时间。可是充电设备安装要求和成本非常高。并且快速充电的电流电压较高，短时间内对电池的冲击较大，容易令电池的活性物质脱落和电池发热，因此对电池保护散热方面有更高的要求，并不是每款车型都可快速充电。无论电池再完美，长期快速充电终究影响电池的使用寿命。

至于为什么快速充电会给电池带来伤害，是因为其充电方法是采用脉冲快速充电。脉冲快速充电是指充电过程中反复放电充电的循环充电。首先给电池组用 0.8～1 倍额定容量的大电流进行定流充电，使蓄电池在短时间内充至额定容量的 50%～60%；接着由电路控制先停止充电 25～40ms，然后再放电或反充电，使电池组反向通过一个较大的脉冲电流，然后再停止充电。之后的充电都按照正脉冲充电—前停充—负脉冲瞬间放电—后停充—再正脉冲充电的循环，直至充满。

脉冲快速充电的最大优点为充电时间大为缩短；且可增加适当电池容量，提高启动性能。可是脉冲充电电流较大，对极板的活性物质的冲刷力强，活性物质易脱落，因此对电池组寿命有一定影响。现阶段大多数快速充电都采取脉冲充电方法。

快速充电模式实质上为应急充电模式，其目的是短时间内给电动汽车充电。高功率高电压的工作条件，从而使得快速充电模式仅存在于大型充电站或公路旁作为应急使用。总体使用层面来说，并不建议常使用快速充电模式进行充电。

3）机械充电模式

除了常规的直接给车辆充电外，还可以采用更换动力电池的方式给电池充电。即在动力电池电量耗尽时，用充满电的电池组更换电量过低的电池组。将电池组从车上更换下来的方式有：纯手动形式、半自动形式和机械人更换三种模式。

更换电池集成了常规充电模式和快速充电模式的优点，也就是说可以用低谷电给电池组进行深度充电，同时又能在很短时间内为车辆完成“充电”添加能源过程。通过使用机械设备更换，整个电池更换过程花费的时间与现有燃油车加油时间大致相当。

更换电池的充电模式最大的限制是各大厂商需要统一电池规格、大小等标准，并且无法保证每块电池组的性能一致，从而制约其发展。还有一个更为重要的原因是，该市场被国家电网所垄断，没有竞争对手，导致换电池充电模式得不到应有的发展。国家电网提供的电池组规格为 80V、60Ah，电池组性能并不是那么出色。更换电池充电模式在杭州出租车试运行，大多数出租车每天都需要更换三或四次电池组才可满足日常运营里程需求。因此，更换电池的充电模式并没有大规模使用，仅适用出租车、公交车等规律的商业运营车辆。

机械充电模式示意见图 2-26。

(a)

(b)

图 2-26 机械充电实拍图

4）无线充电模式

无线充电模式即无须通过电缆来传递能量，采用电磁感应、电场耦合、磁共振和无线电波等方式进行能量的传递。采用无线充电模式，首先需要在车上安装车载感应充电机。车辆的受电部分与供电部分没有机械连接，但需要受电体与供电体对接较为准确。

现在无奈受制于技术成熟度和基础设备的限制，无线充电技术暂时没有大批量生产应用。业内主流的无线充电技术主要采用电磁感应和磁共振方式传递电能，但磁共振方式充电效率更加高，而且电磁辐射强度更低，比手机通话时强度要小，更重要一点送电线圈与受电线圈无需非常对齐，这一点是电磁感应所不及的。

无线充电模式未来应用的前景无法估量，肯定的是不再是现阶段“伪”无线充电那样需要停在固定位置进行充电（图 2-27）。未来将能边走边充电，电能可能来自于路面铺装的供电系统，或者来自于汽车上接受的电磁波能量。

图 2-27　无线充电实拍图

5）总结

现阶段每一种充电模式都有明显短板，并不能很好满足人们出行的需求。常规充电模式时间太长、快速充电模式损害电池寿命、机械充电模式却被某机构垄断。未来一段时间内，基本都以常规充电模式为主导地位，这种不伤害电池的充电模式更得到厂商的青睐，而且成本更低；现阶段可使用快速充电模式的车型甚少，如特斯拉、EV200、腾势、晨风和荣威 E50。即便如此，无论何种充电模式，最终的目的是让车辆可以更高效去行驶更远路程。若能解决充电模式的问题，电动车的发展便更上一个台阶。

2.4.3　不同充电模式的优劣势

不同充电模式既有优势，也有不足，以下对各种充电模式主要的优劣势进行分析比较[26]：

1. 常规充电

优点：尽管充电时间较长，但因为所用功率和电流的额定值并不关键，因此充电器和安装成本比较低；可充分利用电力低谷时段进行充电，降低充电成本；可提高充电效率和延长电池的使用寿命。

缺点：充电时间过长，当车辆有紧急运行需求时难以满足。

2. 快速充电

优点：充电时间短；充电电池寿命长（可充电 2000 次以上）；没有记忆性，可以大容量充电及放电，在几分钟内就可充电至 70%～80%；由于充电在短时间内（约为 10～15min）就能使电池储电量达到 80%～90%，与加油时间相仿，因此，建设相应充电站时可不配备大面积停车场。

缺点：充电器充电效率较低，且相应的工作和安装成本较高；由于采用快速充电，充电电流大，这就对充电技术方法以及充电的安全性提出了更高的要求，同时计量收费设计也需特别考虑。

3. 机械充电

优点：电动汽车用户可租用充满电的蓄电池，更换已经耗尽的蓄电池，有利于提高车辆使用效率，也提高了用户使用的方便性和快捷性；对更换下来的蓄电池可以利用低谷时段进行充电，降低了充电成本，提高了车辆运行经济性；从另一个侧面来看，也解决了充电时间乃至蓄存电荷量、电池质量、续驶里程长及价格等难题；可以及时发现电池组中单电池的问题，进行维修工作，对于电池的维护工作将具有积极意义，电池组放电深度的降低也将有利于提高电池的寿命。

缺点：电池与电动汽车的标准化难度大；电动汽车的设计改进、充电站的建设和管理协调难，以及电池的流通管理难等。

2.4.4 不同充电模式的适用性分析

1. 常规充电

这种充电模式通常适用于：设计电动汽车的续驶里程尽可能大，需满足车辆一天运营需要，仅仅利用晚间停运时间充电；由于常规充电以相当低的电流为蓄电池充电，因此在家里、停车场和公共充电站都可以进行；常规充电站一般规模较大，以便能够同时为多辆电动汽车进行充电。

2. 快速充电

这种充电模式适用情况为：电动汽车续驶里程适中，即在车辆运行的间隙进行快速补充电，来满足运营需要；由于相应的大电流需求可能会对公用电网产生有害的影响，因而快速充电模式只适用于专用的充电站。

3. 机械充电

这种模式适用条件为：车辆电池组设计标准化和易更换；车辆运营中需要及时更换电池来满足运行，充电站中电池充电和车辆可实现专业化快速分开；由于电池组快速更换需要专业化进行，因而电池组快速更换模式只适用于专用的充电站。

结合以上分析，不同充电模式有自身的优缺点，有各自的适用范围，在规划中应结合不同车辆类型、不同城市特点，进行适车适地选择适合的充电模式。表 2-3 为不同充电模式的综合分析。

电动汽车不同充电模式综合分析汇总表 **表 2-3**

充电模式	概　念	优缺点	适用范围
常规充电	采用小电流的恒压或恒流充电，一般充电时为 5～8 小时，甚至长达 10～20 多个小时	优点为：1. 充电器的安装成本比较低；2. 充电时间自由，降低充电成本；3. 延长电池的使用寿命。 缺点为：充电时间过长，当车辆有紧急运行需求时难以满足	设计电动汽车的续驶里程尽可能大，需满足车辆一天运营需要，仅仅利用晚间停运时间充电。如：私家车、公交车

续表

充电模式	概　念	优缺点	适用范围
快速充电	又称应急充电，是以较大电流短时间在电动汽车停车的20min～2h，为其提供短时充电服务，一般充电电流为150～400A	优点为：1. 充电时间短；2. 建设占地面积小 缺点为：1. 充电效率较低，成本较高；2 充电电流大，对充电技术方法以及充电的安全性提出了更高的要求，同时计量收费设计也需特别考虑	1. 需要在车辆运行的间隙进行快速补充电，来满足运营需要； 2. 有专用的充电站 如：公务车、出租车、公交车
机械充电	通过直接更换电动汽车的电池组来达到为其充电的目的	优点为：1. 耗时短，电池置换过程只需1～2min；2. 无须承担高成本的电池。 缺点为：面临电池标准难以统一的问题	1. 车辆电池组设计标准化和易更换； 2. 有专用的充电站； 3. 适合所有车辆

2.4.5 国外电动汽车发展模式

电动汽车产业是一项系统工程，电动汽车充电站则是主要环节之一，汽车充电行业的发展与电动汽车行业的发展形同唇齿，充电技术、充电模式的选择都必须与电动汽车领域实现同步发展。

新能源汽车的产业化的关键是配套设施即充电站网络的建设，这是疏通电动汽车“三大梗阻”推进产业化的关键。无论是插入式混合动力车还是纯电动汽车，都严重依赖城市快速充电网络。

1. 欧美模式

欧美研究专注于电动汽车的关键技术如蓄电池及其管理系统等的研发等。欧美汽车更加倾向于电池的续航能力及可更换电池的便携性。

2. 日本模式

日本十分重视电动汽车的研制与开发，尤其在混合动力汽车的产品发展方面居世界领先地位。近年来日本汽车业界普遍认为只要充电基础设备齐全，都市型电动汽车很快就会被广大消费者接受。

日本电动汽车辆协会、汽车协会、汽车电子协会等部门建立了纯电动汽车共同利用系统，进行实用化试运行和试运营。日本最大电力公司东电已成功开发大型快速充电器，单台造价400万日元，能实现10分钟完全充电、续航60km。充电时间的大幅度缩短提高了电动汽车普及使用的可能性。东电公司计划在日本的超市、停车场、便利店及邮政局等公共场所内陆续建设充电器设备。

2.4.6 国内电动汽车发展模式与方向

1. 影响因素与趋势判断

影响电动汽车充电模式的因素主要包括电动汽车充电特性要求、充电运营方式两方面影响，其中充电特性方面，主要包括“快速、通用、高效、集成、智能”的基本要求，充电运营方式主要受电动汽车的推广度及发展程度的影响，在初期推广阶段，充电设施的建设主体是以政府为主导，充电设施的主要功能是示范带动作用，因此应以常规与快速充电相结合的方式为主；待电动汽车发展成一定规模，且处于相对成熟阶段时，建设主体将由政府主导逐渐转变为企业主导，各企业将根据自身所长，形成网络化、人性化、综合化的混合式的充电模式。如表 2-4 所示。

不同阶段运营模式充电模式分析表 表 2-4

充电运营方式	适合的时期	适合的充电模式
政府主导	初期推广阶段	充电站、充电桩
企业特许经营	中后期成熟阶段	充电站、充电桩、电池更换

2. 电动汽车的能源补充特性分析

从目前电动汽车技术发展的程度来看，充电站与加油（气）站有着本质的不同。加油站是汽车没有油了就必须去加油站，但是汽车没电了却没有必要一定去充电站。充电站是做应急之用，也就是利用非车载的充电站大功率充电机直接对电池进行充电。但是实际生活中需要应急充电的时候毕竟较少。

3. 我国的充电模式选择

我国早在 2009 年就已明确重点发展纯电动及插电式电动汽车，并确定了 13 个城市示范运行，随着《节能与新能源汽车产业发展规划》的出台，到 2015 年，纯电动汽车和插电式混合动力汽车累计产销量超过 50 万辆；到 2020 年，纯电动汽车和插电式混合动力汽车生产能力达 200 万辆、累计产销量超过 500 万辆，燃料电池汽车、车用氢能源产业发展水平与国际同步。

考虑到我国人口多、车辆基数大，以及电动汽车的充电技术特征的基本情况，综合行业发展意愿，认为适合我国电动汽车充电行业的主要方向为“慢速充电”领域，应采用“以常规充电为主，快速充电为辅”，适车换电为补充。其中电动私人乘用车主要为慢速充电、电动公交车以快速充电/换电为主、电动客运服务巴士（除公交外）以快速充电为主、电动物流环卫等专用车以快速充电为主、电动公务车主要为慢速充电、电动出租车（含租赁车辆）为快速充电。

2.5 发 展 策 略

2.5.1 指导思想

以贯彻落实国家发展新能源汽车的战略部署和各地加快推广应用的实施意见，以纯电驱动为新能源汽车发展的主要战略取向，以市场主导和政府扶持相结合，充分调动各方资源，引导创新商业模式，重点推进新能源汽车在公交、出租、公务、环卫、邮政、物流等公共服务领域的规模化、商业化应用，大力推进充电基础设施建设，更好解决电动汽车充电难题。全面调动整车生产企业、充电设施建设与运营企业、电动汽车使用者、融资租赁企业等各方的积极性，建立以产业链企业之间风险共担、合作经营为主，以政府扶持、财政补贴为辅的电动汽车推广模式，推进城市节能减排和促进城市空气污染治理，不断改善城市人居环境。主要包括以下三个方面[27]：

(1) 将政策的阶段性与城市规划紧密结合，做到以政策时序引导充电设施空间落实，以空间预控支撑政策落实。

(2) 结合中央及地方颁布的电动汽车推广应用政策法规，城市政府制定的实施方案等具体内容，规划以引导近期、预留远期、展望未来为指导思想和出发点，制订电动汽车充电设施的发展策略。

(3) 将政策的阶段性与城市规划紧密结合，做到以政策时序引导充电设施空间落实，以空间预控支撑政策落实。

2.5.2 推广应用原则

1. 政府引导、市场运作

切实加强政府对电动汽车推广工作的引导作用，加大推广力度，发挥企业的市场主体作用，培育、引进本土企业和民间资本等多种形式，积极参与电动汽车的推广应用，按市场化运作模式促进电动汽车市场的形成。

2. 示范运营、重点突破

紧抓电动汽车发展的重要战略机遇，以示范推广为重要抓手，在公交、出租、公务、环卫和物流快递等行业率先大力推广使用电动汽车，引进、完善新型商业运营模式，积极鼓励私人购买电动汽车。

3. 统筹规划、基础先行

立足于满足电动汽车产业发展及用户的充电需求，统一规划，坚持基础设施适度先行原则，将电动汽车配套基础设施—充电设施建设纳入城市总体规划和供地、供电建设计划，合理布局，形成协调统一的充电服务网络。

4. 产业培育、全面推进

充分发挥电动零部件生产企业在推广应用中的带动作用，加大投入力度，优化电动汽车产业链结构，促进产业良性发展。同时，通过报纸、杂志和电视等渠道广泛开展宣传，为全面推进电动汽车推广工作营造良好氛围。

2.5.3 发展策略

与大多发展策略包含“计划”、“内容”、“保障”等要素一样，充电设施发展策略的制定也需围绕"系统建构"、"先行先试"、"因时因地"、"保障体系"等关键点进行考量。包括：制定充电设施的发展计划，构建平台，积极引入公共服务领域，充分评估区域现有市场化程度基础，探索市场接受的商业模式，完善相应政策体系。本书详细剖析如下：

（1）结合不同时期特征，制定电动汽车的发展策略；

（2）加快充换电基础设施建设，搭建基础平台；

（3）推动公共服务领域率先推广应用，发挥示范带动作用；

（4）积极引导相关企业创新商业模式，破除机制体制障碍；

（5）进一步完善城市相关支持新能源汽车发展的政策体系。

2.5.4 案例分析

以《中山市新能源汽车推广应用发展规划》为例，该规划中针对充电设施发展策略[28]提出了包括：实施计划、搭建平台、示范推进、商业模式、政策体系等在内的一揽子针对地方发展特点的充电设施推进策略。

1. 结合不同时期特征，制定新能源汽车的推广工作重点

以"落实近期，引导中期，展望远期"为指导思想和出发点，制订中山市新能源汽车发展策略：

近期：主要是示范引导，以建设新能源汽车充换电设施、搭建基本平台，以及率先推动公共服务领域的新能源汽车推广应用为主。

中期：鼓励多领域推广应用与市场导向相结合的发展策略，以引导并促进新能源汽车发展，同时满足已有新能源汽车的充电需求。

远期：主要是市场导向，政府以提供足够的配套设施和实施监管为主；并结合未来技术的发展情况，预留未来发展条件。

2. 加快充换电基础设施建设，搭建基础平台

（1）技术开放策略

在依托现阶段较成熟的充/换电站、充电桩技术的基础上，本次规划按照技术创新、模式创新等发展理念，对无线充电、光伏储能充电以及改装路灯和其他现有基础设施等最新技术与方式，应用预留接口，应对未来发展的不确定性，并丰富中山市充电设施建设布局形式。

（2）功能复合策略

顺应机动车应用能源多元化、城市用地功能复合化发展的趋势，本次规划积极鼓励利用所有（包括现状的、规划新增的）加油站、加气站及加油加气合建站，增加充电功能，实现加油＋充电、加气＋充电、加油＋加气＋充电等多种功能复合；这样不仅可以解决充电设施的落地问题，也有利于传统的加油加气企业优化供应结构、有效应对新能源革命带来的冲击、适应市场未来变化，更有利于城市用地的集约高效率利用。

（3）标准及政策完善策略

明确中山市新建及已建建筑物配建停车场和城市公共停车场的充电设施配建要求；完

善中山市充换电设施用地政策，解决公共充换电设施用地问题；结合中山市实际需求和场地建设条件，逐步推进已建和在建的建筑物配建停车场、城市公共停车场以及住宅小区增建充电桩，有条件的地区要建设相应的示范路段；优先推进中山市的区域城际快充网络建设，到2020年初步形成覆盖中山全市的城际快充网络；加快出台既有住宅小区业主在固定车位自建充电桩的申报流程，支持私人乘用车车主建设自用充电桩。完善用电价格政策，落实国家新能源汽车充电设施用电峰谷分时电价政策，向电网经营企业直接报装接电的经营性集中式充换电设施用电，执行大工业用电价格，2020年前免收基本电费；其他充换电设施按其所在场所类别执行分类目录电价。

（4）资金保障策略

政府要出台政策，鼓励通过企业债券、专项基金等方式支持充换电基础设施建设；中山市政府要对充电设施及配套电网建设在用地等方面给予政策支持，对建设运营给予必要补贴；电网公司要负责建设、运行和维护电网至充电基础设施产权分界点的配套接网工程，不得收取接网费用；相应资产纳入有效资产，成本按规定计入准许成本并通过输配电价回收。

（5）政策引导策略

鼓励公共单位加快内部停车场充电设施建设。对于公交、环卫、机场通勤等定点定线运行的公共服务领域新能源汽车，要根据线路运营需求，优先在停车场站配建充电设施，沿途合理建设独立占地的快充站和换电站；对于出租、物流、租赁、邮政等非定点定线运行的公共服务领域新能源汽车，要充分挖掘单位内部停车场配建充电设施的潜力，与城市公共充电设施实现高效互补。具备条件的党政机关、公共机构，要结合新能源汽车配备更新计划和职工购买使用新能源汽车的需要，根据适度超前原则，在单位内部停车场按适当比例设置新能源汽车专用停车位并配建充电桩。

鼓励专业化服务与自行充电相结合的充换电基础设施网络建设。鼓励专业运营商加大充换电基础设施建设投资力度，加强监控网络建设，推进智能型充换电基础设施建设。鼓励整车企业与电池企业、充换电基础设施生产运营企业合作，为新能源汽车应用方提供运维一体化的整体解决方案。培育一批有竞争力的充电服务企业。鼓励建设占地少、成本低、见效快的机械式、立体式停车充电一体化设施。鼓励个人在自有停车库（位）安装充电设施。

将新能源汽车充电设施建设纳入绿色建筑评价标准及绿色交通体系指标。将住区建设充电（站）设施作为参评指标。对于住宅小区业主要求建设充电设施的，物业服务企业要积极配合，不得借机收取费用；住建部门按要求做好督促落实，可将配合建设充电设施纳入对物业服务企业的考核评价体系。

3. 推动公共服务领域率先推广应用，发挥示范带动作用

（1）积极推动公交电动化

要结合中山市实际，抓紧制定年度纯电动公交车推广应用计划，选择若干条线路开展纯电动公交车示范运营。探索开展城际间新能源汽车客运专线，不断增加营运路线和规模。建立健全新能源汽车推广应用动态监测机制。

（2）扩大公共服务领域新能源汽车应用规模

以纯电动出租车、轻型纯电动环卫车、纯电动物流车为突破口，加大公共服务领域新能源汽车推广应用力度。制定机动车更新计划，不断提高新能源汽车运营比重。

（3）推进党政机关和公共机构、国有企业使用新能源汽车

结合中山市实际确定推广目标，国有企业要参照上述要求购买使用新能源汽车，并采取新建、改建、租赁充换电设施等措施，鼓励职工购买使用新能源汽车。

（4）积极推动社会租赁车辆应用新能源汽车

鼓励新型公共交通服务企业应用新能源汽车开展新型公共交通服务，对新能源公交车推广应用形成有效补充。党政机关和公共机构开展公务活动时，要优先选择租赁新能源汽车。

4. 积极引导相关企业创新商业模式，破除机制体制障碍

（1）积极鼓励投融资创新

根据中山市实际情况，探索采取经营性租赁、融资租赁、分时租赁、合同能源管理（EMC）、政府和社会资本合作（PPP）、买方信贷等模式，缓解公交、出租车、汽车租赁等企业一次性购买新能源汽车的资金压力。鼓励公交企业、整车生产企业、政策性金融机构等多方开展市场化合作，采用融资租赁、经营性租赁相结合的混合租赁模式推广应用新能源汽车。鼓励整车生产企业、电池生产企业、政策性金融机构等参与建设、运营充换电基础设施，推进充换电市场化运营；在持续大功率、高频度使用新能源汽车领域，探索开展换电式运营模式。支持有条件的企业组建电池运营公司，各地市可通过电池租赁补贴方式，支持电池租赁模式发展。

（2）加快售后服务体系建设

进一步放宽市场准入，鼓励和支持社会资本进入新能源汽车充电设施建设和运营、整车租赁、电池租赁和回收等服务领域。新能源汽车生产企业要积极提高售后服务水平，完善在中山市域内各镇街区售后服务点，做好新能源汽车产品的保养维护。中山市通过给予特许经营权等方式保护投资主体初期利益，商业场所可将充电费、服务费与停车收费相结合给予优惠，2020年前，充换电服务费实行政府指导价管理，中山市价格主管部门制定具体标准和相关收费办法，允许充电服务企业向用户收费，允许个人或企业拥有的充电设施参照充电设施经营企业收费标准对外提供充电服务。研究制定动力电池回收利用政策，探索利用基金、押金、强制回收等方式促进废旧动力电池回收，建立健全废旧动力电池循环利用体系。

（3）发挥信息技术的积极作用

不断提高现代信息技术在新能源汽车商业运营模式创新中的应用水平，发展“新能源汽车＋物联网”，鼓励公交企业与互联网企业合作开发新能源汽车定制运营服务。推动电池充电管理、公交线路安排、公交增值服务、智能充放电等领域加快应用智能电网、移动互联网、物联网、大数据等新技术。建设充电智能服务平台，培育可持续发展的“互联网＋充电基础设施”产业生态体系。

5. 进一步完善支持新能源汽车发展的政策体系

结合国家及广东省出台的相关政策与建议，深入分析与认真检讨中山市原有新能源汽车发展相关支持政策的长处与不足，完善支持新能源汽车发展的政策体系，促进新能源汽车推广应用工作取得更大成效。

2.6 规 模 预 测

2.6.1 预测原则

1. 策略性

由于电动汽车的市场化尚待时日，缺乏电动汽车未来年份发展预测的相关信息。在此情况下，电动汽车充电基础设施专项规划应在充分考虑政府引导、兼顾市场需求的基础上，以电动汽车的发展策略为导向，分类别预测城市各类充电基础设施的近、远期发展规模，并预留未来市场发展弹性与接口。

2. 连续性

连续性原则是根据事物的发展具有连续性而总结出来的。连续性原则指事物的发展是其过去的延续，而未来是现在的延续，而在交通系统中，这种连续性是普遍存在的。机动车保有量、路网密度、人均消费水平、人口、国民生产总值以及交通量等交通因素都具有一定的连续性。现有的预测技术和方法很多是运用了连续性原则。例如应用广泛的回归分析方法和趋势预测方法，就其基本思想来说，都是以连续性原则为依据的。建立数学模型之所以能用于预测就是认为模型所反映的这种依赖关系和内在联系具有延续性。预测的对象随着时间的推移而按一定的趋势变化发展，并且这种趋势会持续到未来的预测期间。因此，利用历史数据建立趋势模型后，把这种趋势外推到预测期间即可得到期望的预测值。

3. 相关性

传统汽车的发展已经经历了百年的历史，而且传统汽车已经进入了家庭，成为人们日常出行重要的交通工具之一。但目前传统汽车也出现了如污染严重、购买受限等问题，而电动汽车的出现正是基于传统汽车的基础上，弥补了传统汽车的部分不足，可以说，电动汽车与传统汽车之间有着密切关系。相关性原则是说任何影响交通因素的发展变化都不是孤立的，都与其他 1 个或多个交通因素的发展变化相互联系、相互影响，这种发展变化过程中的相互联系就是相关性。例如，车辆保有量的发展不是孤立的，它是某一地区交通需求的产物，是国民经济、劳动分布、交通政策、人口因素的综合反映，它们相互影响、相互作用。因此，对传统汽车保有量的预测，是电动汽车保有量预测的基础。

4. 类推性

许多事物相互之间在发展变化上常有类似之处，可根据某一事物发展变化体现出的规律来预测类似事物的变化发展，把先发展事物的表现过程类推到后发展事物上去，并对后发展事物的前景做出预测，这就是类推原则。类推原则在缺乏研究对象的历史数据时较常采用。此外，通过抽样调查研究某些局部或小范围的经济、交通发展情况，预测或了解整体和大范围的交通、经济发展情况，也可以应用类推原则。如可以借鉴与充电站功能相近的加油、加气站的服务半径来预测充电站的需求量。

5. 系统性

电动汽车的保有量受到诸多因素的影响，必须从系统性的角度来考虑其保有量的情况。充电设施是交通设施的子系统，而交通设施系统作为社会的一个子系统，其发展变化必然受到整个社会系统的影响，并且政治、经济、文化等的发展变化也会引起交通系统发展变化。因此，交通预测不仅要考虑到其自身发展变化，还要考虑到社会其他子系统的发展变化。这就是系统性原则。系统性原则要求预测者要系统地考虑其他子系统的发展变化对交通系统的影响，并多角度预测交通问题；系统性原则要求预测者具有发展的思想，充分考虑未来交通或其影响因素可能出现的新变化，并根据实际情况的变化及时对预测结果进行调整。在具体的应用中，要求预测者对预测结果进行跟踪，以在必要时对预测结果进行修正。此外，组合预测方法可以看作是系统原则在指导预测方法选择中应用的体现。

6. 远近结合

电动汽车的发展目前还处于初期阶段，其未来发展仍具有诸多的不确定性，且电动汽车和充电设施的发展受到电池技术和充电技术的发展影响较为明显，因此在电动汽车和充电设施的预测过程中应遵循远近结合的原则，在不同发展阶段采用不同的预测方法，为未来发展留有发展弹性，保证预测结果的动态性，以适应现实社会的发展需要。

7. 政策协调

目前电动汽车及充电设施的发展受国家和地方的相关政策和计划发展较为明显，如国务院 2015 年 9 月发布的《电动汽车充电基础设施发展指南（2015—2020 年）》中明确提出了全国充电设施的发展目标“到 2020 年，新增集中式充换电站超过 1.2 万座，分散式充电桩超过 480 万个，以满足全国 500 万辆电动汽车充电需求[22]”；2016 年刚刚出台的《关于“十三五”新能源汽车充电基础设施奖励政策及加强新能源汽车推广应用的通知》，其中对发展电动汽车的各省份给出了明确的财政补贴政策。这一系列政策对于推动电动汽车发展和充电设施建设起到了重要的推动作用。因此，在电动汽车和充电设施的相关预测当中，应当与相关规划的要求相一致，既符合国家相关政策要求，又能满足充电设施的相关建设需要。

2.6.2 机动车保有量预测

1. 影响因素

（1）人均 GDP

按照一般市场规律，当人均国内生产总值处于 800～3000 美元时，汽车市场需求迅速上升，人均汽车拥有量也大幅度提高，当人均 GDP 达到 1000 美元时，汽车开始进入家庭。而人均 GDP 达到 3000 美元的时候，私人购车将出现爆发性增长。据国家统计局公布的经济数据显示，2015 年我国人均 GDP 为 8000 美元左右，全国小汽车保有量已达到爆发性增长阶段。一般认为人均 GDP 与汽车保有量呈正相关关系。

（2）城市道路里程

按照国际标准，一个地区每公里道路汽车保有量达到 270 辆时，本地区汽车容量已经达到饱和，如果继续增加，汽车在道路上行驶将出现车速下降、交通堵塞等拥挤情况。截至 2014 年年末，城市道路长度 35.2 万 km，全国机动车保有量达 2.64 亿辆，其中汽车 1.54 亿辆。其中大部分的机动车保有量都集中在城市当中，排名前十的北京、成都、深圳、天津、上海、苏州、重庆、广州、杭州、郑州 10 个城市中汽车保有量均超过 200 万辆。一般来说，城市道路里程与汽车保有量呈正相关，且在关系变化中有明显的 S 形曲线特征。

（3）社会消费品零售总额

社会消费品零售总额反映了全社会对商品的消费程度，也反映了人民生活水平的高低。随着人民物质生活水平的提高，消费层次多极化，有一部分先富起来的人士由于工作和生活的需要不断进入私人购车行列，汽车私人消费特别是小汽车私人消费逐渐占有汽车消费市场越来越大的比重。调查表明，我国约有 30 万个家庭在近期有购车意向，并且约有 300 万个家庭也有购车计划，而这一计划的实现无不与经济实力有关，社会消费品零售总额的变化正好反映了全社会的现实购买力及潜在购买力，汽车保有量同社会消费品零售总额的增长呈正比。

（4）城镇居民收入水平

城镇居民收入水平是指城镇人均国民收入。一般可以将城镇居民人均可支配收入作为城镇居民收入水平的衡量标准。根据相关数据显示，2000 年以来，特别是 2005 年以来，我国城镇居民的人均收入水平有了较大的提高，截至 2015 年，城镇居民人均可支配收入已达到 31195 元，是 2000 年的 6279 元的近 5 倍。而我国机动车保有量水平基本上也是从 2000 年以后进入高速增长阶段，年均增长率一直保持在 20%以上。通过以上分析可以发现，私人汽车保有量的增长与经济发展及城镇居民日益增长的收入水平是紧密联系的。正是由于收入水平的不断提高，以及城市之间道路基础设施的日益完善，导致了私人汽车拥有量的不断增长。两者在一定程度上呈正相关的线性关系。

2. 预测方法

对机动车保有量的定量预测大致可以分为因果分析法和趋势外推法，目前在实际中较常用的方法有弹性系数法、平均增长率法、回归分析法、Logistic 模型法、神经网络预测法，除此还有许多学者运用了多种综合的方法对机动车保有量进行了预测。张东军[29]等采用传统的非线性回归方法、主成分分析与 Logistic 模型相结合的方法，对厦门市 2020 年、2030 年的机动车保有量进行了预测；马艳丽[30]等运用趋势外推、弹性系数、国内外情景类比及运输工作量计算等方法对我国 2020 和 2030 年的汽车保有量进行综合预测；王琦[31]等分析了分析灰色系统、多元回归、指数平滑、神经网络 4 种预测方法，并在此基础上通过熵值法确定各预测模型的加权系数，建立组合预测模型，将 1995～2007 年汽车保有量的预测值与实际值进行比较。但由于各种数学方法往往数据量较大，且计算过程比较复杂，在实际规划项目中应用最广泛的方法是弹性系数法、平均增长率法和分类预测法，以下主要对这三种方法进行详细的介绍。

（1）弹性系数法

1）概念

弹性系数是一定时期内相互联系的两个经济指标增长速度的比率，它是衡量一个经济变量的增长幅度对另一个经济变量增长幅度的依存关系。在对一个因素发展变化预测的基础上，通过弹性系数对另一个因素的发展变化做出预测的一种间接预测方法。

2）基本原理

在对一个因素发展变化预测的基础上，通过弹性系数对另一个因素的发展变化做出预测的一种间接预测方法。弹性一词来源于材料力学中的弹性变形的概念。弹性系数指材料长度变形的百分比同所施加力变化的百分比的比率。后来弹性的概念被推广应用于社会经济领域。弹性系数被用来表示两个因素各自相对增长率之间的比率。

3）数学模型

$$Y = N \times (1 + e \cdot x)^{(t-2014)}$$

式中 Y——预测年汽车保有量（辆）；

N——基年汽车保有量；

e——弹性系数；

x——GDP 增长率；

t——预测年份。

（2）平均增长率法

1）基本原理

增长率法是指根据预测对象在过去的统计期内的平均增长率，类推未来某期预测值的一种简便算法。该预测方法一般用于增长率变化不大，或预计过去的增长趋势在预测期内仍将继续的场合。

2）数学模型

$$Y = n \cdot (1 + x)^{(t-2014)}$$

式中 Y——预测年汽车保有量（辆）；

n——基年汽车保有量；

x——年平均增长率；

t——预测年份。

（3）回归分析法

1）概念

回归分析法是依据事物发展变化的因果关系来预测事物未来的发展走势，它是研究变量间相互关系的一种定量预测方法，又称回归模型预测法或因果法，应用于经济预测、科技预测和企业人力资源的预测等。

2）基本原理

回归分析是利用数据统计原理，对大量统计数据进行数学处理，并确定因变量与某些自变量的相关关系，建立一个相关性较好的回归方程（函数表达式），并加以外推，用于预测今后的因变量的变化的分析方法。

3）基本步骤

① 根据预测目标，确定自变量和因变量

明确预测的具体目标，也就确定了因变量。如预测具体目标是下一年度的销售量，那么销售量 Y 就是因变量。通过市场调查和查阅资料，寻找与预测目标的相关影响因素，即自变量，并从中选出主要的影响因素。

② 建立回归预测模型

依据自变量和因变量的历史统计资料进行计算，在此基础上建立回归分析方程，即回归分析预测模型。

③ 进行相关分析

回归分析是对具有因果关系的影响因素（自变量）和预测对象（因变量）所进行的数理统计分析处理。只有当变量与因变量确实存在某种关系时，建立的回归方程才有意义。因此，作为自变量的因素与作为因变量的预测对象是否有关，相关程度如何，以及判断这种相关程度的把握性多大，就成为进行回归分析必须要解决的问题。进行相关分析，一般要求出相关关系，以相关系数的大小来判断自变量和因变量的相关的程度。

④ 检验回归预测模型，计算预测误差

回归预测模型是否可用于实际预测，取决于对回归预测模型的检验和对预测误差的计算。回归方程只有通过各种检验，且预测误差较小，才能将回归方程作为预测模型进行预测。

⑤ 计算并确定预测值

利用回归预测模型计算预测值，并对预测值进行综合分析，确定最后的预测值。

⑥ 数学模型

常用的回归模型有一元线性回归分析和多元线性回归分析。以下主要介绍一元线性回归分析法的数学模型。

一元线性回归分析法的预测模型可以表示为：

$$y=\beta_0+\beta_1 x+\varepsilon$$

式中 y——因变量，在机动车保有量预测模型中是汽车保有量的预测值；

x——自变量，在机动车保有量预测模型中可以是人均 GDP，或人均可支配收入等；

β_0 和 β_1——模型参数，又称回归系数；

ε——误差项，可利用规划人口数据，按户均一辆的标准进行校核。

（4）分类预测法

根据国外发达国家城市机动车发展数据，汽车在城市发展的某些阶段或受到突然利好因素的刺激会出现持续一定时间的加速发展，但随后可能进入回落或平缓发展的时期。因此，在车辆预测时应根据不同车辆的增长特性和影响因素，对不同车辆的规模进行分类预测。

1）公交车保有量

公交车作为重要的公共交通出行方式，在居民的日常工作生活中有着重要的地位，随着城市规模不断扩大，人口不断增加，私家车的增长使各大城市都出现在了严重的交通拥堵情况。此外，轨道交通目前在大多数城市中的普及程度仍然不高，公交出行仍是大多数居民出行的优先选择方式，公交车的数量在一段时间仍会保持一定的增长。

公交车保有量的预测可以采用以下几种方法：一是按人口规模预测，根据《城市道路交通规划设计规范》GB 50220—1995：城市公共汽车和电车的规划拥有量，大城市应每800～1000人一辆标准车，中、小城市应每1200～1500人一辆标准车，其中人口指标可以通过各城市总体规划或社会经济发展规划获取；二是按历史增长趋势预测，该方法主要是通过公交车辆的历史数据，根据其近几年的增长趋势，通过建立回归分析模型，预测其未来几年内的公交车保有量；三是按政府推广计划预测，由于公交车属于公共产品，公交车辆的增长受政府政策影响比较明显，该方法主要是根据政府制定的关于公交车辆的推广计划或是购买增加公交车辆的计划，预测其未来几年的增长情况。

2）客运服务巴士保有量（除城市公交外）

客运服务巴士主要是指旅游客车、企业通勤车和城际客运车辆，不包括城市公交。客运服务巴士主要依托于城市中心区、旅游区或联系密切的城际之间，属于为城市提供公共服务的车辆，在各城市中都有着一定的比例。其保有量的预测主要是根据不同地区的经济发展形势和实际发展需求，由政府或企业的推广计划来确定。如旅游城市，其旅游客车占总体客运服务巴士的比例会较高。

3）出租车保有量

根据相关数据显示，目前我国大多数城市出租车数量和需求并不匹配，有的城市甚至有10多年出租汽车规模没有增加的情况，特别在网约车得到国家认可后，出租车的增长更加有限，有的城市甚至出现了不增反减的情况。因此，可以认为出租车的数量在一定时期保持不变。如果出租车辆有增长，一般可以根据各地市关于出租车的投放计划确定。

4）物流、环卫专用车保有量

物流车辆主要在港口、码头或货运量较大的城市中存在比例较高，其保有量的增长主要与各地区的经济发展水平，特别是货运量密切相关。因此，关于物流车辆的预测可以根据其历史发展数据，通过建立线性分析模型，预测其未来保有量。环卫车辆主要由政府部门根据实际需要进行投放，近年来各大城市人口不断增加，垃圾量也在持续增加，因此环卫车辆也会在一定时期内有所增长，关于其具体数据可根据政府的投放计划确定。

5）私人乘用车保有量

私家车是近几年增长最快的车型，考虑后期机动车政策影响以及保有成本的增加，其增长速度可能会受到抑制。根据国家统计局公布的经济数据显示，2015年我国人均GDP为8000美元左右，全国小汽车保有量已达到爆发性增长阶段，今后一段时间内私人乘用车将出现快速增长。对于私家车保有量的预测可以采用弹性系数法进行预测，并通过回归分析法进行校核。私人乘用车将是未来电动汽车增加的主要部分。

6）租赁车保有量

租赁车是指由私人租车公司根据市场需求和行业发展状况投放的机动车。一般来说租赁车在旅游城市所占比例会较高，如海南省三亚市，由于旅游人口所占比例较大，市内的租车公司有近百家之多。租赁车比例甚至比当地车辆还要多。目前各大城市都已经推行了关于车辆分时租赁的相关政策，今后租赁车保有量中将有较大比例会是电动汽车。关于租赁车保有量的预测可以以各租车公司的投放计划为准。

7）公务乘用车保有量

公务车是指国家政府机关和事业单位为了执行国家公务而专门配备的车辆，鉴于目前我国已经基本完成了对公务车辆的改革，该部分车辆基本可以认为保持不变。

3. 各类预测方法适用性分析

弹性系数法主要是通过弹性系数对另一个因素的发展变化做出预测的一种间接预测方法，其本质上属于因果分析法的一种，其预测方法的准确性与相对因素的发展水平有着密切关系。在实际应用中弹性系数常通过国民经济发展水平与汽车保有量增长比值来得出。此种方法主要适用于经济发展较为稳定，且汽车产业发展相对稳定的条件，主要适用于短期内的机动车保有量的预测。

平均增长率法其本质上是一种趋势外推的方法，是通过机动车保有量的历年数据，推算出机动车的平均增长率，并据此来预测未来机动车的保有量情况。平均增长率法在应用中需要有大量准确的历史数据作为基础，主要适合于中短期内机动车保有量的预测。

回归分析法是在掌握大量观察数据的基础上，利用数理统计方法建立因变量与自变量之间的回归关系函数进行预测的。其实质是依据事物发展变化的因果关系来预测事物未来的发展走势，它是研究变量间相互关系的一种定量预测方法，当研究的因果关系只涉及因变量和一个自变量时，叫作一元回归分析；当研究的因果关系涉及因变量和两个或两个以上自变量时，叫作多元回归分析。一元回归分析法适用于确实存在一个对因变量影响作用明显高于其他因素的作用，在实际中需要准确选择这一因变量。当这一因变量无法准确确定时则需要采用多元回归分析法，但采用多元回归分析法需选择多个因变量，建立的数学模型较为复杂，数据量较大，计算过程复杂，需要借助相关的数学计算软件才能实现，较适用于中长期的预测。

分类预测法是通过对不同车辆的特性进行分别预测，该方法有利于得到更加准确的数据，同时也便于针对不同车辆的增长情况，得出关于电动汽车增长的数据。该方法在实际项目应用中较为方便，对电动汽车规模的预测较为有利。

2.6.3 电动汽车发展规模预测

本书中将电动汽车统一分为以下几类：电动公交车、电动客运服务巴士（主要指旅游客车、企业通勤车）、电动出租车、电动物流环卫车、电动租赁车、电动私家车。对电动汽车的相关预测也是根据电动汽车的相关分类展开，这样既顺应国家相关政策要求，也符合各地区电动汽车发展的实际情况。

1. 主要影响因素

（1）电动汽车电池技术

电动汽车发展的核心技术就是其充电电池。目前电动汽车的电池的续航能力较短、充电不便等问题都是影响电动汽车发展的关键问题，但目前各大电动汽车和电池的生产厂商都在不断地推动着电动汽车的电池质量和电动容量等技术的发展。据了解，特斯拉最新研发的 Model 3 电动汽车的续航里程已经可以达到 300 英里（约 482.8km），预计 2017 年可以投产。目前电动汽车的电池技术正在快速发展，可以说未来电动汽车的发展前景一片大好。目前市场上电动汽车的电池分为以下几种：铅酸蓄电池、磷酸铁锂电池、钴酸锂电池等。

（2）充电设施安装情况

充电基础设施建设是新能源汽车大规模使用的基本前提和必要条件。根据国家能源局公开的数据显示：截至 2015 年底，我国新能源汽车累计产销量接近 50 万辆。与此同时，我国累计建成公共充换电站仅有 3600 座，充电桩 4.9 万个，远远不能满足电动汽车公共充电需求。而且，现有新能源充换电站数量与"2020 年前，我国计划新建超过 1 万座大型充电站和近 500 万个分散式充电桩"的目标尚有一定差距。2016 年 8 月 1 日，《新能源汽车蓝皮书》在京发布。发布会上，中国汽车技术研究中心副主任表示：截至 2015 年底，我国新能源车桩比不足 10∶1，充电站数量不足已经成为当前制约我国新能源汽车发展的瓶颈。

（3）电动汽车发展的相关补助政策

截至 2016 年 7 月，国务院、发改委、工信部、财政部、科技部等部门先后出台了 20 余项专门针对新能源汽车的产业扶持政策，激励并引导新能源汽车产业发展。政策内容涉及生产准入、示范推广、财政补贴、税收减免、技术创新等多个方面。

在所有政策中，对新能源汽车产业发展影响较大的政策主要有以下六项，具体包括 2009 年 1 月发布的《关于开展节能与新能源汽车示范推广试点工作的通知》；2010 年 6 月发布的《关于开展私人购买新能源汽车补贴试点的通知》；2011 年 10 月出台的《关于进一步做好节能与新能源汽车示范推广试点工作的通知》；2013 年 9 月发布的《关于继续开展新能源汽车推广应用工作的通知》；2014 年 2 月发布的《关于进一步做好新能源汽车推广应用工作的通知》；2014 年 7 月发布的《国务院办公厅关于加快新能源汽车推广应用的指导意见》；2015 年 9 月发布的《国务院办公厅关于加快电动汽车充电基础设施建设的指导意见》；2015 年 9 月发布的《电动汽车充电基础设施发展指南（2015—2020 年）》；以及 2016 年刚刚出台的《关于 2016—2020 年新能源汽车推广应用财政支持政策的通知》和《关于"十三五"新能源汽车充电基础设施奖励政策及加强新能源汽车推广应用的通知》等。

通过梳理以上政策，我们不难发现，从 2013 年 9 月《关于继续开展新能源汽车推广应用工作的通知》发布之后，国家对于新能源汽车产业的支持政策已经由产业规划层面逐渐转向实际操作层面，政策内容开始更多地涉及补贴、基础设施建设等具体方面。全社会及汽车消费市场，对于国家推广新能源汽车产业发展的态度，已经形成了一个比较稳定的预期。

（4）限购、限行政策

目前包括北京、上海、深圳等一线城市已经出现了严重的交通拥堵情况，为解决城市交通拥堵问题，从2010年起，包括北京、上海在内的大城市开始出台了限购汽车政策，意在缓解交通压力，截至2016年，全国已经有8个城市出台了限购政策。2010年12月23日，北京正式公布《北京市小客车数量调控暂行规定》，成为国内首个发布汽车限购令城市；2011年7月11日，贵阳市出台《贵阳市小客车号牌管理暂行规定》，2012年6月30日21时，广州宣布对中小型客车进行配额管理；2013年6月18日针对省会机动车保有量猛增的现状，石家庄市提出自2013年起限制家庭购买第三辆个人用小客车，自2014年市区内实行机动车单、双号限行；2013年12月15日，天津市宣布从2013年12月16日零时起在全市实行小客车增量配额指标管理；杭州市从2014年3月26号零时到2014年4月25日24时止，全市暂停办理小客车注册、转移及转入本市的变更登记。未来实行摇号和竞拍两种措施获得小客车增量指标；深圳市自2014年12月29日18时起，在全市实行小汽车增量调控管理。

而与此同时，各地市还纷纷出台了针对传统私家车的限行政策，而对新能源汽车则采取的是不限购、不限行的相关政策，这些政策极大地推动了新能源汽车的发展，也给新能源汽车的推广创造了良好的外部环境。

2. 参考因素

（1）人均GDP

按照一般市场规律，当人均国内生产总值处于800～3000美元时，汽车市场需求迅速上升，人均汽车拥有量也将大幅度提高，当人均GDP达到1000美元时，汽车开始进入家庭。当人均GDP达到3000美元的时候，私人购车将出现爆发性增长。根据国家统计局2016年1月19日公布的经济数据显示，2015年中国全年国内生产总值（GDP）67.67万亿元，在世界排名第2，仅次于美国，人均GDP为5.2万元，约合8016美元。可以说，我国已经整体迈入汽车进入家庭的门槛，特别是在北京、广州等大城市，则基本达到了爆发性增长阶段，小汽车已经成为家庭生活的必备品，有些家庭甚至已经拥有了2～3辆小汽车。人均收入水平的提高和小汽车需求量的增加成为未来电动汽车增长的一个利好因素。

（2）传统汽车保有量

传统汽车保有量是各类电动汽车发展和预测的基础。目前关于电动公交、电动物流环卫等车辆的发展规模都是在已有传统车辆的基础上，通过预测其发展规模，在其新增量和淘汰量的基础上，确定新增量中电动汽车的发展规模。如根据广东省最新出台的《广东省人民政府办公厅关于加快新能源汽车推广应用的实施意见》，从2016年开始，珠三角地区更新或新增的公交车中，纯电动公交车比例不得低于90%，其余10%全部使用新能源汽车，不得使用燃油车；珠三角地区更新或新增的出租车中，纯电动出租车比例不得低于70%且逐年提高5个百分点，其余30%全部使用新能源汽车，不得使用燃油车。根据新增传统汽车的数量，按一定比例的预测电动汽车的数量是电动汽车预测的重要思路，因此对传统汽车保有量预测是电动汽车预测的基础。

(3) 国家和各地方的推广计划

目前国家正在大力推广和发展新能源汽车，各地区也相继出台了关于新能源汽车发展的推广计划，如南京市最新出台的《2016年南京市新能源汽车推广应用方案》，其中规定2016年南京市将推广应用各类新能源汽车2502辆，推广应用新能源乘用车1502辆，其中私人用车（含企业用车）502辆、租赁车1000辆。同时，推广应用新能源城市公交车500辆。此外，还将推广应用专用车500辆，其中物流车（含邮政车）400辆，环卫用车100辆。在各地区的电动汽车发展规模预测中，在电动汽车自然增量的基础上，要考虑政策因素的影响，在发展目标上尽可能与部门政策保持一致，以利于电动汽车的推广。在对未来电动汽车保有量的预测中应当结合推广计划所确定的发展规模，并在此基础上根据适当的增长速度来预测。

(4) 电动汽车类型

由于功能、类型、续航里程等的不同，各城市电动汽车的发展规模也各有不同。旅游城市的电动公交和电动客运服务巴士一般比例较高，小型电动汽车主要是作为市民上下班的代步工具。同时不同地区电动汽车的推广规模也有所不同，如郑州市的宇通集团主要生产电动公交车，因此郑州市电动公交车推广较多，而深圳的比亚迪集团主要以生产小型、中型车为主，因此深圳市的私人乘用车、出租车推广比例较高。此外，以杭州市为例，根据市场的实际需求，依托康迪电动汽车集团成立了左中右电动汽车服务有限公司，积极发展“微公交”的分时租赁业务，其中微公交大部分都是双座或者四座的小型车辆，租车价格一年不到一万，价格较为低廉，比较适合作为市民出行的代步工具。目前投入运营的微公交约有九千辆。各地市电动汽车推广发展规模应结合各地市实现情况和市场需求综合确定。

3. 预测方法

由于电动汽车是近年来才发展起来的新兴事物，关于电动汽车的预测方法目前还处于探索阶段，目前主要方法是利用对传统汽车的预测，按一定的比例关系对电动汽车进行预测。曾鸣[32]等利用Bass模型对我国2020年基准油价和高油价情况下的电动汽车保有量进行了预测，预测到2020年，在基准油价情况下，电动汽车保有量为209.06万辆，在高油价情况下，为463.04万辆；郭云鹏[33]等通过多元线性回归法预测汽车市场的发展规模，采用Box—Cox—Dogit模型分析电动汽车市场的分担规模，预测电动汽车市场规模的理论最大值；最后通过改进的Bass模型，确定电动汽车市场的内、外部影响系数，最后根据改进的Bass模型得到2014～2020年某省电动汽车保有量数据；杜伟娟[34]基于Logistic模型对全球电动汽车市场进行了模型预测，预测结果表明：从2010年起，全球电动汽车将步入快速发展时期；王瑞妙[35]等采用弹性系数法和千人保有量法对汽车保有量进行了预测，然后利用比例法对我国未来电动汽车的保有量进行了预测。综合比较各类预测方法，结合实际应用情况，本文主要选取以下几种常用的预测方法，分别是综合比例法、回归分析法和分类预测法。

(1) 综合比例法

首先采用千人保有量法和弹性系数法对传统汽车保有量进行预测，然后利用比例法对电动汽车保有量进行预测。其中，千人保有量法是通过GDP变化来预测千人保有量，再根据预测人口变化状况来确定汽车保有量，考虑人口、经济，以及人均GDP等多个因素，其预测结果具有一定的参考价值。

弹性系数法：在对一个因素发展变化预测的基础上，通过弹性系数对另一因素的变化做出预测的一种间接预测方法。即根据人均国民经济生产总值GDP与汽车保有量的增长率比例对汽车保有量进行预测。

千人保有量法：千人保有量法是依据各地人口、经济和人均GDP等因素综合考虑，参考水平相当的城市预测本地电动汽车的发展。千人保有量法通常用来反映出一个国家的人均GDP和汽车保有量之间的关系，一般说来，人均GDP值越高，其千人汽车保有量值越大。

比例法：依据地区国民生产总值水平、地域大小、地区常住居民人口等占据全国范围的比例对当地保有量占全国保有量水平进行测算，并依据往年所占比例，参考其发展趋势对保有量所占水平进行校核，从而得到电动汽车保有量预测结果。

（2）回归分析法

1）方法介绍

回归分析预测法，是在分析市场现象自变量和因变量之间相关关系的基础上，建立变量之间的回归方程，并将回归方程作为预测模型，根据自变量在预测期的数量变化来预测因变量关系，大多表现为相关关系，因此，回归分析预测法是一种重要的市场预测方法，当我们在对市场现象未来发展状况和水平进行预测时，如果能将影响市场预测对象的主要因素找到，并且能够取得其数量资料，就可以采用回归分析预测法进行预测。它是一种具体的、行之有效的、实用价值很高的常用市场预测方法。

回归分析预测法有多种类型。依据相关关系中自变量的个数不同分类，可分为一元回归分析预测法和多元回归分析预测法。在一元回归分析预测法中，自变量只有一个，而在多元回归分析预测法中，自变量有两个以上。依据自变量和因变量之间的相关关系不同，可分为线性回归预测和非线性回归预测。

2）预测步骤

① 根据预测目标，确定自变量和因变量

明确预测的具体目标，也就确定了因变量。如预测具体目标是下一年度的销售量，那么销售量Y就是因变量。通过市场调查和查阅资料，寻找与预测目标的相关影响因素，即自变量，并从中选出主要的影响因素。

② 建立回归预测模型

依据自变量和因变量的历史统计资料进行计算，在此基础上建立回归分析方程，即回归分析预测模型。

③ 进行相关分析

回归分析是对具有因果关系的影响因素（自变量）和预测对象（因变量）所进行的数理统计分析处理。只有当变量与因变量确实存在某种关系时，建立的回归方程才有意义。

因此，作为自变量的因素与作为因变量的预测对象是否有关，相关程度如何，以及判断这种相关程度的把握性多大，就成为进行回归分析必须要解决的问题。进行相关分析，一般要求出相关关系，以相关系数的大小来判断自变量和因变量的相关程度。

④ 检验回归预测模型，计算预测误差

回归预测模型是否可用于实际预测，取决于对回归预测模型的检验和对预测误差的计算。回归方程只有通过各种检验，且预测误差较小，才能将回归方程作为预测模型进行预测。

⑤ 计算并确定预测值

利用回归预测模型计算预测值，并对预测值进行综合分析，确定最后的预测值。

⑥ 多元线性回归数学模型

在现实问题研究中，因变量的变化往往受几个重要因素的影响，此时就需要用两个或两个以上的影响因素作为自变量来解释因变量的变化即当多个自变量与因变量之间是线性关系时，所进行的回归分析就是多元性回归。设 y 为因变量，x_1，$x_2 \cdots x_n$为自变量，并且自变量与因变量之间为线性关系时，则多元线性回归模型可以表示为：

$$y = \beta_0 + \beta_1 x_1 + \beta_2 x_2 + \cdots + \beta_n x_n + \varepsilon$$

式中：y 为汽车保有量预测值；x_1，x_2，x_n为影响预测值的 n 个因素；β_i 为常数项；ε 为偏回归系数。

该方法能具体分析预测对象的主要影响因素，并能对模型的合理性和预测的可信度进行统计检验，适用于短期预测及中长期预测。

（3）分类预测法

分类预测法主要是根据机动保有量的发展规模，根据一定的比例推算出电动汽车的发展规模。由于不同类型的机动车在推广应用要求上有所不同，因此在预测时也应进行分类预测。

1）电动公交车保有量

不同地区、不同城市对于推广电动公交车的比例有所不同，广东省出台的《广东省人民政府办公厅关于加快新能源汽车推广应用的实施意见》（2016），规定到 2020 年珠三角地区新能源公交车保有量占比超 85%；河南省出台的《关于加快新能源汽车推广应用及产业化发展的实施意见》中明确了关于新能源公交车辆的具体替代比例，其中规定 2016～2020 年全省新增及更换的公交车中，新能源公交车比重要分别达到 40%、50%、60%、70%、80%；贵州省出台的《省人民政府办公厅关于促进新能源汽车推广应用的意见》（2015），新能源汽车推广应用城市新增或更新的公交、出租车辆中，新能源汽车比例不低于 30%。其他地区可以此标准作为参考。具体见表 2-5。

2）电动客运服务巴士保有量（除城市公交外）

关于电动客运服务巴士的替换比例，河南省出台的《关于加快新能源汽车推广应用及产业化发展的实施意见》有明确规定，全省旅游景区 2016 年新增及更换的车辆中新能源汽车比重不低于 50%，2020 年前全省 4A 级以上景区普及使用新能源汽车。其他地区可以此标准作为参考。

广东省“十三五”电动汽车更新替代比例参考：加快发展地区（9 市）　　表 2-5

类别	2016 年	2017 年	2018 年	2019 年	2020 年
公交车	30%	35%	40%	45%	50%
出租车	25%	30%	35%	40%	45%
物流环卫等专用车	30%	35%	40%	45%	50%
公务乘用车	30%	35%	40%	45%	50%
私人乘用车	0.60%	0.95%	1.55%	2.35%	3.55%

注：表格来源：《广东省电动汽车充电基础设施规划（2016—2020）》。

3）电动物流、环卫专用车保有量

关于物流、环卫专用车保有量的替换比例，《广东省人民政府办公厅关于加快新能源汽车推广应用的实施意见》明确了 2016～2020 年内具体替换比例，具体比例为 30%、35%、40%、45%、50%。其他地区可以此标准以此作为参考。

4）电动私人乘用车保有量

电动私人乘用车保有量主要应在普通私人乘用车保有量的基础上，按一定比例进行更新替代，具体可参考各地市的标准。广东省“十三五”期间关于私人乘用车的更新替代的参考比例分别为 0.60%、0.95%、1.55%、2.35%、3.55%；河南省 2016～2020 年，全省推广新能源汽车分别不低于 1.8 万辆（标准车，下同）、2.2 万辆、2.8 万辆、3.8 万辆、5 万辆，且推广的新能源汽车数量占全省新增及更新的汽车总量比例不低于 1.5%、2%、3%、4%、5%。其他地区可以此标准作为参考。

5）电动租赁车保有量

根据各地市汽车租赁业务的发展情况，各地市政府可以通过优先对电动汽车颁发汽车牌照、减免税收等政策，鼓励租赁公司积极购买电动汽车，具体数量可根据各汽车租赁公司的业务发展情况来确定。据调研，杭州市左中右电动汽车服务公司是专做电动汽车租赁业务，2015 年投放租赁电动汽车约九千辆，计划未来根据市场需求按一定比例逐年新增租赁车辆。其他地区可以此标准作为参考。

6）电动公务乘用车保有量

根据公务乘用车现状保有量的预测结果，其发展规模基本不会发生变化，因此预测未来电动公务乘用车不会发展变化。如果有新增的公务车辆，建议优先购买电动汽车。其中河南关于公务车辆的替换情况如下：省直机关及郑州、开封、洛阳、新乡、许昌、焦作市 2016～2017 年政府机关和公共机构购买新能源汽车占当年配备更新总量的比例不低于 35%，力争达到 50%，以后逐年提高；其他省辖市 2016 年不低于 30%，以后逐年提高。其他地区可以此标准作为参考。

4. 预测结果评价

目前，电动汽车的发展规模还没有明确的衡量标准，但关于电动汽车发展规模的确定，一方面应结合政府关于电动汽车的推广计划，满足政府发展需要，另一方面还要根据当地实际发展情况，结合政府关于电动汽车发展的推动政策，采取适度超前，适当引导其发展。

2.6.4 充电设施发展规模预测

1. 预测依据

（1）电动汽车保有量

电动汽车与充电设施属于相辅相成的关系，一方面电动汽车的发展推动了充电设施的建设，另一方面充电设施的建设又促进了电动汽车的发展。根据国家出台的《电动汽车充电基础设施发展指南》，规划到 2020 年全国电动汽车保有量将超过 500 万辆，其中电动公交车超过 20 万辆，电动出租车超过 30 万辆，电动环卫、物流等专用车超过 20 万辆，电动公务与私人乘用车超过 430 万辆。目前各省市和地区都存在着充电设施建设不能满足电动汽车发展需要的情况，电动汽车的保有量是充电设施规模预测的基础。

（2）充电设施配建标准

目前国家已经发布了《电动汽车充电基础设施发展指南》，在新能源汽车推广应用城市，公共充电桩与电动汽车比例不低于 1：8，城市核心区公共充电服务半径小于 1km；其他城市公共充电桩与电动汽车比例力争达到 1：15，城市核心区公共充电服务半径力争小于 2.5km。其中还明确规定原则上，新建住宅配建停车位应 100％建设充电基础设施或预留建设安装条件，大型公共建筑物配建停车场、社会公共停车场建设充电基础设施或预留建设安装条件的车位比例不低于 10％，每 2000 辆电动汽车应至少配套建设一座公共充电站。

此外各省市和地区也纷纷出台了关于充电设施建设的相关配建标准，如深圳市规定“根据《深圳市新能源汽车发展工作方案》（深府办函〔2015〕6 号）、《关于推进新能源汽车充电设施建设工作的通知》（深公交 229 号）以及市政府办公会议精神，要求全市既有住宅区停车场、公共停车场按照不低于停车位数量 10％的比例配建新能源充电设施。”

中山市出台的《中山市电动汽车充电设施建设管理暂行办法及配建标准》中规定，中山市将按照“自（专）用为主、公用为辅，快慢结合、分类落实”的原则，逐步在市域范围内形成以用户居住地停车位、单位内部停车场、公交及出租等专用场站配建的专用充电基础设施为主体，以城市公共建筑物配建停车场、社会公共停车场、路内临时停车位配建的公共充电基础设施为辅助，以独立占地的城市快充站、换电站和高速公路服务区配建的城际快充站为补充，以充电智能服务平台为支撑，加快建设适度超前、布局合理、功能完善的充电基础设施体系。附件中对中山市 10 大类建设项目包括住宅、商业、办公、文体设施、医疗、公园、教育、交通、工业与仓储、社会公共停车场等用地的充电设施配建标准给出了明确的规定，具体如表 2-6 所示。

郑州市城乡规划局最新出台的《关于推进电动汽车充电基础设施规划建设的通知》中明确规定，新建住宅配建停车位应 100％建设充电设施或预留安装条件，其中不少于 2％的车位应与住宅项目同步建设完成充电设施，达到同步使用要求。同时对于新建大于 2 万 m^2 的商场、宾馆、医院、办公楼等大型公共建筑停车场和社会公共停车场，具有充电设施的停车位应不少于总停车位的 10％，同步建成并达到同步使用要求。

中山市建设项目电动汽车充电桩配建标准 表 2-6

序号	类别	单位	新建项目配建比例	已建项目配建比例
1	住宅	桩位数量/车位数量	10%	10%
2	商业	桩位数量/车位数量	10%	5%
3	办公	桩位数量/车位数量	20%	10%
4	文体设施	桩位数量/车位数量	20%	10%
5	医疗	桩位数量/车位数量	10%	5%
6	公园	桩位数量/车位数量	20%	10%
7	教育	桩位数量/车位数量	10%	5%
8	交通	桩位数量/车位数量	20%	10%
9	工业与仓储	桩位数量/车位数量	10%	5%
10	社会公共停车场	桩位数量/车位数量	20%	10%

注：表格来源：《中山市电动汽车充电设施建设管理暂行办法及配建标准》。

2. 预测方法

关于电动汽车充电设施的预测方法主要可以分为两大类，一类是根据需求进行预测，该方法便于与用地规划结合，利于落实充电站用地；另一类是根据耗电需求进行预测，该方法是从供电需求层面出发，便于未来充电站的电力保障。

（1）分类预测法

根据充电设施服务对象的不同，将充电设施主要分三大类，分别是公交车充换电站、物流环卫等专用车充电站、城市公共充电站，根据服务车辆的运行特点和充电要求，分别进行预测。

1）公交车充换电站

公交车充换电站主要是为各类公交车辆等充换电服务的集中式充电站。公交车辆一般白天运行，且运营线路固定，因为可以利用晚间休息时间，主要采用慢充模式充电，白天可利用间歇时间使用快速充电模式补充电能，这样既不影响公交车的正常运行，又能满足其充电需求。公交车充换电站一般结合现状或规划的公交首末站建设，根据相关配建标准，结合各地市公交电动化率的要求，满足电动公交车的充电需求。

① 预测原则

根据公交车的运营情况，建议公交充换电站主要结合有条件的公交枢纽、公交首末站和公交停保场站，按一场一站原则进行配建，同时公交车充电桩按一车一桩的原则配建。

② 相关案例

以某市为例，根据其编制的《公交场站布局专项规划》中的，规划到 2030 年，全市公交枢纽站和首末站达到 292 个，公交停保场站 24 个，各类公交场站共计 316 个，现状调研核实有选址用地的 302 个。同时，结合省政府相关文件，到 2020 年，全省纯电动公交车占比超 75%，到 2030 年，全省要基本实现公交全部电动化。因此，到 2020 年，规划公交充换电站 227 座，到 2030 年，规划公交充换电 302 座[36]。其中近期启动建设公交场站 24 座，建议首先结合近期新建的公交场站，增加充电设施，满足电动公交车的充电需求。

2）物流环卫等专用充电站

物流环卫等专用充电站主要为物流车辆、港口码头运输车辆、环卫垃圾运输车辆等提供充电服务的集中式充电站，物流、环卫车辆充电需要专门的停车场所，一般结合相关车辆的专用停车场建设。

预测原则

根据物流车辆的运行要求，一般按一车一桩的原则进行配建。

一般物流环卫车辆都需要较长的续航能力，可以利用晚间休息时间充电，建议结合物流园区内的专用停车场配建充电设施。充电站规模和个数可以根据电动物流环卫车辆的数量确定，一般按一个物流专用充电站可以满足50辆物流车辆为准。

3）城市公共充电站

城市公共充电站均为快充站，可为旅游客车、企业通勤车、城际客运车辆、私人乘用车、公务车、出租车、租赁车、物流环卫等专用车提供综合充电服务，一般结合主要旅游景点、交通集散地、高速服务区等建设。

① 预测原则

根据布局特点和布局原则，城市公共充电站主要从城市空间入手，分别从点状要素、线状要素、面状要素三个方面进行预测，力求能全面、均衡地覆盖整个城区。

a. 面状要素：主要从城市规划范围内建设用地面积入手，根据国家相关政策和经验值，新能源汽车示范推广城市或经济发达地区，城市公共充电站服务半径可按1～3km计，其他城市或经济欠发达地区，城市公共充电站服务半径按2～4km计。郊区和乡镇地区可结合城市公共加油站或主要交通干道，按一镇一座的原则进行配建。

b. 线状要素：主要结合规划和现状城市高快速路、城市主干道长度进行布置，根据相关专项规划中规划的高快速路、城市主干道等干线性道路的规划里程，按照“高快速公路充电站按每100km一对设置”的标准进行预测。一般建议结合现状高速服务区和有条件的加油站布局。

c. 点状要素：主要是指规划或现状城市重点地区、重要交通枢纽、热门旅游景点等城市重要节点，此类地区一般车流量、人流量较大，可结合社会公共停车场，按照一点一站的原则进行配建。

② 相关案例

以某市为例，首先对规划区空间规划城市建设用地进行统计，考虑到中心城区车流量与人流量都比较大，将中心城区与外围分开预测，其中中心城区按2km服务半径，中心城区以外城镇按3km的服务半径为布局原则，预测规划区面状空间所需社会充电站数量；共布局城市公共充电站34座。

以某市为例，根据相关综合交通规划，统计出专项规划中规划区范围内高快速路、城市主干道等干线性道路的规划里程，按照“高快速公路充电站按每100km一对设置”的标准进行预测；共布局城际快充站4对8座。

以某市为例，根据全市公交场站规划、城市旅游总体规划等统计资料，经统计，铁路客运枢纽 10 个，公路客运主枢纽 4 个，重要旅游景点 5 个，最终规划确定的重要节点共计 19 个。因此，预测点状充电设施 19 个。

（2）充电站需求预测法

首先通过城市传统汽车和电动汽车的现状情况，综合各方面因素，准确预测出电动汽车的保有量，并将影响电动汽车充电站的各类指标因素进行量化，然后构建量化的影响因素与充电需求之间的数学模型，最终得出电动汽车充电站的需求量。具体数学模型如下：

$$S_x = S_t \cdot \frac{G_x}{G_t}$$

式中：S_x——表示某地区电动汽车充电站数；

S_t——表示国家电网电动汽车充电站数；

G_x——表示某地区发电总装机容量；

G_t——表示国家电网发电总装机容量。

（3）平均耗电需求预测法

平均耗电需求预测法的前提是各类电动汽车的每日的耗电需求是不变的。通过预测市场上各类型电动汽车的保有量，调研其每日的平均耗电需求量，通过累加计算出全部电动汽车的每日的总耗电需求，再根据每座充电站平均日均充电量推算出所需充电站的数量规模。具体计算公式如下：

$$S_x = \frac{P_{total}}{T_{ect}} = \frac{(P_{pub}V_{pub} + P_{taxi}V_{taxi} + P_{service}V_{service} + P_{private}V_{private}) \cdot f}{T_{ect}}$$

式中：S_x——表示某地区电动汽车充电站数；

P_{total}——表示电动汽车日均总耗电量（kWh）；

T_{ect}——表示每座充电站平均日均充电量（kWh）；

f——充电同时系数；

P_{pub}——表示电动公交客车日均耗电量（kWh）；

V_{pub}——表示电动公交客车保有量（辆）；

P_{taxi}——表示电动出租车日均耗电量（kWh）；

V_{taxi}——表示电动出租车保有量（辆）；

$P_{service}$——表示政府、企业电动公务车日均耗电量（kWh）；

$V_{service}$——表示政府、企业电动公务车客车保有量（辆）；

$P_{private}$——表示电动私家车日均耗电量（kWh）；

$V_{private}$——表示电动私家车保有量（辆）。

（4）经验类推法

经验类推是指借鉴其他城市或地区一定电动汽车保有量所对应的充电站数量，结合本地区的具体情况，根据其经济发展水平和电动汽车的推广发展情况，乘以相关系数，从而得出本地区充电站的保有量。该预测方法要建立在科学预测电动汽车保有量的基础之上。具体计算公式如下：

$$S_x = \frac{N_t}{f_x} \cdot m$$

式中：S_x——表示某地区电动汽车充电站或充电桩数；

N_t——表示某地区电动汽车保有量；

f_x——表示电动汽车充电设施的类比系数；

m——表示相关系数，一般取两地区 GDP 之比。

3. 预测结果评价

许文超等从充电站的需求入手，通过建立量化影响因素与充电需求之间的数学模型，预测得出电动汽车充电站的合理规模，并以江苏省为例，建立模型，预测得出江苏省充电站 2011～2015 年配电总需求为 132744kVA，充电站 292 座，2015～2020 年配电总需求为 308286kVA，充电站 710 座；辛建波等通过研究充电设施的相关影响因素，以江西省为例，根据充电站需求预测、日均耗电需求预测和类推法等三种方法，最终通过加权平均，得出江西省 2015 年应建充电站数量为 80 座左右；郑春等在预测分析电动汽车保有量与充电需求的基础上，建立起基于数据融合的充电设施需求预测模型，并通过分类预测的方法，得到了不同类型充电设施的需求量。最后以江西省为例，预测得出江西省各类充电设施保有量。预测 2016 年公交车充换电站 18 座，出租车充换电站 1 座，物流环卫等专用车充电站 1 座，城市公共充电站 4 座，城际快充站 36 座，分散式公共充电桩 1715 个，公务与私人乘用车专用充电桩 7617 个。

目前电动汽车的发展还处于初期阶段，与之配套充电设施与电动汽车之间还未形成明确的关联关系，但充电设施作为推动电动汽车快速发展的重要因素之一，在充电设施的规划与预测时可遵循“适度超前，站桩先行”的原则，提高充电设施的建设标准，这样才能形成电动汽车发展与充电设施建设之间的良性循环关系。

2.6.5 充电设施与电动汽车发展规模的适应性分析

目前电动汽车发展和推广中最大的阻碍因素之一便是电动汽车的续航能力不足，充电设施建设与电动汽车发展不匹配。

1. 匹配原则

（1）适宜性原则

目前各地区电动汽车推广应用情况各不相同，因此相关充电设施的建设也各不相同。在实际建设过程中应当立足于本地区的实际情况，遵循适宜性原则，不盲目超前，也不严重滞后。要以能够满足本地电动汽车充电需求为标准，在推广发展电动汽车的同时，及时跟进充电设施建设，实现两者的相关性匹配。

（2）动态性原则

随着电动汽车相关技术的日益完善，包括电动汽车的续航能力、充电方式等都会发生较大的变化，充电设施的建设应遵循动态性原则，与电动汽车的发展保持一致，要随着相关技术的发展而变化，不断满足新型充电车辆的充电需求。同时在建设过程中也留有空间，为未来相关技术的改进提供条件。

（3）差异性原则

目前电动汽车的发展呈现出明显的非均衡性，在沿海经济发达地区，电动汽车的推广和发展水平较高，充电设施建设也相对较多，但内地经济相对落后地区，电动汽车和充电设施的建设仍然较为滞后。因此，在充电设施的建设过程中应遵循差异性原则，不能搞“一刀切”，不同地区应按不同标准进行建设，即使在同一城市的不同地区也要结合实际情况，区别对待。只有这样才能保证充电设施的适用性。

(4) 适度超前原则

电动汽车的发展还处于初期阶段，各种发展的有利和不利因素并存，且阻力仍然较大，除了电动汽车本身的电池技术以外，充电设施建设滞后已经成为制约电动汽车快速推进和发展的重要因素。因此，在充电设施建设时应坚持适度超前原则，在初期充电设施可以先行推进，通过示范引导作用，带动电动汽车的发展。

2. 分析方法

(1) 相关性分析

相关分析是研究现象之间是否存在某种依存关系，并对具体有依存关系的现象探讨其相关方向以及相关程度。相关关系是一种非确定性的关系。

1) 基本原理

相关性分析是指对两个或多个具备相关性的变量元素进行分析，从而衡量两个变量因素的相关密切程度。相关性的元素之间需要存在一定的联系或者概率才可以进行相关性分析。

2) 相关性测算

一般要素之间相互关系密切程度的测定，主要是通过对相关系数的计算与检验来完成的。

相关系数——表示两要素之间的相关程度的统计指标。

对于两个要素 x 与 y，如果它们的样本值分别为 x_i 与 y_i ($i=1, 2, \cdots, n$)，它们之间的相关系数：

$$r_{xy}=\frac{\sum_{i=1}^{n}(x_i-\bar{x})(y_i-\bar{y})}{\sqrt{\sum_{i=1}^{n}(x_i-\bar{x})^2}\sqrt{\sum_{i=1}^{n}(y_i-\bar{y})^2}}\in[-1,1]$$

$$\bar{x}=\frac{1}{n}\sum_{i=1}^{n}x_i\ ,\ \bar{y}=\frac{1}{n}\sum_{i=1}^{n}y_i$$

$r_{xy}>0$，表示正相关，即同向相关；$r_{xy}<0$，表示负相关，即异向相关。其绝对值越接近于1，两要素关系越密切；越接近于0，两要素关系越不密切。

(2) 对应分析

对应分析也称关联分析、R—Q型因子分析，是近年新发展起来的一种多元相依变量统计分析技术，通过分析由定性变量构成的交互汇总表来揭示变量间的联系。可以揭示同一变量的各个类别之间的差异，以及不同变量各个类别之间的对应关系。交互表的信息以图形的方式展示。

1）基本原理

对应分析实际是在R型因子分析和Q型因子分析的基础上发展起来的一种方法。因子分析可以用最少的几个公共因子去提取研究对象的绝大部分信息，既减少了因子的数目，还把握住了研究对象间的相互关系。因子分析有R型因子分析和Q型因子分析两种类型，R型因子分析是将变量转换为变量因子，其实质是对变量进行降维和消除相关性，变量因子的个数小于或等于变量的个数，并且变量因子之间不相关。Q型因子分析是将样品转换为样品因子，其实质是对样品进行降维和消除相关性，样品因子的个数小于或等于样品的个数，并且样品因子之间不相关。

对应分析的重要输出结果之一在于，把变量与样品同时反映到相同坐标轴（因子轴）的一张图形上，结合计算结果，在绘出的图形上能够直观地观察变量之间的关系、样品之间的关系以及变量与样品之间的对应关系。为此也有人认为，对应分析的实质是将变量、样品的交叉表变换成为一张散点图，从而将表格中包含的变量、样品的关联信息用各散点空间位置关系的形式表现出来。

2）基本步骤

根据上述原理和方法，可以得出对应分析的具体步骤。

第一步，由原始资料阵 X 出发，计算规格化的概率矩阵 $P=(p_{ij})=\frac{x_{ij}}{x_{..}}=\frac{x_{ij}}{T}$

第二步，计算过渡矩阵 $Z=(z_{ij})$

其中

$$z_{ij}=\frac{x_{ij}-x_{i.}\frac{x_{.j}}{T}}{\sqrt{x_{i.}x_{.j}}}$$

第三步，进行因子分析。

① R 型因子分析

计算协差阵 $A=Z'Z$ 的特征根 $\lambda_1\geqslant\lambda_2\geqslant\cdots\geqslant\lambda_P$，按其累计贡献率百分比 $\sum_{\alpha=1}^{m}\lambda_\alpha/\sum_{\alpha=1}^{p}\lambda_\alpha\geqslant 85\%$，取前 m 个特征根 $\lambda_1,\lambda_2,\cdots,\lambda_m$，并计算相应的单位特征向量记为 $u_1,u_2,\cdots,u_m$，从而得到因子载荷阵：

$$F=\begin{bmatrix}u_{11}\sqrt{\lambda_1} & u_{12}\sqrt{\lambda_2} & \cdots & u_{1m}\sqrt{\lambda_m}\\ u_{21}\sqrt{\lambda_1} & u_{22}\sqrt{\lambda_2} & \cdots & u_{2m}\sqrt{\lambda_m}\\ \vdots & \vdots & & \vdots\\ u_{p1}\sqrt{\lambda_1} & u_{p2}\sqrt{\lambda_2} & \cdots & u_{pm}\sqrt{\lambda_m}\end{bmatrix}$$

② Q 型因子分析

对上述所求的 m 个特征根 $\lambda_1,\lambda_2,\cdots,\lambda_m$，计算其对应于矩阵 $B=ZZ'$ 的单位特征向量 $Zu_1\triangleq V_1,Zu_2\triangleq V_2,\cdots,Zu_m\triangleq V_m$，从而得到 Q 型因子载荷阵：

$$G=\begin{pmatrix} v_{11}\sqrt{\lambda_1} & v_{12}\sqrt{\lambda_2} & \cdots & v_{1m}\sqrt{\lambda_m} \\ v_{21}\sqrt{\lambda_1} & v_{22}\sqrt{\lambda_2} & \cdots & v_{2m}\sqrt{\lambda_m} \\ \vdots & \vdots & & \vdots \\ v_{n1}\sqrt{\lambda_1} & v_{n2}\sqrt{\lambda_2} & \cdots & v_{nm}\sqrt{\lambda_m} \end{pmatrix}$$

第四步，根据因子平面上所呈现出的变量之间、样品之间以及变量与样品之间的相互关系，进行统计推断和分析。

（3）分析结果评价

根据电动汽车的发展阶段和各类型电动汽车的充电特性，可以将充电设施与电动汽车的发展规模适应性分为三个阶段，一是供小于求，二是供求基本平衡，三是供大于求。这三个阶段分别对应了电动汽车发展的三个阶段，分别是发展初期、发展中期和发展后期。

1）供小于求阶段

该阶段电动汽车仍处于发展的初期阶段。电动汽车的增长速度较为缓慢，市场电动汽车的数量并不多，该阶段充电设施的数量要远小于电动汽车的需求量。据了解，大多数不愿意选择电动汽车的一个重要因素就是担心电动汽车续航能力不足，或者在半路上找不到就近的充电设施，电动汽车只能在小范围内使用。分析其原因主要是电动汽车的相关技术并不完善，电动汽车的续航能力不足，充电模式、充电接口等不统一，电动汽车的市场前景并不明朗，而电动汽车市场不景气也是影响充电设施建设的一个重要原因。在该阶段充电设施建设相对滞后，在一定程度上不能满足电动汽车的充电需求。这一阶段在一定时期内可能会长期存在，各地区由于经济发展水平的不同，在存在的时间上可能会有差异，但这是发展电动汽车必须经历的阶段。各地区在推广电动汽车发展时，应加快对充电设施的建设，尽可能地缩小供小于求阶段的存在时间。

2）供求基本平衡阶段

该阶段电动汽车处于发展的中期阶段。该阶段电动汽车的发展速度明显加快，市场上的电动汽车日益增加，且增长速度也在迅速增加，各类型充电设施开始加速建设。充电设施已经基本能够满足电动汽车充电需求，市域范围内的电动汽车充电网络已经基本成形，各类型电动汽车基本可以实现在市区内行驶，部分经济发达地区已经可以实现电动汽车省际出行，但全国电动汽车充电网络仍未形成。该阶段电动汽车的发展技术日益完善，包括续航里程、充电模式等要素已经基本解决或统一，传统燃油汽车逐渐被淘汰，电动汽车开始进入个人家庭，成为人们出行的重要交通工具之一。社会公共充电设施开始普及，各大商场、办公场所、社会公共停车场开始提高公共充电桩的配建标准，部分传统加油站开始改建为公共充电站或增加充电设施，以满足社会车辆的充电需求。充电设施建设数量与电动汽车发展规模基本一致，在一定程度可以满足电动汽车日常出行的充电需求。

3）供大于求阶段

该阶段电动汽车处于发展的后期阶段。这一时期电动汽车的发展已经进入稳定阶段，电动汽车开始进入加速扩张阶段，传统燃油车辆被日渐淘汰，电动汽车开始进入社会的各个领域。充电设施建设日益完善，基本形成了全国电动汽车充电网络，电动汽车基本可以实现在全国的通行，各领域开始全面推广应用电动汽车，电动汽车的发展进入加速期。政府开始对电动汽车的发展采取必要的限制性措施，充电设施建设规模开始全面普及，各类商场、社会公共停车场开始全面建设公共充电桩。由于传统燃油车辆的日益减少，加油业务量逐渐减少，传统加油站效益开始大幅下降，部分加油站开始逐渐放弃或减少传统加油业务，通过对原有设施的改造，开始成为公共充电站。这一阶段的充电设施规模要远大于电动汽车规模，一般私家电动车在小区内都有固定的充电桩，此外，在办公区和商场、社会停车场等地方配建大量的公共充电桩，加上城市公共充电站，社会上的充电设施规模要远大于电动汽车的规模，基本上电动汽车与充电设施之间的比例关系能达到 1∶2，甚至部分地区可以达到 1∶3。电动汽车开始成为人们出行的主要交通方式，社会上出现传统汽车与电动汽车并存的局面。

2.6.6 案例分析

以《中山市中心城区新能源（电动）汽车充电设施布局规划》为例[37]，该规划在前述预测原则的导向下，首先明确预测对象、充电模式等基本特征；从机动车保有量预测入手，依据相关政策指引，分析电动汽车在规划期末将达到的规模量化；从其使用需求及特性要求角度，进一步推演充电设施的基本需求，并做出适度超前的量化预测；最后进行适应性分析，对预测结果进行相应调校。

1. 明确预测对象及充电模式

中山市电动汽车发展的主要类型为私家车、公交车、出租车、公务车及专车等。电动汽车充电设施预测的难点在于分析各类电动汽车充电场所和充电时段的多样性。本次规划通过相关调研统计数据，分析各种类型电动汽车主要的充电方式以及充电时间。

2. 规划区电动汽车规模预测

根据中山市综合交通规划中的相关数据，2012 年中心城区私家车约为 17.90 万辆，其中主城区（包括火炬区和五桂山镇）私家车约为 14.25 万辆，中心城区私家车约占中山市个人汽车保有量的 42.42%。根据统计年鉴数据，2014 年中山个人小汽车约为 57.45 万辆，可以据此推算，2014 年中山市中心城区私家车约为 24.37 万辆，主城区私家车约为 19.4 万辆，并以此作为基础年数据。通过对国内一些城市如重庆、厦门、深圳等城市的交通规划实例研究经验及结合中山市的实际情况我们拟采用平均增长率法和弹性系数法来预测中山市中心城区未来私家车的增长趋势，并通过户均法和相关规划中的预测数据进行验证。

3. 规划区充电设施发展规模预测

主要包括：私家电动汽车充电设施规模预测、电动公交车充电设施规模预测、电动出租车充电设施规模预测、电动公务车及专车充电设施规模预测等内容；其中服务于社会车辆的充电设施主要按照空间构成特性进行分类预测，其他电动汽车充电设施则主要受行业政策、企业发展意愿等主要因素的影响较大，应依照前述“综合发展条件分析”结果进行综合判断。

2.7 电动汽车充电设施规划布局

2.7.1 规划布局影响要素

本书主要从空间维度出发，对影响充电设施布局的要素进行分析，将影响因素分为现状用地情况、用地规划情况、充电设施的服务特性及管理要求以及其他要素。

1. 城乡总体布局

按照充电设施的规划策略，依据《城乡规划编制办法》中各类规划的基本内容要求，分析与充电设施联系较为紧密的相关规划成果后，对充电设施布局影响较大的主要为城乡功能、结构与形态、总体布局、基础设施、公共管理与服务设施等内容。

（1）城乡功能、结构与形态

1）内涵分析

城乡总体布局的核心是城乡主要功能在空间形态演化中的有机构成，它是研究城乡各项用地之间的内在联系，结合考虑城乡化进程、城乡及相关的城乡网络、城镇体系在不同时间和空间发展中的动态关系。根据指定的城乡发展纲要，在分析城乡用地和建设条件的基础之上，将城乡各组成部分按其不同功能要求、不同发展序列，有机地组合起来，使城乡有一个科学、合理的总体布局。

城乡不是孤立地存在于环境之中，除了受到国家的政治、经济、社会、科学技术、发展政策等因素支配外，还有城乡周围地区的影响。经济发展水平和经济增长方式、行政区划和管理体制、城乡的性质和规模、城乡所在地区的资源和自然条件、生态环境和交通运输等因素都会在不同程度上影响城乡总体布局的形成和发展。

城乡的功能活动主要体现在总体布局之中，从城乡的功能、结构与形态作为研究城乡总体布局的切入点，便于更加本质地把握城乡发展的内涵关系，提高城乡总体布局的合理性和科学性。

2）相关性分析

综上所述，城乡的功能是主导的、本质的，是城乡发展的动力因素。芒福德教授认为："城乡的主要功能是化力为形，化能量为文化，化死物为活生生的艺术形象，化生物繁衍为社会创新。"这四个方面是对城乡规划与建设要求的高度概括。城乡的结构是内涵的、抽象的，是城乡构成的主体，分别以经济、社会、用地、资源、基础设施等方面的系统结构来表现，非物质的构成要素如政策、体制、机制等也必须予以重视。结构强调事物之间的联系，也是认识事物本质的一种方法。城乡的形态是表象的，是构成城乡所表现的发展变化着的空间形式特征，是一种复杂的经济、社会、文化现象和过程，它是在特定的地理环境和一定的社会经济发展阶段中，人类各种活动与自然环境因素相互作用的综合结果。从市乡形态变化可以看待城乡发展轨迹的缩影，它带有变幻难测、不易把握的特点，但恰恰又是探寻城乡发展规律的一个重要方面。吴良镛教授指出："城市形态的探求不仅是模式的追求，而是一种发展战略研究，它来自更高的目标的追求。"城乡功能、结构、形态三者的协调关系是城乡成败兴衰的标志，也是体现城乡形象的重要方面。

3）对充电设施的影响分析

城乡功能主要包括"工作、生活、交通、游憩"等，不同城乡其主导功能不尽相同，比如：旅游城乡与工业城乡对城乡内外交通的需求不同，进而影响了电动汽车的类型以及为其提供充电服务的充电设施的类型配比。

城乡结构是城乡功能活动的内在联系，具体到空间层面，可分为生产类、生活类以及为其配套的各类设施用地，三者之间的结构关系决定了充电设施的空间布局体系。

城乡形态主要受地理条件、政治、产业经济等因素影响，是为功能与结构的空间高度概括与反映，本书所说城乡形态主要指其空间形态，主要有网格状、环状、环形放射状、带状和混合状形态等类型，将直接作用于充电设施空间布局规划。

（2）总体布局规划

1）概念解读

城乡总体规划是城乡的社会、经济、环境以及工程技术与建筑空间组合的综合反映。城乡总体布局是通过城乡主要用地组成的不同形态表现出来的。对于城乡的历史演变和现状存在问题、自然和技术经济条件的分析、城乡中各种生产和生活活动规律的研究、各项用地的功能组织、市政工程设施的配置以及城乡艺术风貌的探求，都要涉及城乡的总体布局，而对这些问题研究的结果，最后又要体现在城乡的总体布局中。

城乡总体布局是城乡总体规划的重要内容，它是一项为城乡长远合理发展奠定基础的全局性工作。它是在城乡发展纲要基本明确的条件下，在城乡用地评定的基础上，对城乡各组成部分进行统筹兼顾、合理安排，使其各得其所、有机联系。

城乡总体布局要力求科学、合理，要切实掌握城乡建设发展过程中需要解决的实际问题，按照城乡建设发展的客观规律，对城乡发展做出足够的预见。它既要为城乡远期发展做出全盘考虑，又要合理地安排近期各项建设。科学合理的城乡总体布局将会促进城乡建设的有序性和带来经营管理的经济性。

城乡总体布局是城乡在一定的历史时期，社会、经济、环境综合发展而形成的。通过城乡建设实践，得到检验，发现问题，修改完善，充实提高。随着社会经济的发展、人们生活质量水平的提高、科学技术的进步，规划布局也是不断发展的。例如社会改革和政策实施的积极作用、科学技术发展及城乡产业结构的调整，交通运输的改进与提高、新资源的发展与利用、能源结构的改变与完善等等因素，都会对城乡未来的布局产生实质性的影响。

2）对充电设施的影响

电动汽车充电设施布局主要考量内容便是不同类型的充电设施与其对应的用地性质的适用性方面，在城乡总体布局规划中，按用地性质将城乡用地划分为居住用地、商业服务业用地、公共管理与服务设施用地、工业用地、物流仓储用地、交通设施用地、公用设施用地、绿地与广场用地以及其他用地等类型。充电设施布局主要结合不同性质的用地对交通的吸引率的差异，同时考虑自身不同的建设时序、服务电动车辆的类别、交通需求等因素，来共同确定充电设施布局规划。

（3）主要相关用地性质

1）居住用地

指住宅和相应服务设施用地。

电动汽车推广的主要市场之一是广大私家用车，因此，无论在前期试点还是后期成熟的市场，均需要紧密结合居住用地布局充电设施。

2）公共管理与公共服务用地

指行政、文化、教育、卫生等机构的设施用地，不包括居住用地中的服务设施用地。

在城乡用地规划管理中，该类用地大多为交通的起讫点，且拥有自身配件的停车场库，便于后续充电设施作用的发挥与顺利落实。

3）商业服务业设施用地

指各类商业、商务、娱乐康体等设施用地，不包括居住用地中的服务设施用地以及公共服务用地内的事业单位用地。

该类用地多为经营性用地，将会吸引较多人流车流，并做一定时间的停留，因此，也应布设一定比例的充电设施提供相应服务。

4）物流仓储用地

指物资储备、中转、配送、批发、交易等的用地，包括大型批发市场以及货运公司车队的场站（不包括加工）等用地。

对于服务于上述用地类型的电动汽车，提供专业化的充电服务，可不设专用充电设施。

5）交通设施用地

指城乡道路交通设施等用地。

主要服务于过境电动汽车充电需求，同时结合其交通场站用地，包括公共交通设施用地与社会停车场用地，布设充电设施。

6）公用设施用地

主要包括供应、环境、安全等设施用地。

充电设施主要结合供电用地，如：变电站、配电所等用地，同时依据电网企业内部相关规范，充电设施供电应主要利用 10kV 电缆为其供电。

2. 充电设施服务要求

（1）服务需求

由上述章节对充电设施的基本特性分析，充电设施主要分为充电站与充电桩，按其服务车辆类型，又可划分为自用（专为某个私人用户提供充电服务的充电设施）、专用（专为某个法人单位及其职工提供充电服务的充电设施，以及在住宅小区内为全体业主提供服务的充电设施）、公用（服务于社会电动车辆的充电设施，包括经营性集中式充电设施）充电设施。

不同的设施类型，其服务对象的要求差异性较大，如服务于私人用户的充电设施与专用机公用充电设施的服务时间特征、技术参数、经营模式等方面的差异。需根据不同区域的特定情况因地制宜，选择性判断适合地区运行的充电设施服务模式。

（2）服务范围

充电设施的服务范围，一是根据不同的设施类型，同时也要考虑实际的服务运行车辆，做到不仅基本满足，还要适度超前。

电动汽车的保有量是充电设施服务范围的重点考量因素，在不同区域、不同时段，其差异较大，如：作为试点城乡的北京市已在全市范围内推广各类电动汽车 6.2 万辆，各类充电桩 3.71 万根（截至 2016 年 5 月），位居全国首位，其他城乡如广东省中山市推广各类电动汽车不足 0.3 万辆，各类充电桩 500 根（截至 2016 年 5 月）。

（3）设施技术要求

依据充电设施的分类体系，分为充电站和充电桩。并分别提出布局技术条件要求，要求充电站需结合交通、用地、其他基础设施等现状及规划条件综合判断。

充电桩应结合社会停车场、配建停车场的现状及规划分布情况，依据国家及地方相关部门提出的配置比例，按照分阶段、分用地建设情况的思想进行布局。

3. 相关管理要求

电动汽车运行过程中需受相应交通管制、充电运营管理方面的影响，亦须与当地交通管理部门及规划国土部门充分对接，了解具体管制要求。

4. 其他要素

周边区域已有充电设施的分布，及其电动汽车的本区域的联系特点，区域内部电动汽车主要企业、事业及科研单位基本情况，了解其运营推广计划等。

2.7.2 规划布局应遵从的原则

随着电动汽车充电设施的推进，电动汽车市场的变化等影响因素，在时间与空间两个维度采取有针对性且有弹性的布局原则，构建与实施时序相结合的空间体系。在规划布局充电设施时，应遵从以下三方面原则[38]：

1. 时序上近远统一

（1）近期以示范引导为导向，主动引导电动汽车发展；

（2）远期依据市场反馈情况，做出互动选择。

2. 空间上科学合理

（1）网络化、系统化原则

电动汽车充电站为电动汽车运行提供能量补给，是发展电动汽车所必需的重要配套基础设施，所以充电设施建设应形成网络，保证车辆在行驶范围内能及时快速找到充电站对车辆进行充电；而对于不同应用领域的电动汽车应根据其使用方式和使用范围的不同建设与之相配套的充电设施，即充电模式要多样化，以满足各类用户的不同需求，最大可能地方便用户。

（2）与相关规划相协调原则

充电设施是城市整体的组成部分，其规划在满足自身建设利益的同时，必须服从城市主要相关规划的安排，应与用地、交通、电力等主要规划相协调。

（3）环保安全原则

充电设施的规划符合环境保护和防火安全的要求，充电设施不应靠近有爆炸或火灾危险等潜在危险的地方，也要避开地势低洼和可能积水的场所，并充分利用就近的供电、交通、消防、给水排水及防洪等公用设施。

（4）可操作性原则

规划应充分考虑充电设施用地落实、城市交通组织、区域输配电网现状、建设时序安排等主要因素，确保充电设施顺利实施。

3. 实施管理上刚性与弹性相结合

（1）对于近期要实施的充电设施选址要确保合法、合理、可行，并纳入近期实施计划，确保设施的如期建设，体现规划的刚性。

（2）远期计划的充电设施选址以预控为主，并留有足够弹性，以应对市场的不确定性及新的变化情况，以更好地适应未来发展需要。

2.7.3 规划布局应遵从以下策略

1. 充电站布局策略

（1）交通方面：充电站分布与电动汽车交通密度和充电需求的分布尽可能一致；

（2）用地方面：以用地性质出行分担率为导引，尽量将充电设施布置、不同性质用地的交通分担率结合考虑。

（3）其他基础设施方面：充电站的设置应充分考虑本区域的输配电网现状。

（4）自身要考虑的因素：充电站的布局应符合充电站服务半径要求。

2. 充电桩布局策略

结合社会停车场、配建停车场的现状及规划分布情况，按照人流、车流等因素综合分析后确定配置比例，分阶段、分用地类型布局充电桩。

2.7.4 规划布局的技术路径

以布局原则为指导，以布局策略为依托，进行合理布局，主要包括充电站与充电桩布局。

1. 城市公共充电站布局

充电站的布局主要考虑包括自然条件与建设条件两大方面的因素。其中：

（1）自然条件：主要考虑现状的地形地貌特征，是否适合建设充电站的要求。

（2）建设条件：通过对市域范围内的各片区建设用地进行梳理分析，总结分析现状及规划的建设用地，分为面、线、点三个层次进行综合考虑布局城市公共充电站。

面：以片区为基本结构单位，按照城市建成区内 3km 的服务半径要求合理布局充电站，满足片区内部紧急充电需求。

线：依托现有及远期规划的干线性道路，按照“每百公里不超过两对”的要求，进行沿线布设充电站。

点：结合主要旅游景点、交通枢纽周边进行布局，以满足应急需求。

2. 公交充换电站布局

公交充换电站主要是为电动公交车服务，优先考虑在公交枢纽站和公交首末站内建设。同时考虑公交的运营特点及充电类型，从目前已有的案例来看，电动公交车更适用于快速更换电池的方式进行电能补充，基于以上判断，规划时应结合公交首末站设置线路快速换电站的模式满足新能源公交运营需求。根据电动公交车推广计划，规划布设公交充换电站。

3. 物流环卫等专用车充电站布局

物流环卫等专用车充电站主是结合物流工业园区和环卫车辆的专用停车场，物流车辆集中的港口码头等地进行布局，考虑到物流车辆一般载重较大，充电站规模定位为中心枢纽站，可以同时满足几辆大型物流车辆的充电需求。根据物流环卫车辆近期推广计划，结合各物流园区布局，规划布设物流环卫等专用车充电站。

4. 充电桩布局

充电桩布局主要结合相关用地内部配建的停车位进行建设。规划通过对中山市域内各城镇的控制性详细规划进行拼合整理，主要梳理出了居住、商业服务业、行政办公等用地。

已整理的城市控制性详细规划一张图的基础之上，主要结合居住用地、商业服务业用地、行政办公用地等配建的停车位，按一定比例分别配建充电桩。

2.7.5 案例分析

本书分别以《中山市中心城区新能源（电动）汽车充电设施布局规划》[37]为例，规划以布局原则为指导，以布局策略为依托，进行合理布局，主要包括充电站与充电桩布局。

1. 充电站布局

该规划到 2030 年共布局了 410 个充电站，满足中山市市域旅游景点及交通枢纽、干线性道路、各片区电动汽车的充电需求，实现点、线、面的全覆盖与有机结合（图 2-28）。

2. 社会充电桩布局

主要依据《中山市综合交通规划（2012—2020）》、《中山市中心城区公共停车场规划（2012—2020）》等主要相关规划对中山市中心城区车辆保有量及停车设施预测结果，规划到 2030 年建设社会公共充电桩 85000 个。

3. 公交充电站、充电桩布局

结合公交场站，规划先期结合主城区公交枢纽配设快速充电站 6 座，夜间停车充电桩

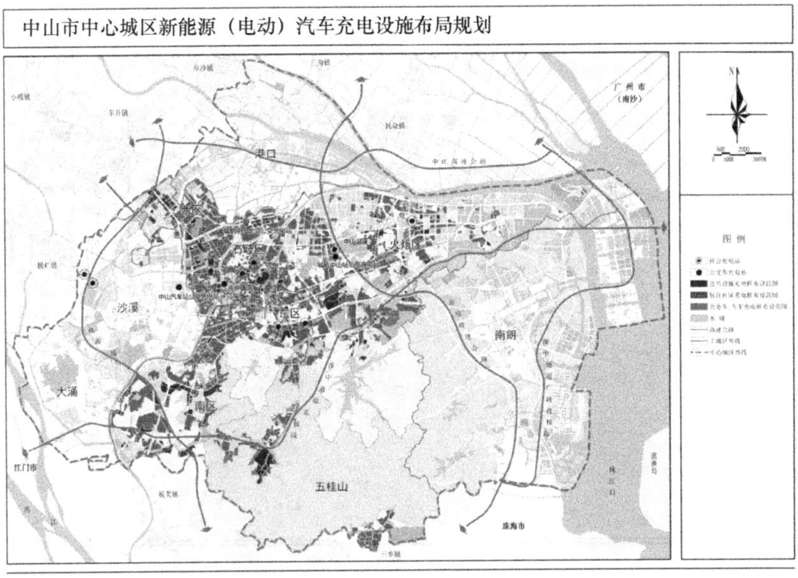

图 2-28　中山市中心城区电动汽车充电站规划布局图

位 16 个，设置于两个场站内部。考虑公交的运营特点及充电类型，从目前已有的案例来看，新能源公交车更适用于快速更换电池的方式进行电能补充，基于以上判断，规划远期主要结合公交首末站设置线路快速换电站的模式满足新能源公交运营需求。如图 2-29、图 2-30 所示。

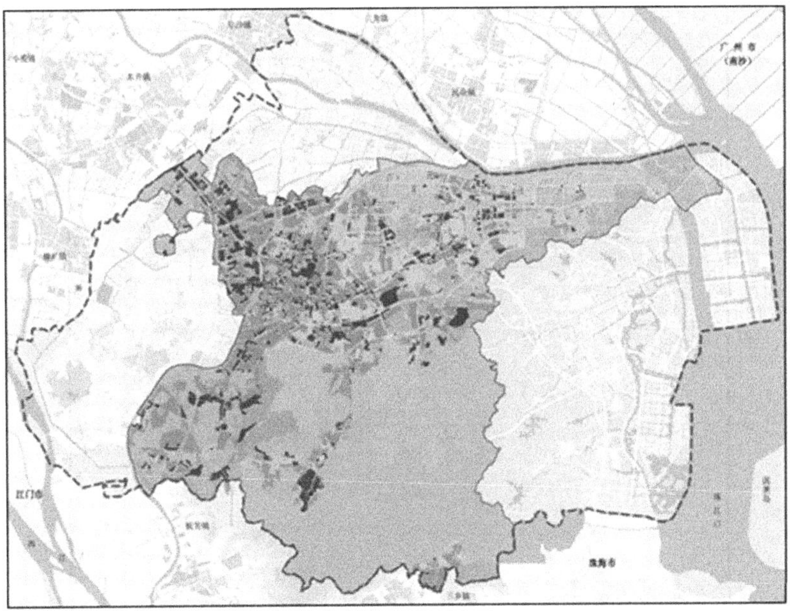

图 2-29　中山市中心城区电动汽车社会充电桩布设范围图

4. 电动出租车充电站布局

出租车充电站布局的考虑主要充分结合整个中山市市域机动车出行的分布情况，根据

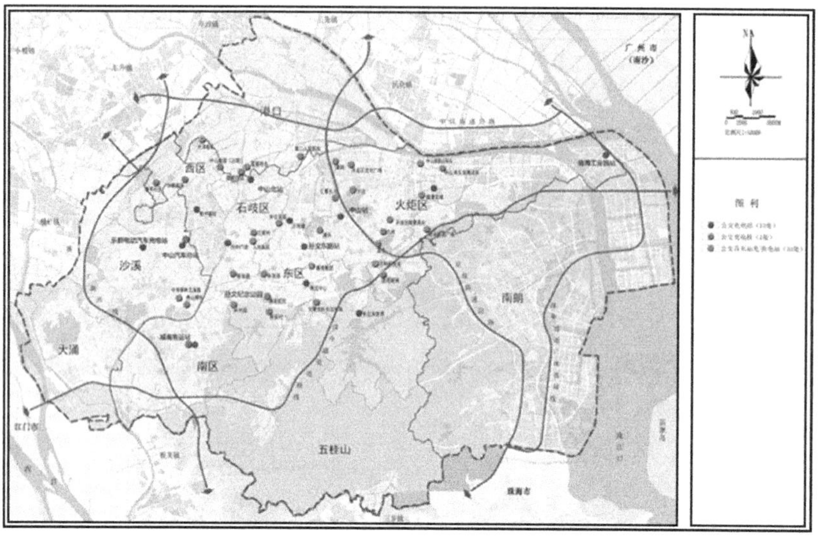

图 2-30　中山市中心城区电动公交充（换）电站、充电桩规划布局图

不同片区的机动车分布密度，进行出租车充电站的差异化布局（图 2-31）。

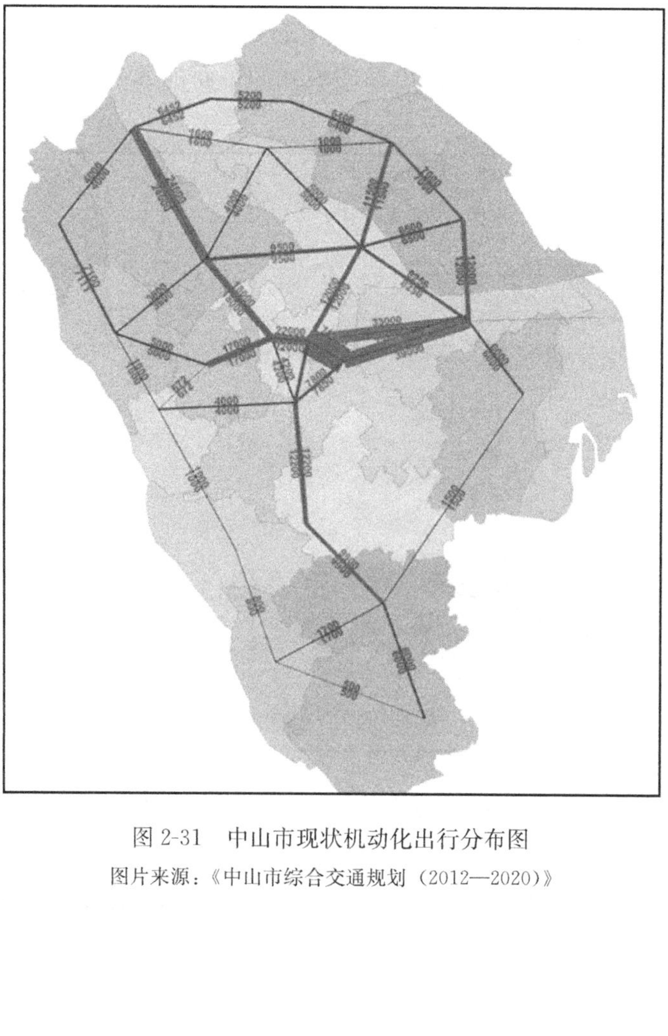

图 2-31　中山市现状机动化出行分布图

图片来源：《中山市综合交通规划（2012—2020）》

依据《中山市综合交通规划（2012—2020）》对中心城区及全市主要客运交通出行率及交通分担率显示，中心城区形成了东西向交通走廊，火炬—东区—石岐—西区—沙溪走廊长约10km，串联了中心城区的主要区镇。北部也形成了一条交通走廊，即古镇、小榄、东凤、南头、阜沙和三角。

由于出租车的运营特点，连续不间断行驶里程较大（中山约400km/d），由中山市现状机动化出行分布图，可以引导充电设施满足电动汽车充电可达性及便利性的要求，同时考虑其先期示范性，近期主要结合东西向交通走廊的石岐区与东区布设2座（25个充电位）快速充电站，可满足近期200辆新能源出租车的运营需求。

远期可结合中山市政府及企业推广力度，利用社会及公交车充电设施进行电能补充。

5. 电动公务车及专车充电站布局

已整理的中山市中心城区控制性详细规划一张图的基础之上，主要结合政府办公性质用地现状及未来规划配建停车位，按照近期准备推广的2000辆新能源汽车1∶1配设充电桩位（图2-32）。

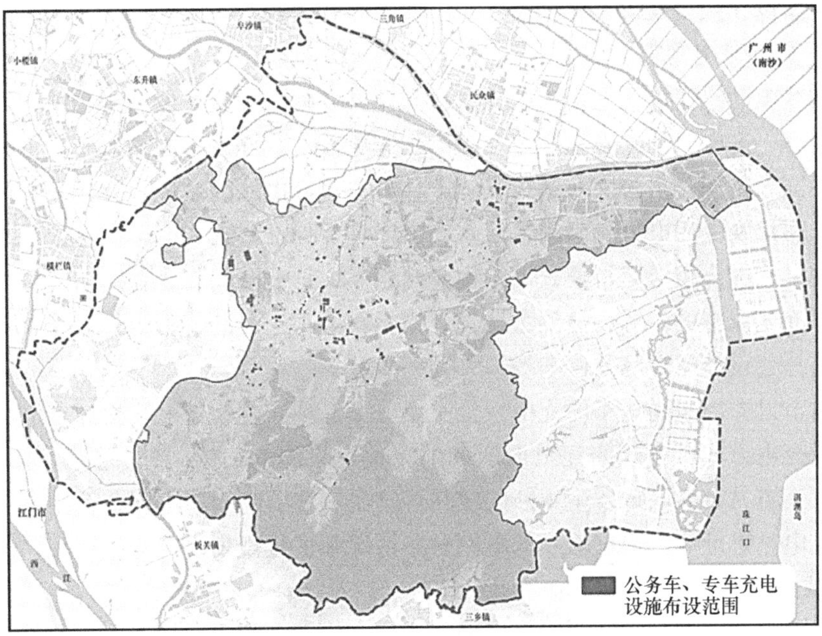

图2-32　中山市中心城区电动公务车、专车充电设施布设范围图

2.8　电动汽车充电设施用地选址

2.8.1　选址需考虑的因素分析

充电站的选址布局合理与否，直接关系到用户的充电便利性及投资方的利益，充电站

网络的布局规划是一个极其复杂的问题，大部分为多目标优化问题，而且问题的搜索空间庞大。

1. 政策影响因素

充电站选址首先应该考虑的是所在城乡的政府发展规划，充电站的建设不能与政府的规划项目相抵触，站址的选择是否会影响到城乡公共场所的建设以及是否与城乡绿化区域相冲突等，不了解当地政府的相关发展目标，没有做好前期准备工作，势必会给充电站的建设带来潜在的麻烦。

此外，建设充电站需要占用土地资源，建站前必须跟当地政府沟通好，否则会造成今天建完、明天就必须拆掉的尴尬局面。当前的加油站都是经过科学规划的，站址的选择也是比较合理的，而且已经被当地居民所熟知，在建设充电站过程中，可考虑将站址选择在加油站附近，甚至可以将充电站与加气站、加油站进行整合，或建在一起，从而减少土地的浪费。国家电网政策也会影响到充电站的建设情况，充电站的顺利运行离不开国家电网的支持，目前，由于对于能源消费结构的整改，很多电网公司以及石油企业开始投资充电站的建设。所以在规划建设充电站前必须全面了解相关政策，以便抓住契机。

2. 差异化的充电需求

一个城乡电动汽车的充电需求往往直接与该城乡的电动汽车保有量相关，同时，汽车的日行驶里程、满电时的续航里程等会影响到充电需求，此外不同的汽车运行模式对充电时间也会不同。例如，在公交车运行模式下，可以将充电站的站址选择建设在公交场站的停车位置，利用晚上用电低谷时间来给汽车充电，要保证一次充电至少达到公交车一个续航里程的需要；在出租车运行模式下，由于出租车大部分时间都是在路上，对充电要求比较高，所以充电设施的位置应该尽量选择在出租车经常运行的范围内；对于大众用户，充电站可以选择建设在居民区的停车场、办公密集区等。

上述章节已介绍电动汽车的充电模式主要分为三种：常规充电、快速充电、换电池充电，不同的充电方式所要求的充电电压和电流也是不同的，当用户选择不同的充电方式时，会导致充电站日充电量发生不断的变化，这也直接引起周边电网负荷的不断变化，所以电动车充电站选址应该根据城乡的电网分布情况来进行规划。

3. 区域经济发展情况

充电站作为一个基础设施，不合理的规划将会给未来的运营带来巨大的不良影响，站址的选择往往与周边区域的发达程度有关。越是繁华的区域，交通情况往往越好，主干线比较多、车流量较大。而且繁华区域也是人群集聚的地方，相对应的充电需求会比较大，所以在进行充电站选址时，应该尽量将站址选择在发达的商业区。

（1）人口数量

需要建站地区人口数量的多少往往直接决定了该地区具有充电需求的用户的数量。一般情况下，一个地区的人口数量越多，那么该地区相应的具有充电需求的用户数往往就会越来越多，而且随着电动汽车的发展和政府的大力推广，未来拥有电动汽车的用户的充电需求便会越来越多。只要人口数量庞大，那么该地区的充电需求就会具有相当大的增长潜力。区域人口数量是该区域充电站未来规划建设的重要衡量指标之一。

（2）居民的购买能力

此外，一个地区充电需求的增长潜力还与该地区居段的购买能力紧密相关，居民的购买力越大，则该地区未来的充电需求相应的也就越大。目前，中国的汽车的消费量达到了空前的规模，而且现在家庭汽车的拥有量正呈现出高速的上升趋势，并且随着人们环保意识和生活水平的不断提高，加上政府的大力倡导，人们越来越倾向于购买更加节能环保的电动汽车，因此，该区域未来的充电需求也会随之增大，居民购买能力的大小对电动汽车充电站选址产生重要的影响。

对于一些经济条件不是很好的区域，可以兼顾其与发达区域的距离来考虑充电站的位置，如果两地之间的人员流动比较大，可考虑将站址选择在靠近他们的交界处，这样在满足用户充电需求的同时，也能够进一步缓解繁华地带的交通拥堵状况。

4. 区域的电网情况

电动汽车充电在运营过程中需要很大功率的电网来支撑，从而对区域内的电网产生很大的影响，因此，在规划充电站选址时应该充分考虑该区域的输配电网的情况，这就需要与电力供应部门认真协商，将充电站的建设纳入城乡电网规划当中，这样才能够保证电动汽车充电站电能供应的安全性和稳定性。此外，由于充电站是一种非线性的电力负荷，在工作过程中便会产生大量谐波，进而严重影响电网的正常运行。充电站在进行短暂而又快速充电的过程中，负荷的变化极为不规律，对电网造成极大的电压冲击。

在进行充电站选址时，应该充分考虑不同区域的充电需求及建站可能性的大小。此外，政府还应该提供相应的优惠政策，结合电动汽车的推广情况和城乡的整体发展规划，合理地规划充电设施的布局和建设，防止出现“一窝蜂”的重复投资问题，降低不必要的投资浪费。

总之，充电站选址的规划建设涉及众多因素，对投资建设方来说，建站的规模和地块费用也是必须要考虑的因素；对使用方来说，不同充电方法在不同时段的充电电价也是必要因素。此外，充电站所在区域的环境温度对电池充电产生很大的影响，低温条件下，充电站的充电效率较低，进而导致用电量急剧上升。只有明确相关因素的作用和重要性，才能建立合理且接近实际的充电站选址优化模型。

5. 充电实施选址的技术要求

（1）充电站选址

充电站的选址应结合城乡电动汽车发展规划统筹考虑，并与配电网现状和近远期规划密切结合，以充电站对供电可靠性的要求，以及电网对充电站电能质量控制的要求。

充电站应便于供电电源的取得，宜接近供电电源端，并便于供电电源线路的进出。

公共充电站应选择在进出车便利的场所。宜选择在城乡次干道路旁，不宜选择在支路和交叉道路路口附近。充电站进出口宜与城乡次干道路相连。

当电动电力工程抢修车、电动供电营销车数量较多时，宜设置专用充电站，专用充电站宜设置在供电部门维修基地等附近。

新建充电站应充分利用临近的道路、交通、给水排水、消防等市政公用设施。

充电站应满足环境保护和消防安全的要求，与其他建筑物、构筑物之间的防火间距应满足《火力发电厂与变电站设计防火规范》GB 50229—2006、《建筑设计防火规范》GB 50016—2006 的有关要求。

充电站不应设在有爆炸危险环境场所的正上方或正下方，当与有爆炸危险的建筑物毗邻时，应满足《爆炸危险环境电力装置设计规范》GB 50058—2014 的要求。

充电站不应设在有剧烈振动或高温的场所，不宜设在多尘、水雾或有腐蚀性气体的场所，当无法远离时，不应设在污染源风向的下风侧。

充电站不应设在浴室或其他经常积水场所的正下方，安装电气设备的功能用房不应与上述场所贴邻。

充电站不应设在室外地势低洼、易积水的场所和易发生次生灾害的地点。

充电站宜预留一定的备用场地。

(2) 充电桩选址

交流充电桩为电动汽车提供交流电能，直流充电桩为电动汽车提供小容量直流电能。

充电桩宜设在停车场内，根据当地电动汽车发展规划，按停车位设置一定比例的充电桩。

宜优先在供电营业场所停车场设置充电桩。

充电桩宜设置在停车位旁，并靠近配电站。

安装在室外的充电桩外壳防护等级不低于 IP54，其桩体外壳应选用绝缘材料。

2.8.2 设施选址原则

1. 公用充电站设置原则

为方便车辆充电，考虑充电站布点时，结合城乡规划和路网规划，以站点供电半径为基础进行总体布局规划，并借鉴加油站设置原则进行设定，结合现有及在建设施进行优化选择：

高速公路充电站按每百公里两对设置，建于服务区内。

城区服务半径远景控制在 1km 左右，近期 2～3km。

城乡主干道按每 20km 一对设置。

2. 公交充电站设置原则

为公交车充电设置快充站和慢充站，主要服务于公交车，其中：

快充站应在公交车站场 0.5km 范围内，可考虑与公交车站场合建。

慢充站建成大型停车场，每个停车位配置一个充电桩，集中配置配电设备，与大型公交车场站合建。

具体应结合公交系统规划确定。

3. 充电桩设置原则

充电桩主要服务公务车、社会家庭用车，可供车辆停放的地方（场所）均可考虑布点：

政府部门办公场所停车场设置公务车充电桩（按 1∶1 设置），并考虑一定数量的社会用车充电桩。

大型停车场、住宅小区、商场、医院、换乘站、机场、码头、公园、景区，可考虑布点。

充电桩配置比例，可考虑按停车位的某一百分比配置，如15%～20%，划出电动车专有车位，建设充电桩；考虑建设资金为题，先期布置2%～5%。

市区内相对较多布置。

2.8.3 站址条件要求

1. 协调要求

充电站的总体规划应对站区、进出走廊、给水排水设施、进出站道路等进行合理布局、统筹安排。

城乡建成区内的充电站，宜靠近城乡道路，不宜选在城乡干道的交叉路口和交通繁忙路段附近。

2. 安全要求

充电站不应靠近有潜在危险的地方，当与有爆炸或火灾危险的建筑物毗连时，应符合相关标准的规定。

充电站不宜设在多尘或有腐蚀性气体的场所，当无法远离时，不应设在污染源盛行风向的下风侧。

充电站不应设在有剧烈震动或高温场所。

充电站不应设在地势低洼和可能积水的场所。

充电场所应具备一定的通风条件，以利于蓄电池产生气体的排放。

2.8.4 设施建设指引

目前，多个城市面临日益严峻的土地资源匮乏局面、尖锐的人口与资源和环境的矛盾等现实问题，要求城乡规划建设积极应对和探索城乡转型发展的新模式，在此背景下，规划应鼓励电动汽车充电站建设模式主要方向为复合式建设，其中：电动汽车充电站主要结合开敞空间、大型停车场库等具备用地条件同时又具有宣传示范作用的场地，社会公用设施（变电站、体育馆、电影院等）以及结合路边停车等模式；电动汽车充电桩建设模式主要为结合停车设施（包括社会公共停车场、配件停车场以及路边停车带）建设。

1. 充电站建设模式

（1）结合开敞空间及停车场库建设规模

公共充电站主要由充电区、供配电设施、充电设施、监控室、营业场所、行车道、停车位等组成。可结合片区内部的具体用地情况分三种不同规模建设方式：

1）紧凑型用地方案

本类型充电站占地约400m^2，建筑类型为一栋两层建筑，一层架空区为充电区、充电机房、监控室、行车道、营业场所；二层为供配电设施、服务区及内部员工办公区域。

2）一般用地方案

本类型充电站占地约 900m²，建筑类型为一栋两层建筑，一层为充电区、充电机房、监控室、行车道、营业场所；二层为供配电设施、服务区及内部员工办公区域。

3）充裕型用地方案

本类型为一般用地方案的延伸，占地约 1030m²，主要增加部分慢充车位，兼顾快慢充电及短时停车的需求。

（2）与变电站合建模式占地建设规模

研究选取典型变电站的占地面积约 3900m²。

情况一：直接在变电站内部绿地中开辟充电车位，不新增用地，但将使变电站成为开放空间，有一定潜在安全隐患。

情况二：营业区域与变电站合建，在变电站用地外侧新增约 700m²，用地作为充电区；与变电站相互独立。

推荐独立与变电站合建充电站规模按每站 4600m² 考虑，变电站原面积 3900m²，新增面积约 700m²。

（3）结合路边停车建设模式

结合咪表（电子计时表）或路边停车位占地充电站规模，按每站 120m² 考虑。

2. 充电桩建设模式

充电桩建造成本比充电站节省很多，且占地面积不大，只有饮水机大小。其建设模式主要是结合停车设施建设。

3. 充电设施建设模式指引

鉴于电动汽车及其充电技术未来发展存在不确定性的基本情况，将以上分析的汽车充电设施建设模式（表 2-7），给出合理的建议如下：

（1）电动汽车充电站宜采用临时用地方式建设。

（2）电动汽车充电站应主要结合规划区各类交通设施、道路广场、长途客运站、电力设施、文化娱乐、工业仓储等上述设施合建，建设模式可根据用地大小情况灵活选择。

（3）电动汽车充电站应选择在交通出行集中的道路设施，如主要干线性道路（盐坝高速、坪西快速路）沿线布置，建设模式宜采用上述独立设置的充裕型用地方案。

（4）电动汽车充电桩建设应主要结合规划区内部的公共设施、居住小区停车位，结合生活型道路路边停车位建设。

电动汽车充电设施建设模式一览表 **表 2-7**

<table>
<tr><th>序号</th><th>设施类别</th><th>建设模式</th><th colspan="2">建设规模（m²）</th><th>适用范围</th></tr>
<tr><td rowspan="5">1</td><td rowspan="5">充电站</td><td rowspan="3">结合开敞空间及大型停车场库</td><td>紧凑型</td><td>400</td><td rowspan="3">1. 现状建设区用地较充裕；
2. 交通集中的道路设施沿线</td></tr>
<tr><td>一般型</td><td>900</td></tr>
<tr><td>充裕型</td><td>1000 及以上</td></tr>
<tr><td>结合公用设施</td><td colspan="2">700</td><td>现状建设区用地受限制，需结合已有设施建设</td></tr>
<tr><td>结合路边停车</td><td colspan="2">120</td><td>适于车流量较小的城乡生活性道路</td></tr>
</table>

续表

序号	设施类别	建设模式	建设规模（m²）	适用范围
2	充电桩	结合停车设施	非常小（饮水机大小）	社会公共停车场，为公共设施、居住区配建停车场、路边停车位

2.8.5 设施选址思路与过程

1. 选址思路

在规划优化布局的基础之上，结合优化布局网络，在前期以区位合理为导向选择示范站用地的基础上；中后期应依据各交通区机动车，特别是电动汽车的充电设施缺口，以上述选址原则为指导，在规划范围内开展广泛选址，按照从“地上—地下”的处理流程，即：先期预选址、中期现场踏勘、后期信息核查协调的时序严格把关，做到由实体空间到隐含信息的全面核查，最后与相关规划和部门相协调，并制定完善可靠的实施策略（图 2-33）。

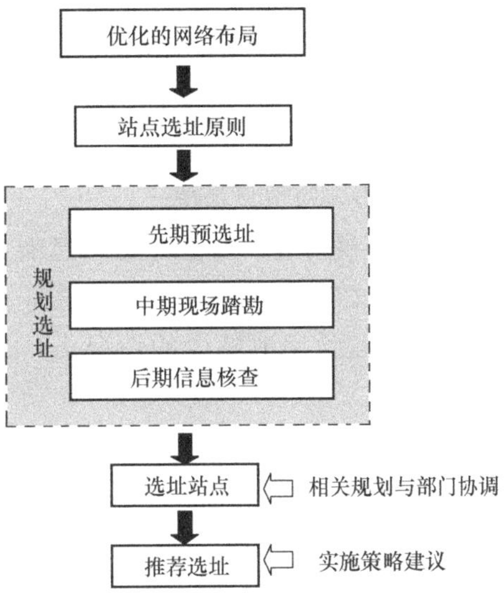

图 2-33 选址思路示意图

2. 选址过程

本书将选址的过程概括为三大环节，主要包括：先期锁定—用地选择，中期确认—现场研判，后期审核—信息核查。

（1）先期锁定

首先明确选址区域，利用管理部门数据技术系统平台，严格用地筛选（现状、规划、管理空间形态分析），综合分析包括现状底图、主要相关规划的研究成果内容、土地管理信息等在内的主要方面内容，进行充电设施控制板块的预选址。

（2）中期确认

在先期选址确定选址板块的基础之上，对研究范围内板块进行逐一现场踏勘，按照上述选址原则，进行科学选址，确定用地红线。

（3）后期审核

将经现场踏勘认定可行的规划选址站点录入规划管理数据系统，主要对其协调性、可行性、合理性、可实施性等多方面进行地毯式核查，主要从地籍权属、两规用地方案、用地征转、法定规划、专项规划（交通、文物保护等）、旧改、法定图则、城市四线控制、地下管线等方面进行核查，明确最终选址站点，并将核查结果反馈至主要相关规划，建议调整。

3. 空间选择

（1）需求区域

前期以示范引导为主，主要考虑选择区位合适的站址作为示范点，以起到良好的示范带动作用。

中后期时在依据交通小区为单元的最新或预测交通流量数据，运用 GIS 手段进行电动汽车的分配与平衡的基础上，结合各区的具体情况进行修正；并以合理的单站级别与规模推算各交通小区的充电设施供需情况，整理分析得出需要充电设施的交通小区。

（2）用地筛选

在明确选址对象所在区域的基础之上，从利于站址后期可实施角度，发挥土地管理部门的职能优势，对所选用地按照“城市剩余可建设用地—城市未批未建用地—国有储备用地—国有其他用地—集体用地—调整部分城市生态绿地”的先后次序进行依次筛选，同时在现状管理的实际操作层面，优先选择用地权属明确的用地，在“有地可用”的前提下，进一步确保“用地可行”。

1）优先考虑剩余可建设用地：依据建设用地分类划分，在剩余可建设用地内，优先选择“允许建设区”、“有条件建设区”，考虑“限制建设区”。

2）国有储备用地：这些用地在政府的掌控之下，具有协调方便，建设阻力小，实施推进快的优势，应重点考虑。

3）已确权用地：应优先考虑已有明确土地权属的用地，选择具有登记发证、确权、已有备案等信息地块，避免选址位于“待确定”、“未完善用地征转”等信息地块。在现状建设用地缺少的情况下，选址应选择产权清晰或已征转用地，确保选址的可实施性。

2.8.6 案例分析

本书分别以《东部滨海地区电动汽车充电设施布局规划研究》[39]为例进行说明。

该规划选址主要针对近期实施的沙头角、盐田、梅沙片区五个汽车充电站，并对现状已有的停车设施按 20％的指标配建充电桩进行选址（表 2-8、图 2-34～图 2-36）。

近期实施充电设施选址一览表　　表 2-8

类型	名称	数量(个)	具体位置
充电站	沙头角充电站	1	(20418.841，132565.406)、(20395.983，132584.835)、(20415.421，132607.694)、(20438.271，132588.264)
	盐田充电站	2	拟选址一：(24830.756，134416.978)、(24813.017，134436.010)、(24839.768，134442.272)、(24839.768，134461.088) 拟选址二：(24309.272，135821.969)、(24258.870，135799.880)、(24247.977，135823.507)、(24287.927，135840.645)
	葵涌充电站	1	(28550.171，151741.922)、(28527.429，151754.240)、(28560.702，151798.505)、(28576.490，151789.950)
	小计	5	—

续表

类型	名称	数量(个)	具体位置
充电桩	沙头角街道	150	—
	海山街道	108	—
	盐田街道	64	—
	梅沙街道	52	—
	葵涌街道	132	—
	南澳街道	82	—
	大鹏街道	118	—
	小计	706	—

注：表中所列坐标为深圳独立坐标系。

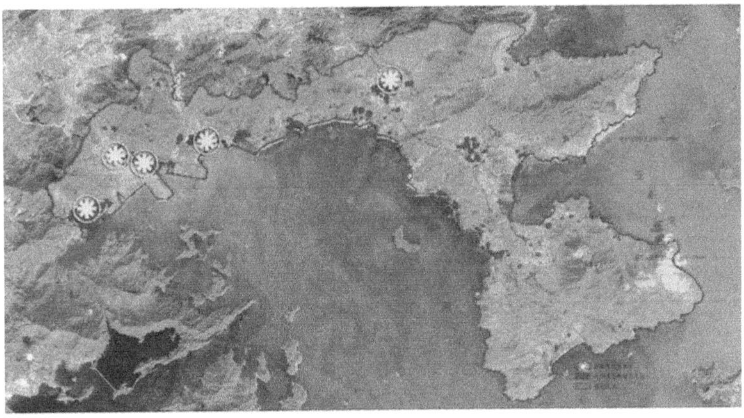

图 2-34　深圳市东部地区规划汽车充电设施近期实施计划图

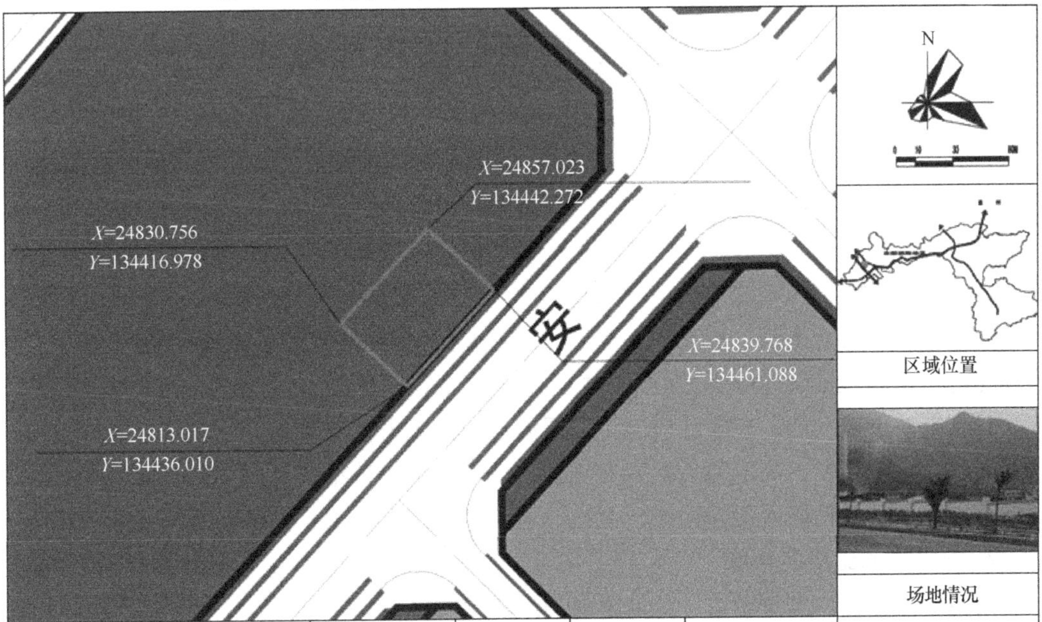

充电站编号	所在街道	宗地号	用地面积(m^2)	管理性质	规划协调情况	用地权属	备注:
1	盐田	J311-0306	942	仓储用地	已核实用地	深圳市盐田区教育局	底图采用法定图则

图 2-35　规划汽车充电设施选址建议图（一）

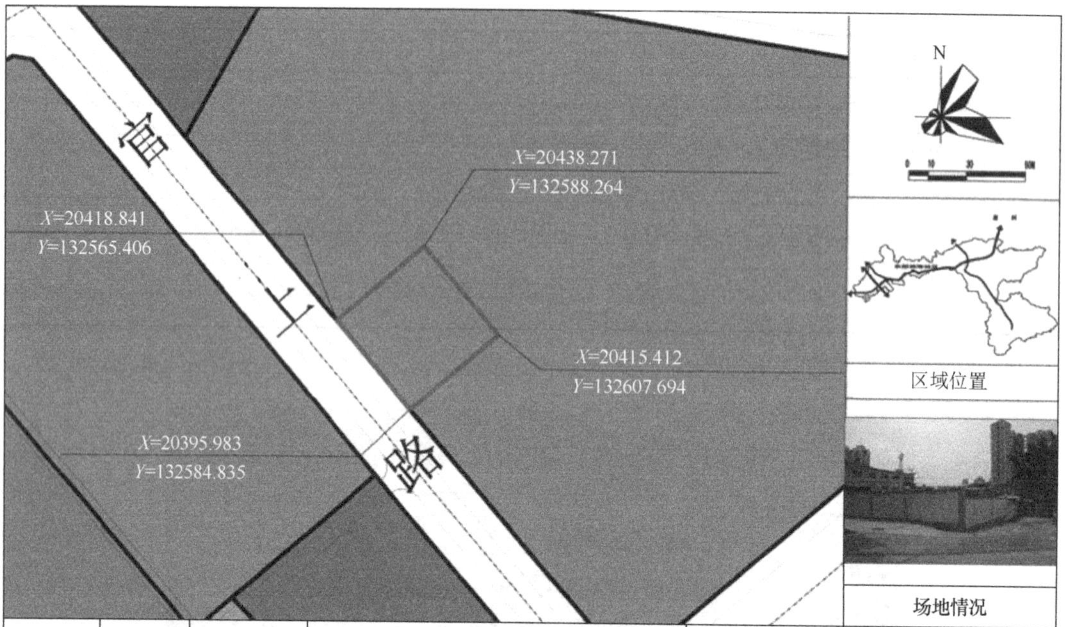

充电站编号	所在街道	宗地号	用地面积(m²)	管理性质	规划协调情况	用地权属	备注:
2	沙头角	J217-0001	900	商业服务业设施用地	已核实用地	沙头角管理区	底图采用法定图则

图 2-36　规划汽车充电设施选址建议图（二）

2.9　充电设施用地的内部布置

2.9.1　布置内容

1. 充电站的组成和功能

充电站主要由行车道、充电区、配电装置、充电装置、监控装置等组成（图 2-37）。公共充电站还应包括营业场所。

具有电池更换功能的充电站应包括备用电池更换、电池存储的设施及场所。

充电站配电装置由高压开关柜、变压器、低压开关柜等组成。

充电站的基本功能应包括配电、充电、监控、计量和通信，扩展功能为计费。

2. 充电桩的组成和功能

充电桩由桩体、电气模块、计量模块等组成（图 2-38）。

充电桩包括交流充电桩和直流充电桩。

充电桩通常以成组的形式进行设置，以提高其利用率。

充电桩基本功能为供电或充电、计量和通信，扩展功能为计费。

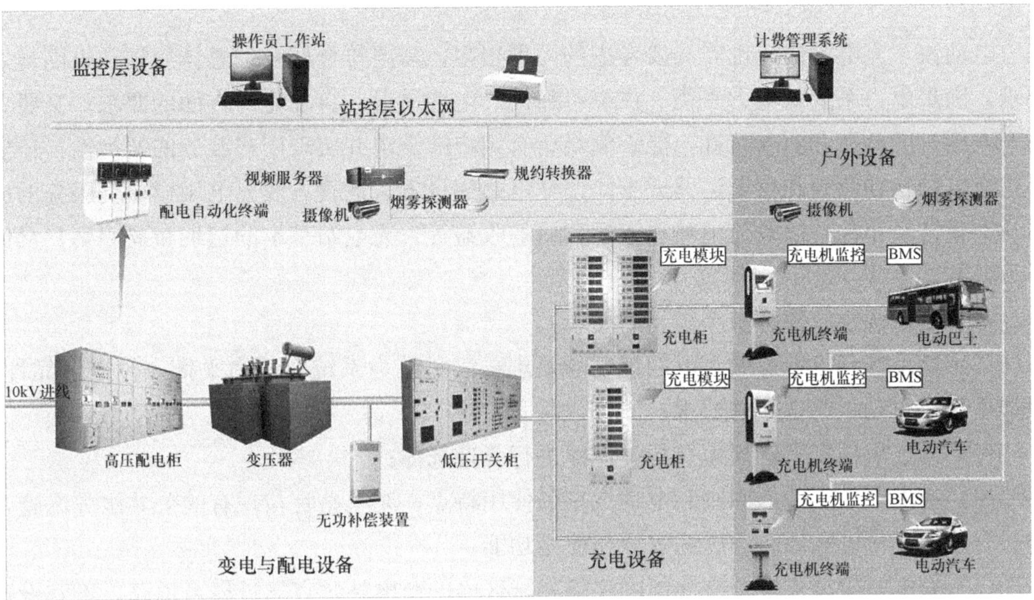

图 2-37 充电站基本组成结构

图片来源：第一电动网

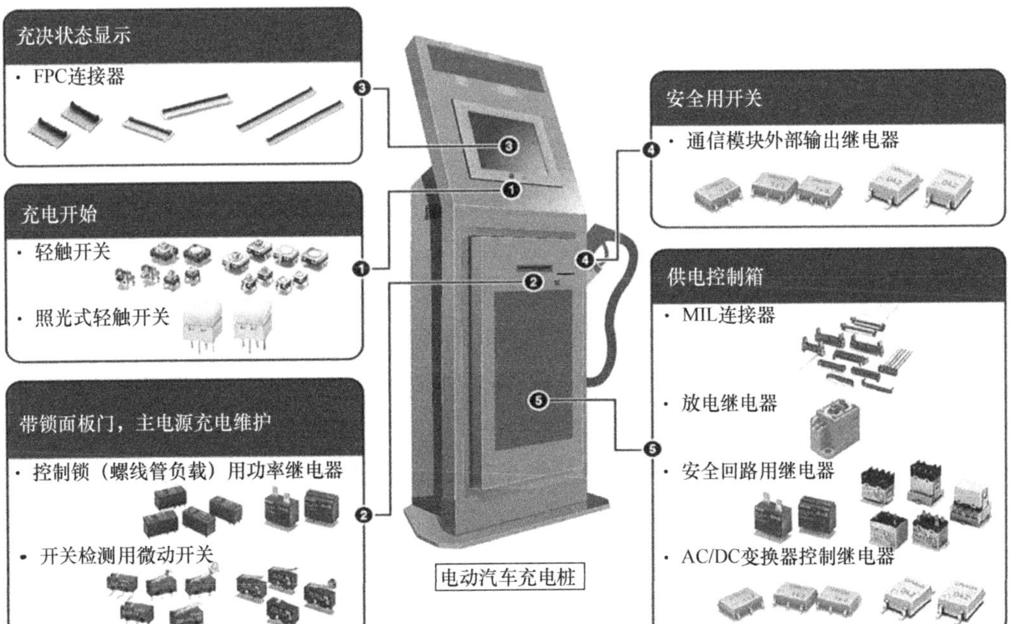

图 2-38 充电桩基本组成结构

图片来源：第一电动网

2.9.2 布置原则

电动汽车充电站的选址布局要考虑的因素很多，需要符合城乡的总体规划和电网规划要求，满足电力系统对电力平衡、供电可靠性、电能质量、自动化等方面的要求；又要考虑充电用户的分布和需求特性，能够满足所有用户的需求并实现用户服务的便利性；还要考虑充电站初期建设和后期运营成本，使充电站建设方、运营方及充电用户接受服务的成本达到整体最小化，以及充电站投入运营后的收益等。充电站基本的选址布局原则，具体如下：

（1）站址选择应符合城乡规划的要求；

（2）站址选择应符合城乡电网规划的要求，满足电力系统对电力平衡、供电可靠性、电能质量、自动化等方面的要求；

（3）站址应根据车辆规模及行驶规律进行合理选择；

（4）根据节约用地的原则和电动汽车的使用特点，充电站宜与现有的公共服务设施合建，合建后不应影响原有设施的安全与使用功能；

（5）充电站建设应进行交通影响评价。城区内的充电站，宜靠近城乡道路，不宜设置在城乡干道的交叉路口和交通繁忙路段附近；

（6）公交用电动汽车充电站宜设置在公交场站设施内；

（7）其他专用电动汽车充电站宜设置在相应的停靠站内。

2.9.3 布置要点

1. 总体布置要点[40]

（1）充电站的总体布置应满足便于电动汽车的出入及停放，保障站内人员和设施的安全。

（2）充电区的入口和出口至少应有两条车道与站外道路连接，充电站应设置缓冲距离或缓冲地带，附设电动汽车等候充电的停车道，便于电动汽车进出。

（3）充电区单车道宽度不应小于3.5m，双车道宽度不应小于6m。转弯半径按照电动汽车类型确定，且不宜小于9m；道路坡度不应大于6%，且坡向站外。

（4）充电机应靠近充电区设置，电动汽车在停车位充电时不应妨碍站内其他车辆的充电与通行。

（5）充电区应考虑安装防雨、雪的设施，以保护站内充电设施、方便进站充电的电动汽车驾乘人员。

2. 充电桩布置要点

（1）一般规定

1）充电机宜选用室内型。

2）充电机应采用“一机一车”充电方式，不应采用主从充电模式。

3）充电机两路或多路交流输入电源，应均衡接入充电机高频开关电源模块，以实现12脉波或更高次脉波整流方式。

4）室内充电桩应根据现场安装情况，选用落地式或壁挂式。

5）落地式充电桩宜采用电缆下进线方式。壁挂式充电桩可采用下进线方式，也可采用侧进线方式。

（2）技术参数

1）充电机技术参数参见《电动汽车非车载充电机技术规范》Q/CSG 11516.3—2010。

2）交流充电桩技术参数参见《电动汽车交流充电桩技术规范》Q/CSG 11516.4—2010。

3. 电气设备布置要点

（1）充电站电气设备的布置应遵循安全、可靠、适用的原则，并便于安装、操作、搬运、检修、调试。电气设备的布置应符合《20kV及以下变电所设计规范》GB 50053—2013和《低压配电设计规范》GB 50054—2011的规定。

（2）高压开关柜、变压器、低压开关柜、充电机、监控装置等，宜安装在各自的功能房间，且宜设在建筑物的首层，便于运输和安装。

（3）低压开关柜与充电机之间、充电机与充电区停车位之间应尽量靠近。

（4）当受到建设场地限制时，低压开关柜与充电机可安装在同一房间。或变压器与低压开关柜设置在同一房间，变压器应选用干式，且外壳防护等级不低于IP20。

（5）当受到建设场地限制时，变配电设施与充电机可设置在户外组合式成套配电站中，其基础应适当抬高，以利于通风和防水。

（6）变压器室不宜与监控室贴邻布置或位于正下方，不能满足时应采取防止电磁干扰措施。

2.9.4 案例分析

1. 充电站建设模式[41]

（1）结合开敞空间及停车场库建设规模

公共充电站主要由充电区、供配电设施、充电设施、监控室、营业场所、行车道、停车位等组成。可结合片区内部的具体用地情况分三种不同规模建设方式：

1）紧凑型用地方案，见图2-39。

本类型充电站占地约400m^2，建筑类型为一栋两层建筑，一层架空区为充电区、充电机房、监控室、行车道、营业场所；二层为供配电设施、服务区及内部员工办公区域。

2）一般用地方案，见图2-40。

本类型充电站占地约900m^2，建筑类型为一栋两层建筑，一层为充电区、充电机房、监控室、行车道、营业场所；二层为供配电设施、服务区及内部员工办公区域。

3）充裕型用地方案，见图2-41。

本类型为一般用地方案的延伸，占地约1030m^2，主要增加部分慢充车位，兼顾快慢

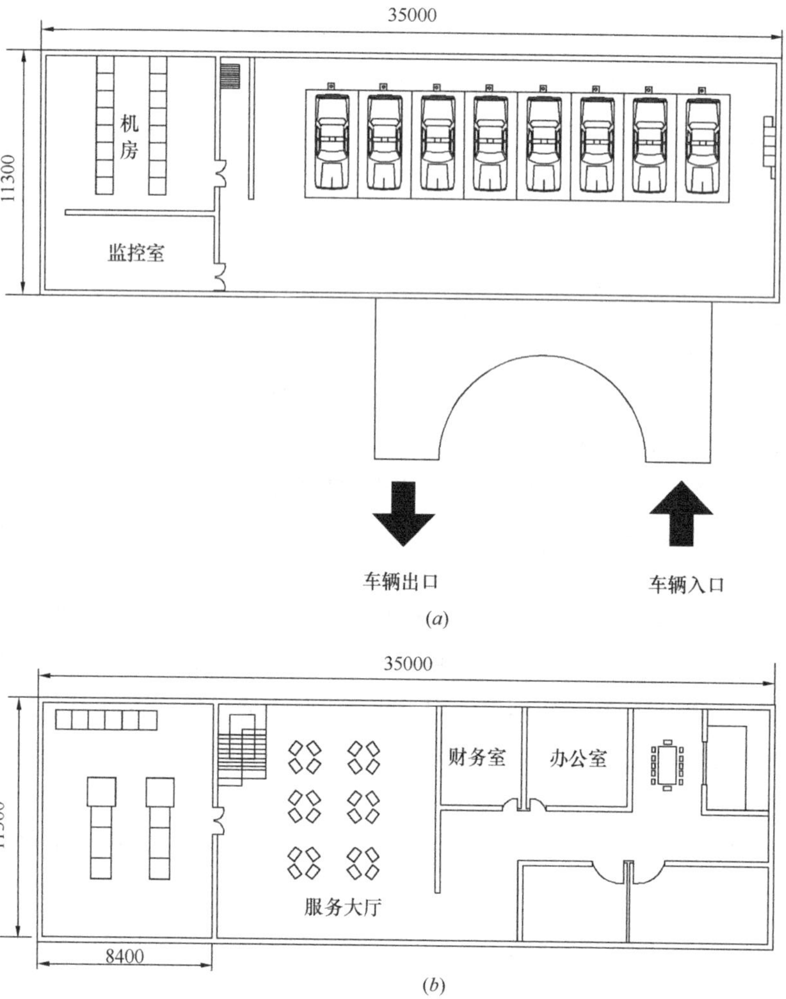

图 2-39　紧凑型充电站用地方案

(a) 一层平面图；(b) 二层平面图

充电及短时停车的需求。

(2) 与变电站合建模式

研究选取典型变电站的占地面积约 3900m^2。

情况一：直接在变电站内部绿地中开辟充电车位，不新增用地，但将使变电站成为开放空间，有一定潜在安全隐患。

情况二：营业区域与变电站合建，在变电站用地外侧新增约 700m^2，用地作为充电区；与变电站相互独立。

推荐独立与变电站合建充电站规模按每站 4600m^2 考虑，变电站原面积 3900m^2，新增面积约 700m^2。

(3) 结合路边停车建设模式

结合咪表占地充电站规模按每站 120m^2 考虑（图 2-42）。

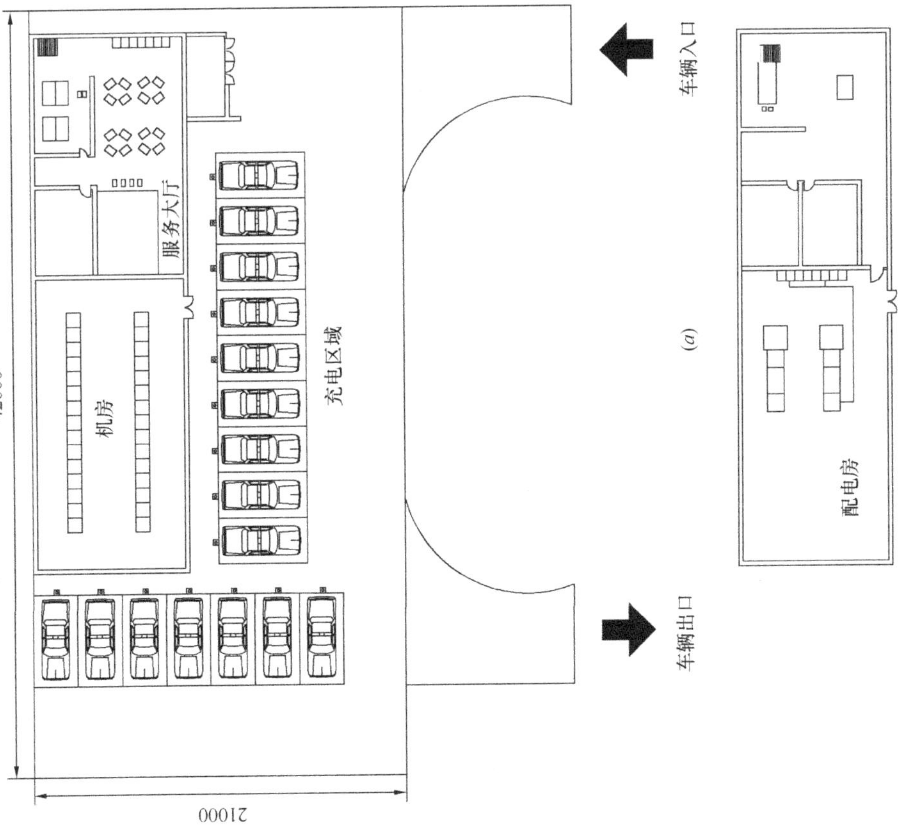

图 2-40 一般型充电站用地方案
(a) 一层平面图；(b) 二层平面图

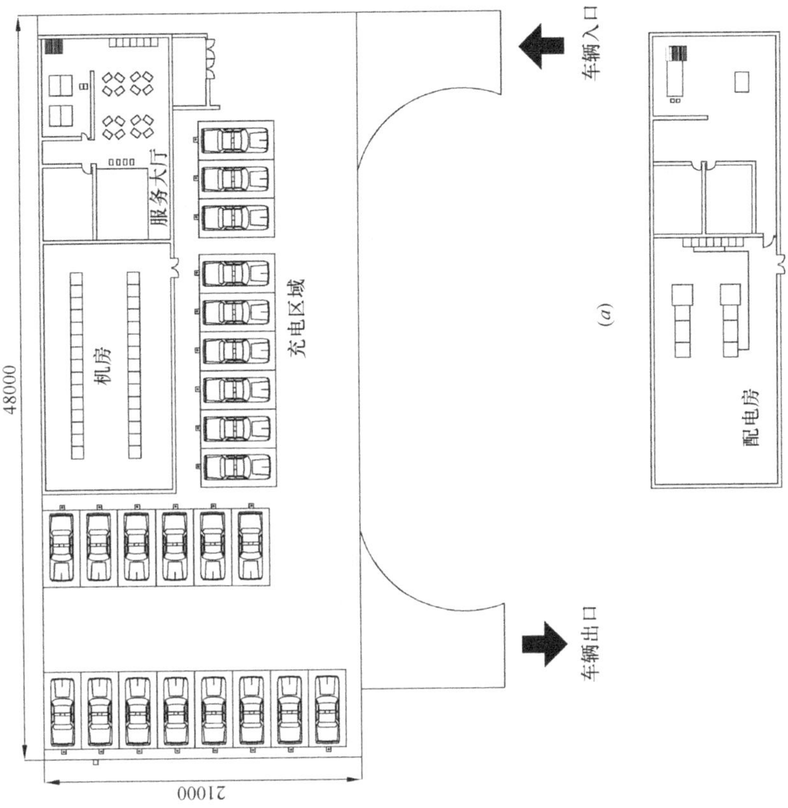

图 2-41 充裕型充电站用地方案
(a) 一层平面图；(b) 二层平面图

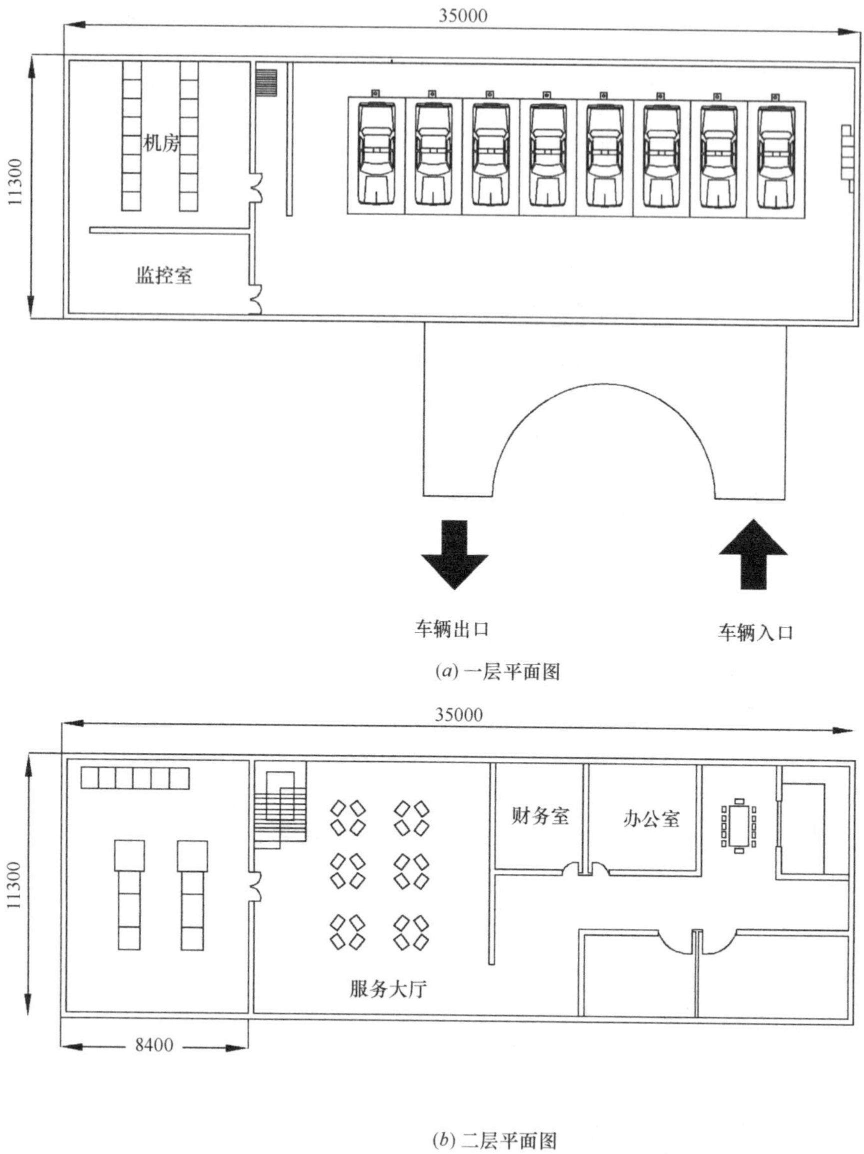

图 2-42 路边停车复合充电站用地方案

2. 充电桩建设模式

充电桩建造成本比充电站节省很多，且占地面积不大，只有饮水机大小。其建设模式主要是结合停车设施建设。鉴于电动汽车及其充电技术尚未成熟，未来发展存在不确定性的基本情况，建议充电桩的建设模式应满足几点要求：

（1）电动汽车充电站宜采用临时用地方式建设。

（2）电动汽车充电站应主要结合规划区各类交通设施、道路广场、长途客运站、电力设施、文化娱乐、工业仓储等上述设施合建，建设模式可根据具体用地大小情况灵活选择。

（3）电动汽车充电站应选择在交通出行集中的道路设施，如主要干线性道路（高速、快速路）沿线布置，建设模式宜采用上述独立设置的充裕型用地方案。

（4）电动汽车充电桩建设应主要结合规划区内部的公共设施、居住小区停车位，结合生活型道路路边停车位建设。

2.10 电 力 保 障

2.10.1 充电基础设施的电力相关指标

1. 充电设施负荷等级

按照《电动汽车充电站及充电桩设计规范》Q/CSG11516.2—2010的规定，根据《供配电系统设计规范》GB 50052—2009和《关于加强重要电力用户供电电源及自备应急电源配置监督管理的意见》中，按照充电装置在经济社会中占有的重要程度，划分为以下两类电力用户：

（1）在政治上具有重大影响，或中断供电将对社会公共交通产生较大影响，在一定范围内造成社会公共秩序严重混乱、较大经济损失的充电站属二级电力用户。

（2）不属于二级电力用户的充电站为三级电力用户。

（3）充电桩为三级电力用户。

（4）各级用户供电电源要求如下：

二级电力用户的充电站宜由两回路高压供电电源供电，两回路高压供电电源宜引自不同的变电站，也可引自同一变电站的不同母线段。每回供电线路应能满足100%负荷的供电能力。

三级电力用户的充电站有单回路供电电源供电。

用电设备在100kW以上充电站应采用10（20）kV电压等级供电。用电设备的容量在100kW及以下的充电站，可采用380V电压等级供电。

交流充电桩应采用380/220V电压等级供电。

支流充电桩应采用380V电压等级供电。

2. 充电基础设施相关参数取值

（1）大电流充电站定位

大电流充电站均为快速充电，电流大，面向全社会为电动汽车提供充电服务。

公交快充站定位为中心充电站。建议按区域设置中心站，市区内按每区设置一座中心站考虑，最多不超过2座，市区外按组团设置中心站，原则上每个组团设置1座中心站。

（2）大电流充电枪个数

中心（枢纽）充电站：16个；

支点充电站：6～10个。

(3) 配变规模

每座充电站的配电变压器台数宜为2台，可分期投入。

公交快充充电站：2×1600kVA；

公交慢充充电站：2×1600kVA；

中心（枢纽）充电站：2×1600kVA；

支点充电站：2×630、2×1000kVA。

(4) 出线规模

按充电枪（桩）位配置，适当留有裕度：

中心（枢纽充电站）：16；

支点充电站：8～12。

(5) 无功补偿

低压电容器补偿根据变压器容量设置：

1600kVA配变：200kVAR，分组；

1000kVA配变：100kVAR，分组；

630kVA配变：50kVAR，分组。

(6) 外线工程

充电站均配置单独外线工程，考虑从公用网络连接，电缆截面$3\times300mm^2$。

2.10.2 充电基础设施充电负荷计算[42]

1. 充电站负荷计算

(1) 单座充电站负荷计算：

单台充电机输出容量：$P=U_n\times I$

取U_n为充电机出线最大电压，400V，I按最大输出电流500A算，则P=200kW；

单台充电机输入容量：$S=P/(\eta\times\cos\Phi)$，取η为0.9，$\cos\Phi$为0.9算，则S=246.9kVA；

(2) 充电站内充电机输入总容量：

充电站内充电机输入总容量：$S_\Sigma=K\times\Sigma[P_i/(\eta_i\times\cos\Phi_i)]$，具体参数可结合实际进行取值。

2. 充电桩负荷计算

单个充电桩输出容量：$P=U_n\times I$或$P=\sqrt{3}\times U_n\times I$，具体参数可结合实际进行取值。

2.10.3 充电基础设施电源保障措施[43]

为了保证充电设施电源稳定可靠，宜采取以下措施：

1. 充电站方面

应采取宜由两回路高压供电电源供电，每回供电线路应能满足100%负荷的供电能力。

2. 充电桩方面

应采取错峰充电方式，以避开住宅小区晚上 7～8 点用电高峰，建议电动汽车晚上 11 点开始进行充电。

2.10.4 案例分析

本书以《中山市中心城区新能源（电动）汽车充电设施布局规划》为例进行说明。

1. 充电站负荷计算

（1）单座充电站负荷计算

单台充电机输出容量：$P=U_n\times I$

取 U_n 为充电机出线最大电压，400V，I 按最大输出电流 500A 算，则 P=200kW；

单台充电机输入容量：$S=P/(\eta\times\cos\Phi)$，取 η 为 0.9，$\cos\Phi$ 为 0.9 算，则 S =246.9kVA；

（2）充电站内充电机输入总容量

充电站内充电机输入总容量：$S_\Sigma=K\times\Sigma(P_i/(\eta_i\times\cos\Phi_i))$，取充电机同时工作系数 K 为 0.8，则规划私家车每座充电站 输入总容量：S_{10}=1975.2kVA。本次近期规划 10 座，取总同时系数 0.9，充电站负荷为 17.8MW；本次近期规划公交车快速充电站 6 座，充电机位共 30 个，每个功率为 250kW，考虑工作系数和总同时系数，快速充电站负荷为 5.4MW，另外规划常规充电机位 36 个，每个功率为 60kW，考虑工作系数和总同时系数，常规充电站负荷为 1.6MW；本次近期规划出租车快速充电站 2 座，充电站负荷为 4.4MW。

2. 充电桩负荷计算

单个充电桩输出容量：$P=U_n\times I$ 或 $P=\sqrt{3}\times U_n\times I$，取 U_n 为配变低压侧出线电压，220/380V，I 按输出电流 10A 算，则 P=6.6kW。

该规划充电桩主要服务于公务车和私家车，近期规划充电桩共 22700 个，考虑晚间充电，取总同时系数 0.8，所有充电桩充电负荷为 119.9MW。

3. 充电站、充电桩供电电源方案

（1）近期充电站、充电桩供电电源方案

由上述计算，近期充电设施总负荷为：17.8MW+5.4 MW+1.6 MW+4.4 MW+119.9MW=149.1 MW。

根据《中山市电网专项规划（2012～远景）》，中山市 2020 年全市预测负荷为 6869MW，若增加近期充电设施负荷 149.1MW，总负荷为 7018.1MW。中山市 2020 年规划 110kV 变电站 121 座，总装机容量为 13078MVA，则 2020 年增加充电站、充电桩负荷后，110kV 变电容载比为 1.9，在《城市电力网规划导则》中 110kV 容载比 1.6～2.1 的范围中。因此，2020 年规划变电站可满足充电站、充电桩的用电需求。

（2）远期充/换电站、充电桩供电电源方案

根据《中山市电网专项规划（2012～远景）》，中山市远景全市预测负荷为

12675MW，规划 110kV 变电站 158 座，总装机容量为 21095MVA，根据《城市电力网规划导则》中 110 千伏容载比 1.6～2.1，远期至多还可供充电站、充电桩 509.4MW 用电需求。

4. 充电设施电源保障措施

为了保证充电设施电源稳定可靠，宜采取以下措施：充电站方面应采取由两回路高压供电电源供电，每回供电线路应能满足 100%负荷的供电能力；充电桩方面，应采取错峰充电方式，以避开住宅小区晚上 7～8 点用电高峰，建议电动汽车晚上 11 点开始进行充电。

2.11 交 通 组 织

2.11.1 交通组织目标

（1）设置充电设施交通标识，合理引导充电车辆。

（2）提高充电设施的便捷度，尽可能为用户提供方便的充电服务。

（3）为充电车辆提供良好交通组织体系，保证充电的高效、便捷。

（4）尽量减小对城市交通的影响，最大程度避免对周边道路的干扰。

2.11.2 交通组织原则

（1）应坚持分区原则，将充电区域与其他服务区域分开。

（2）应以汽车充电过程先后流线为主导，将各种流线分开，各行其道，避免交叉。

（3）最大限度地缩短充电车辆在站内的通行距离，避免流线迂回，尽量缩短充电车辆进站和出站路线。

（4）尽量避免出入站的人流拥挤，在大型充电站内要布置多出口，以便于快速疏散。

（5）考虑城市地铁、轻轨、主要干道的布置，主要人流、车流的分布，处理好充电设施布局与城市交通流线的衔接问题。

2.11.3 交通组织内容

1. 常规交通组织

交通组织是指在一定的道路条件、交通条件、路网条件、控制条件、环境条件下，通过设施科学合理地对交通的流量、流速、流向、车种等进行组织，从而使道路或交通始终处于有序、安全、高效的运行状态。

交通组织类型根据交通区域大小的不同，一般可以分为五类，分别是微观交通组织、区域交通组织和宏观交通组织、静态交通组织、动态交通组织。

(1) 微观交通组织：主要任务是冲突点分离或冲突点控制，信号配时上要分秒必争，在车道渠化上要寸土必争，体现出在冲突分离基础上充分利用空闲时间和空闲面积。

(2) 区域交通组织：主要任务是路网交通压力均分，在时间上要削峰填谷，在空间上要控密补稀，体现出矛盾分散时空均分的原则。

(3) 宏观交通组织：主要任务是通过政策、法规来引导交通发展，以扩大交通供给和控制交通需求为手段，平衡交通供需关系，避免发生交通供需倒置。

(4) 静态交通组织：主要解决交通资源配置问题，主要的任务是路网各节点不同流向通行能力分配和路权分配。

(5) 动态交通组织：主要任务是交通流分配和引导，或者说是路网各节点或重要交通集散点的交通负荷分配。

2. 充电设施交通组织内容

根据前文中关于充电设施的分类，由于充电桩一般占地较小，且主要结合停车位进行建设，交通组织主要依托停车场内的交通流线，不需要专门进行交通组织，只需要在停车场内增加明显的充电设施标识即可，不会对城市交通产生影响，本次交通组织仅针对各类充电站。由于不同类型的充电站在占地情况、充电特性、吸引交通流量等方面都存在较大差异，相关交通组织的内容也有所不同，以下分别进行分析。

(1) 公交车充换电站交通组织

公交车充换电站主要是为电动公交车提供充换电服务的集中式充电站。根据公交车运营的特点，公交车辆的运营时间一般为白天，一旦电量不足需要能够实现快速补充，可以在公交车运行线路密集或交通便利的地方新建公交车充换电站，但由于城市建设用地有限，一般建议结合公交车枢纽站或首末站进行布置。据调查，公交场站的场地一般面积有限，如果要在场站内增加充电设施，需要合理的组织区域功能和车行流线才能实现良好的交通组织。公交车充换电站的交通组织应包括以下几点内容：

1) 在公交站牌设置电动公交交通指示牌，鼓励市民乘坐电动公交。

2) 合理组织功能分区，保证公交充电区域与其他区域互不干扰，实现公交调度与公交充电同时进行。

3) 明确电动车公车充电线路指引图，设置充电设施的充电位置标志。

(2) 公共充电站交通组织

城市公共充电站主要为旅游客车、企业通勤车、城际客运车辆、私人乘用车、公务车、出租车、租赁车、物流环卫等专用车提供充电服务。城市公共充电站均为快充站，主要作为电动车辆的中途电源补给站，充电时间一般不超过半个小时，可充至50%～70%，可以结合主要旅游景点、交通集散地、高速服务区等建设。公共充电站的交通组织应包括以下几点内容：

1) 根据充电设施所服务的对象的不同，可分为过境车辆与片区内部车辆两类，为前者组织与城市出入口有快捷联系、导向性强的干道交通，为后者提供多方向便于集散的交通组织。

2）主要考虑城市路网结构与交通流量流向，尤其是主次干道，应对其两个方向的车流量分别加以考虑，建议在充电站两侧设置指示标志，并对进入充电站充电的电动汽车进行引导，避免造成拥堵。

3）考虑主要景点、重要交通枢纽的车辆集散，建议在景区内为电动汽车提供免费的停车场地和专用充电车位，并与普通停车场保持一定的间距，保证电动汽车的优先通行。

4）合理组织充电站周边及内部交通引导路线，避免造成充电车辆与社会其他车辆的拥堵。

5）在公共充电站附近显著位置增加充电站指示、引导标志，合理组织充电车辆流线。

6）独立占地公共充电站选址宜靠近城市道路，但不宜选在城市干道的交叉路口附近。充电站出入口设置应满足相关规划规定，并尽量减小对周边道路的影响。

7）若公共充电站与加油（气）站合建时，应保证充电区域在功能上相对独立，保证充电车辆与加油车辆互不干扰。

（3）专用充电站交通组织

物流环卫等专用充电站主要为物流车辆、港口码头运输车辆、环卫垃圾运输车辆等提供充电服务，一般结合相关车辆的专用停车场建设。

1）专用充电站一般位于各类电动汽车的专用停车场内，在交通组织内应保持相对独立，保证充电安全。

2）专用充电站内部应设置明显的电动车辆充电引导线路和指示标志，保证充电车辆与其他一般车辆互不干扰。

3）在专用充电站周边路段应设置明显的充电功能指标，合理引导充电车辆。

2.11.4 案例分析

本书以《中山市中心城区新能源（电动）汽车充电设施布局规划》为例进行说明。

1. 范围界定

由于公交充电站、充电桩结合既有的场站、停车库进行配建，不会对城市交通产生影响，本次主要针对满足应急充电需求的社会充电站，进行交通保障分析。

2. 保障目标

充电站服务范围内电动汽车的可达性与便捷性，并尽量避免充电设施对城市道路交通的影响和干扰。

3. 保障建议

结合空间布局思路，分为点、线、面三个层次进行交通保障的综合考虑。

（1）点——考虑主要景点、交通枢纽的车辆集散；

（2）线——考虑城市路网结构与交通流量流向，尤其是主次干道，应对其两个方向的车流量分别加以考虑；

（3）面——根据充电设施所服务的对象的不同，可分为过境车辆与片区内部车辆两类，为前者组织与城市出入口有快捷联系、导向性强的干道交通，为后者提供多方向便于集散的交通组织。

3 管理体制篇

从2010年开始，国内各地政府，特别是新能源汽车试点城市包括北京、上海、大连、杭州、济南、武汉、深圳等陆续开展电动汽车推广应用工作，并编制规划、建设充电基础设施，探索研究电动汽车充电基础设施的建设运营过程中存在的问题，如落地难、缺少相应的法律与规范、站点运营亏损严重、尚无成熟可行的盈利模式、后续政府监管难等。现阶段充电基础设施的建设力度很大，建设速度很快，但建设运营管理体制研究发展较为缓慢，这将影响充电基础设施建设与使用的可持续性，从而影响电动汽车的进一步推广。

本章将从电动汽车充电基础设施的基本属性、充电基础设施规划管理、充电基础设施建设模式、政府扶持政策、充电基础设施的维护管理五个方面出发，为政府在投融资、规划管理、建设模式决定、扶持政策制定、设施的维护管理时提供理论依据或方法。既可为政府和规划设计人员决策提供一定参考，也可为投资电动汽车充电行业的企业提供路径指引。

3.1 电动汽车充电基础设施基本属性

3.1.1 充电基础设施产品属性分析

电动汽车充电基础设施属于市政基础设施的新型门类，与加油、加气站等传统基础设施具有一定的相似性，也有其独特的产品属性；既有准公共性，又有经营性（图 3-1）。

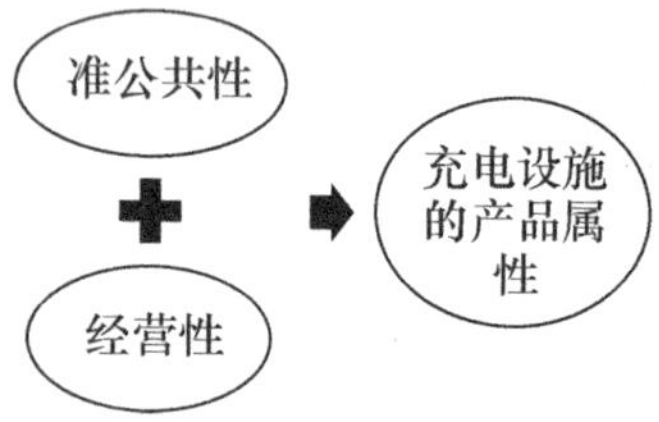

图 3-1 充电设施产品属性分析示意图

1. 准公共性

充电基础设施为电动汽车这一交通工具提供用电服务，因而具有双重基础设施特性，即电力服务基础设施和现代交通基础设施[43]。

交流充电桩主要由企业自行投资建设，供私家电动汽车购买充电服务使用，在消费上具有较明显的竞争性和排他性，即私人品特性。直流快速充电站或更换电池站，由某电动汽车制造商建造并为购买该电动汽车制造商的电动汽车消费者提供免费充电服务，那么其在消费商就具有有限的竞争性和局部的排他性。不论何种充电基础设施，都会具有不同程度的人群聚集作用，从而会对周边商店、居民和环境带来或正或负的外部性。因此，电动汽车充电基础设施具有比较明显的外部性，属于准公共品范畴。

2. 经营性

根据项目区分理论，基础设施可分为经营性、准经营性和非经营性三类。非经营性与经营性并非一成不变，在一定的投资与收费条件下是可以实现转化与过渡的，非经营性项目可转变为准经营性项目甚至纯经营性项目，而准经营性项目也可变成纯经营性的项目。电动汽车充电设施属于市场化产物，经营者通过收取额外电价进行盈利；而在部分公共充电站，当电动汽车充电服务费用等于一般电价，即在充电站享受的充电服务不需付出额外的费用，那么充电基础设施也就转变成为一种非经营性项目。此外，影响电动汽车充电基础设施经营性的因素还包括设施投融资机制与政策、充电收费定价制度、电动汽车与充电技术进步、充电市场需求等。

3.1.2 充电设施相关主体分析

1. 电动汽车充电基础设施供给主体多元化的必要性

电动汽车充电基础设施应该如何提供，这是充电基础设施作为一种产品如何进行生产的问题的另一种表述。从电动汽车充电基础设施的准公共品属性来看，单纯由政府进行投资建设，或者单纯由市场中的企业自行投资建设，均不可行。首先，对于电动汽车产业发展和市场化的角度来看，政府不可能也不应当全权负责。但是，政府的行为模式与偏好对其提供准公共品的种类和数量具有决定性作用，在资金量的约束下，对提供各种准公共品的次序和结构也具有决定性的作用。其次，市场中的企业在产品或服务的提供上必须考虑到成本与收益问题，而充电基础设施提供的充电服务定价，实质上很难将其产生的外部性内化到充电价格当中，从而难以通过补贴的形式弥补电网其他终端所遭受的可能影响。这在一定程度上使得充电基础设施交易行为的完全市场化存在客观的困难，从而也会影响企业建设充电基础设施的意愿。而且，从电动汽车充电基础设施初期的准经营特征来看，由市场自行开展电动汽车充电基础设施建设并形成服务网络具有较大难度，企业将面临自身财务和电动汽车产业发展的双重风险。因此，电动汽车充电基础设施的建设需要政府和市场进行合作，至少在外部性内部化的技术还不成熟以及充电基础设施还未进入经营性阶段时是非常必要的。[44]

2. 电动汽车充电基础设施供给主体多元化的可行性

实质上，根据多中心公共经济理论，准公共产品的有效提供和生产方面，政府垄断与市场垄断均会失败。既然电动汽车产业及各部门内部是多层次、多属性的，建设、提供充电基础设施的经济制度安排也就存在多种可能的组合，而非政府与市场之间非此即彼的单一选择。因此，只要找到分担费用的合理方式，电动汽车充电基础设施就可以用非政府的方式实现供给，如私人、社区、第三部门和国际组织等。

从可能参与电动汽车基础设施建设的主体来看，各自利益取向具有差异即存在矛盾的一面，因而充电基础设施的建设要求进行多方合作。从电网企业来看，在三种充电模式当中，更换电池模式更易通过统一调控和管理降低电动汽车充电行为对电网造成的冲击和影响，从而能够以相对较低的成本进行电网运行的监控和维护。从电动汽车制造商来看，由于电动汽车存在产业内竞争，不同的电动汽车制造商想通过各种方式抢占电动汽车消费者市场，其中包括采用自行研发的蓄电池和建造成本相对较低的交流充电桩，这在一定程度上阻碍了更换电池模式的应用推广。从电网和电动汽车制造商两个主要的电动汽车利益相关方来看，电动汽车产业的发展对二者均会带来较大的发展空间。但是，二者在自身利益方面存在的矛盾，对充电模式的选择从而相应充电基础设施的建设均造成了严重的影响，这对电动汽车的推广普及和产业发展是不利的。然而，从政府来看，政府的核心利益在于推动电动汽车产业发展带来的社会、经济和文化等综合效益，因此政府有着较强的电动汽车充电基础设施建设意愿，但其自身财力并不能够完全承担，而且市场化条件下政府干预的范围与深度也应有所界限。因此，充电基础设施作为电动汽车产业发展的前提条件，不论具体采用何种充电模式，因其前期建设投入成本高、盈利难，并且直接影响着各方的既有利益，需要包括政府在内的多方开展合作。

另外，从电网企业、电动汽车制造商以及政府等电动汽车产业主要利益相关主体来看，由于各方在电动汽车产业方面的未来获利空间均取决于该产业的发展程度，因而各方在推动电动汽车产业发展追求未来利益方面具有一致性。从前文在电动汽车充电基础设施建设的紧迫性分析中可知，消费者的购买意愿决定了电动汽车普及推广，而影响消费者购买意愿的一个关键因素之一就是充电基础设施建设的完备性。然而，各相关利益主体在未来利益追求上的一致性，则为充电基础设施合作建设提供了驱动力。而且，多主体合作建设充电基础设施，也是一条突破电动汽车产业发展初期充电基础设施准经营性困局的有效路径。

3. 核心相关主体

电动汽车充电设施网络建设按投资主体分类，主要包括政府、电网与能源企业以及其他社会资本三大类型。

（1）政府部门

政府作为投资主体，是充电设施产业初期，通过政策及投资引导电网、能源企业与其他设备供应商参与充电设施建设运营，建设具有示范效应、具有半公益性质的充电设施，其具有示范意义大、辐射面窄、参与度小、非营利性等特点，但对产业具有很大的推动作用。

从当前发达国家来看，电动汽车充电基础设施建设推进得相对较快，并且政府均以不同程度的辅助角色参与到充电基础设施建设项目当中。美国于2009年开展了大规模充电设施建设项目，其中公司成为绝对主导，如Coulomb公司在9个试点州免费提供充电基础设施。但是，2010年美国能源部为NEC公司和波特兰通用电气公司共同在北美地区打造的第一座公共电动汽车快速充电站提供约1亿美元资金支持。同时，美国加利福尼亚州政府等正在大力联合其他政府机构、公用事业单位以及汽车制造商，共同组建电动汽车充电网络。2011年，英国交通部出台《保证充电便利：插电式电动汽车充电基础设施发展战略》[45]，该战略要求政府应在充电设施建设初期承担主导作用，提出的电动汽车充电基础设施的建设思路为：家庭充电为主，工作地点充电设施为补充，公共充电站用于满足长途旅行充电需要。随后，英国交通部获批投资3000万英镑在包括伦敦、英格兰东北部等示范地区开展充电设施建设。意大利政府则修订了相关法规，新法规规定，拥有停车位或车库的私人住户可向电力公司提出安装电动汽车充电桩的要求，城市内的公共停车区域也有提出该项要求的权利。丹麦政府对于电动汽车推广非常积极，并于2010年同三菱签署了电动汽车推广谅解备忘录，丹麦政府承诺在2011年前后采购三菱电动车并建立充电站。以色列政府则与雷诺—日产汽车公司、美国Project Better Place公司合作共推电动汽车，以色列政府主要负责制定针对消费者的税收优惠政策，雷诺—日产公司负责供应电动汽车，而Project Better Place主要负责在以色列全国范围内开展充电基础设施建设。日本政府则在《新一代汽车战略2010》中明确提出“基础设施建设战略”：2020年前在全国范围建成200万个普通充电站及5000个快速充电站。2013年7月，日本四家车企签署协议宣布将在日本兴建1.2万座充电站，联合扩建电动车充电网络，而日本政府宣布将为该项目拨款1005亿日元，即四家车企仅需承担部分充电设施的建设成本。

从中国电动汽车充电基础设施建设情况来看，政府参与的模式与发达国家模式尤其是日本模式较为类似，主要在电动汽车产业发展战略和产业政策方面予以辅助支持，在电动汽车充电基础设施建设中并不处于主导投资的地位。例如，中国先后出台《节能与新能源汽车产业发展规划（2012～2020年）》、《电动汽车科技发展“十二五”专项规划》、《纯电动乘用车技术条件》以及《关于开展私人购买新能源汽车补贴试点的通知》等文件。不过，已有政策中，对电动汽车支持政策较多，而对充电基础设施的支持政策则相对不足。从已建设的具有代表性的电动汽车充电站或充电设施来看，主导投资建设充电基础设施的企业有国家电网、南方电网等，所建充电基础设施多数局限于电动公交车或内部集团车。而且，各个地方政府在参与电动汽车充电基础设施建设方面还处于探索阶段，各地政府参与建设的意愿和力度也有所差异。目前，政府参与力度较大的包括北京、青岛、杭州、上海、深圳、重庆等地。其中，深圳市政府出台《深圳市节能与新能源汽车示范推广实施方案（2009～2012年）》，根据不同的用车对象采取有所区分的投资管理模式，政府负责投资建设公交车充电基础设施，各级政府负责投资建设公务车充电基础设施，社会公共充电设施则交由社会资本进行建设和运营。2012年，上海市城乡建设和交通委员会批准《电动汽车充电基础设施建设技术规范》作为上海市工程建设规范。2013年，《重庆市主城区电动汽车充电站布点规划（2011～2015）》获得重庆市政府批准并被纳入重庆市城市建设总体规划平台。

综合多角度来看，欧美和日本等发达国家在充电基础设施建设方面，当前电动汽车充电基础设施投资建设的主体主要有电力公司、电动汽车制造商等，而政府则主要作为宏观调控者予以政策和资金扶持。而且，国外充电基础设施网络化正在提速，与此同时，电动汽车普及速度也在加快。从当前国内各示范城市在充电基础设施建设方面做出的探索来看，电力公司呈现主导地位，少数企业如北京首科集团等也积极参与其中，而政府也着重在政策上予以支持，并在资金上提供一定的扶持。从国内电动汽车产业发展来看，这种多元主体模式也取得了初步效果。因此，这在一定程度上表明，政府与电力公司、电动汽车制造商共同作为电动汽车充电基础设施建设的多元主体是可取的，其中，电力公司、电动汽车制造商等应作为充电基础设施建设的投资主体，政府则主要作为投融资政策制定者和必要的财政补贴扶持者参与其中。

（2）电网与能源企业

电网与能源企业是充电设施建设发展的重要投资主体。电网企业参与充电设施运营能充分利用其电力传输和电力相关的技术优势，而石油等能源企业在其巨大的石油站网络系统，尤其在城市中心区，拥有大量的土地资源，较其他主体具有成本优势。此外，上述企业拥有巨大的资金优势，能在产业初期进行大规模的充电设施建设，快速形成相应的设施网络体系。

（3）其他社会资本

其他社会资本投资主要包括电动汽车生产企业、车用电池生产厂商以及其他社会资本。汽车与车用电池生产企业掌握大量的电动汽车与电池关键技术，在充电设施的技术研发上具有很大的技术优势。尤其是在电池更换运营模式下，充电基础设施运营必须要紧密切合电动汽车和车用电池的技术需求，并在电池规格、容量、充电标准以及维修保养等方面实现多方的共同合作。此外，从美国等发达国家的经验看，家用充电设备生产商也是充电设施的建设主体。家用充电设备生产商或汽车厂商可直接向用户销售专用充电设备来扩展其服务网络。其他社会资本则依据自身的资金、技术或地区优势，通过在相应区域设置公用充电设备，向用户提供充换电服务，其主要向电网公司购买电能，并向用户收取充电费用或换电费用，来获得收益。

3.1.3 充电设施项目的成本效益分析

充电设施建设投资成本为全过程建设成本，按照成本性质大致可分为内部成本与外部成本两大类，及多个细分小类。

1. 内部成本

（1）运营成本

运营成本主要为维持充换电设施正常商业活动所需的人力成本以及设备修理、更换成本等。在充电设施运营过程中需要充分考虑各充换电站的实际情况，对人员配置实行动态管理，通过加强人员培训、提高人员素质、减少人员数量等有效减少人工成本。

（2）有功损耗成本

由于充电机不可能百分百地进行交流/直流转换，因此在充电过程中，将产生有效功率的损耗，所产生的有功功率损耗主要决定于充电机的特性及总充电量。

2. 外部成本

（1）土地成本

随着中国房地产的迅速发展，土地成本成为充电设施建设成本中比例最大的部分。目前已建成的充电站、换电站或者充电桩的建设用地，主要由政府部门或者充换电站试用单位进行提供。如公交充电站由公交公司的公交场站提供，环卫充电站由环卫公司在站区或垃圾处理厂提供，出租车的充电站或者充电桩群的建设用地主要由交通部门提供，多数位于立交桥桥下，试点充电桩的土地主要由试点应用单位在自己停车场内提供。

（2）配套电网建设成本

充电设施的建设增加了配电网的用电需求容量，所在地区电网能否满足新增充电需求，是否需要新建配电网或者对老旧配电网进行改造都是需要考虑的问题。同时充电设施自身也需要进行配套电网建设，比如安装配电变压器等，这些电网建设成本在进行投资估算时都需要综合考虑。理想化的情况是配套电网建设或改造成本及充电设施的外电源成本均由电网公司来进行投资建设，充电设施建设暂不考虑外部电网建设成本。

（3）配套路网建设成本

充电设施布点的最佳位置应该紧邻主要道路，需要考虑由主要道路引入充电站的匝道建设成本。同时部分充电设施布点可能不在现状道路旁边，在分析充电站投资时就应当考虑配套道路建设的相关成本。

（4）土建成本

电动汽车充电设施的土建成本主要指充电站或者换电站本体建设成本以及充电桩基础建设成本，以及配套的生产办公用房建设成本。在考虑土地成本时，我们必须按照经济实用的原则严格控制站点土建投资。在站点建设过程中，尽量采用紧凑化设计，实施办公场所与生产场所一体化建设，减少非生产空间，减少占地面积和工程造价，有效控制土建成本。

（5）设备成本

设备成本包括充电机、充电桩、配电设备、监控系统等充换电设施相关设备成本，对于换电站，还需要考虑电池组，分箱式充电机、换电机器人、叉车的购置成本，以及充电电池的购置或者租赁成本。

在考虑设备成本时，要优化设备选型方案，在保证质量的前提下，采用国产设备代替进口设备或合资品牌，取消或简化辅助系统，仅保留满足生产基本需求部分。随着科学技术的不断发展，设备成本总趋势将会越来越低。

3. 综合成本

不同充电设施由于建设场地和充电需求量的不同，建设规模也不相同。为了便于测算，本文选取数种典型的公共服务型充电站及公交充换电站作为典型充电设施，分析其相关造价及成本，其他规模充换电设施均可通过类比计算得出。

2014 年 7 月 22 日，国家发展改革委下发了《关于电动汽车用电价格政策有关问题的通知》，指出政府通过财政补贴、无偿划拨充换电设施建设场所等方式降低充换电设施建设运营成本，同时充换电设施配电网设施建设成本由电网企业承担。因此，在计算过程中可暂时忽略土地成本、配套电网及路网建设成本，主要考虑相关土建成本及设备购置和安装成本。

通过对我国已建成的充换电设施的投资分析，可以得到现有典型充电设施的规模和造价以及每年的运行检修成本，如表 3-1 所示。[46]

典型充电设施造价及运营成本表 **表 3-1**

序号	充电设施类型	规模（车次/天）	综合造价（万元/座）	运行检修成本（万元/座·年）
1	公交充换电站类型 1	设置 2 个工位，充电机屏 72 面，具备日更换 140 车次的能力	4000	40
2	公交充换电站类型 2	设置 4 个工位，充电机屏 144 面，具备日更换 280 车次的能力	6000	80
3	公交车充电站	10 台 100kW 快速充电机	1200	25
4	公共充电站类型 1	2 台 37.5kW 快速充电机	100	5
5	公共充电站类型 2	5 台 37.5kW 快速充电机及 5 台 14kW 慢速充电机	300	10
6	公共充电站类型 3	10 台 37.5kW 快速充电机及 10 台 14kW 慢速充电机	500	20
7	充电桩	1 台 14kW 慢速充电机	1	0.06

4. 社会效益

（1）能源消耗

电动汽车以其尾气零排放的特性，被普遍认为是绿色及环境友好型的新车型。然而，电动汽车赖以驱动的电能及发电过程同样产生温室气体的排放。为了更客观地对比电动汽车以及燃气汽车的能耗水平，一个称为"全生命周期排放量"的指标应运而生。"全生命周期排放量"将汽车终身的气体排放进行统计，包括驱动电动汽车所使用的能源、物资以及直接的气体排放。相关研究通过车用燃料生命周期分析法对我国电动汽车及传统燃油汽车进行对比分析。通过测算，在我国当前及未来逐步优化的能源结构下，不论是能耗还是碳排放量，新能源电动汽车都要低于传统燃油汽车，说明我国在 2015～2020 年间发展新能源电动汽车是能够实现节能减排目标的效应的。虽然我国是以煤电为主的国家，在发电过程中会产生排放，但是由于新能源电动汽车在使用过程中的能耗量较少，并且在使用中所消耗的电能是零排放，因此具备较大的节能减排效应。

未来随着我国能源结构的清洁化，水电、风电和核电等清洁电能比重的提升，以及动力系统电气化程度的提高，汽车全生命周期的节能减排效益逐渐提高。

（2）噪声污染

机动车的发动机是城市噪声污染的主要来源。研究资料显示，城市中 80%的噪声污染来自于机动车，而燃油机动车的噪声大多来源于发动机。而电动汽车使用电动马达驱动，在行驶中不产生噪声，可有效降低城市噪声污染。

5. 经济效益

电动汽车在我国的产业化发展中，由政府及企业共同推进，涉及多方的参与主体，其经济效益需从多个角度进行综合考量，包括用户、企业以及政府等各自的视角。

（1）用户角度

电动汽车作为市场化的产物，从个人及企业用户的角度进行思考，往往将价格因素视为购车行为抉择的首要因素。当前和传统汽车相比，电动汽车原始售价依然过高，但通过国家、地方政府（包括省级及市级）以及部分车企对电动汽车实行的层层补助，电动汽车在总体售价上与传统燃气汽车已逐步具备了竞争力。在此基础上，电动汽车日常行驶中的价格优势就凸显出来。以百公里行驶成本计算，传统燃油汽车普遍成本在 60 元左右，而电动汽车百公里耗电量平均仅为 15～18 度，电价成本不足 15 元，仅为传统燃油汽车的四分之一。对于以市内通勤为主要出行目的的用户，电动汽车能为用户带来确实的经济效益。

（2）企业角度

根据我国《节能与新能源汽车产业发展规划（2012—2020 年）》，预计到 2020 年，我国电动汽车保有量达到 500 万辆，年产量达到 200 万辆。空前的市场规模为我国各大车企开拓了广阔的市场空间。众多企业如比亚迪、康迪、泰坦集团等，纷纷从电池制造、整车制造及设备制造的多个角度切入电动汽车的产业发展，从中孕育出新一批具备核心技术、拥有持续高速增长能力的上市企业。

（3）政府角度

新能源电动汽车产业是我国重点发展的战略性新兴产业之一。加快培育和发展新能源汽车产业，是我国汽车工业参与国际竞争，抢占国际市场的重要契机，也是加快经济发展方式转变的战略举措。2015 年，我国电动汽车产销量首次超过 30 万辆，并在过去数年间保持着接近100%的增长速度，成功跃居全球电动汽车市场的首位，率先抢占市场的高度。此外，电动汽车产业的发展还有助于带动周边产业的发展，包括配套设施特别是充电设施的建设，带动整体经济的良性发展及结构优化。

3.1.4 充电设施项目的风险分析

1. 法律风险影响[47]

（1）电动汽车充电设施建设中的法律风险

企业要建设电动汽车的充电设施，那么就需要获得土地使用权，把握政策的方向，作为建设单位将工程发包给有相应资质等级的单位，还可能涉及与其他企业的合作。相应的电动汽车充电设施的建设阶段，企业面临的法律风险包括土地使用方面的法律风险、政策变动方面的法律风险、电动汽车充电设施标准变化的法律风险、充电设施标准变化的法律风险、充电环境污染的法律风险、侵权责任的法律风险以及企业合作方面的法律风险。

若采取充电模式，电动汽车充电设施建设的风险便比采取换电模式来的突出。因为充分充电模式的选择，必然要求大量的充电站和充电桩，甚至充电站和充电桩的网点分布也要遵循一定的要求。而换电模式甚至可以在土地比较便宜的城市近郊设充电点。

然后再将充完电的电池运到各网点进行销售。因此可以说，建设过程中的法律风险，更多地体现在充电模式上。

（2）电动汽车充电设施运营中的法律风险

如果企业负责运营充电设施，那么可能面临的法律风险包括相邻关系方面的法律风险、知识产权方面的法律风险、商业秘密方面的法律风险、政策变动的法律风险、电动汽车充电设施标准变化的法律风险、充电设施产品质量的法律风险、充电设施环境污染的法律风险、侵权责任的法律风险以及企业合作方面的法律风险。

（3）土地使用方面的法律风险

1）充电设施建设用地供应不足的风险

《物权法》对划拨用地范围进行了更为严格的限定，对企业建设充电设施的建设用地使用权的取得提出了新的挑战。我国《土地管理法》和《城市房地产管理法》对于采用划拨方式设立建设用地使用权的范围本来就有严格的限制。《物权法》第137条第3项规定，“严格限制以划拨方式设立建设用地使用权。采取划拨方式的，应当遵守法律、行政法规关于土地用途的规定”。可见，以划拨方式取得建设用地使用权的难度越来越大。相对于以出让方式取得建设用地使用权而言，以划拨方式取得的建设用地使用权不用支付土地使用权出让金等费用，且没有使用期限的限制，其益处是不言而喻的。当前，国家和地方各级政府基于发展新能源汽车的政策考量，都大力支持电动汽车发展，因此在建设用地使用权上给予建设单位便利。但若国家的政策发生改变，企业不得不面对建设用地使用权设立上的高难度或高成本。

2）建设用地使用权的设立程序复杂

根据《土地管理法》和《建设项目用地预审管理办法》，在充电设施用地没有纳入省市土地利用总体规划情况下，若要具体实施工程项目时，政府就需要按照“占补平衡”的原则调整土地总体利用规划，层层报批甚至要举行听证会来进行建设用地转换，这将导致充电设施建设需经历漫长的规划调整审批周期。但若不办理建设用地转换和审批手续，充电设施建设用地在法律上就面临“无凭无据”风险。同时随着《物权法》的实施，若先开工再补办相关手续，土地上的其他建设用地使用权人随时可以用影响开发租赁、居民收入等原因阻挠施工，以企业侵犯权利人为由而将其告上法庭，给企业正常经营带来风险。

3）未设立建设用地使用权的法律风险

如前所述，企业可以将充电设施建设在其他建设用地使用权人的土地上。此时企业无须自己去设立建设用地使用权。但此时，其他建设用地使用权人可能要求企业支付一定的补偿费用，双方就该费用补偿可能签订一个补偿协议。但问题是，如果其他建设用地使用权人在拿到补偿款后就将建设用地使用权转让给第三人，根据合同的相对性原理，原先的补偿协议不能约束该第三人，此时企业很可能陷入重新商议补偿款项的风险。此外，应该特别注意他人的建设用地使用权的剩余期限，因为《物权法》第 144 条明确规定，建设用地的使用期不得超过建设用地使用权的剩余期限。另外很重要的是，当前土地资源非常紧张，在城市中更是寸土寸金，开发商规划小区或停车场时，很少会考虑到以后在小区或停车场上设立电动汽车充电设施的规划，故而在小区或停车场建设充电设施是否可行，也是值得关注的。比如，小区或停车场的空间是否足够，若不够而强行设立而占有消防通道等用地，则可能引发更多的问题。

当然，企业可以通过设立地役权的方式来达到对抗第三人的效力，避免前述合同相对性带来的不利影响。但由于我们目前尚无公共地役权制度，故在其他建设用地使用权人的土地上设立充电设施，若其不同意，则地役权将无法设立，此时企业充电设施的建设规划便会受到严重影响。同时，地役权的期限也不得超过建设用地使用权的剩余期限（《物权法》第 161 条）。

4）建设用地使用权的期限性与充电设施所有权的无期限性

根据我国《物权法》和土地使用方面的法律法规，企业建设电动汽车充电设施后，取得了两种不动产物权：建设用地使用权和充电设施所有权（《物权法》第 142 条）。根据《物权法》第 138 条的规定，建设用地使用权是有一定期限的，但充电设施所有权却是没有期限的，这就必然形成充电设施所有权的无期限性和建设用地使用权有期限性的冲突。我国法律关于冲突解决的规定没有明确，进而存在一定的法律风险。

第一，续期规定不清晰。《物权法》第 149 条规定住宅建设用地使用权期间届满的，自动续期。非住宅建设用地使用权期间届满后的续期，依照法律规定办理。但法律对续期有无次数限制，续期的期限是多长等问题并没有作出规定。如果可以多次续期就是变相的将土地所有权让渡给土地使用者，这与我国的土地国家所有制不符；如果只允许一次续期，又与建设用地使用权人的期望值不符。

第二，续期出让金不明确。如果建设用地使用权人的续期请求权得到批准，对于续期出让金的数额法律并没有作出规定。如对土地出让金的确定不能采用竞价方式，则有违法律。但如采用最初取得土地时的出让金数额，则在相对长期的使用后，该数额与经济及社会多已脱节，对土地所有人又可能不公平。

5）充电设施建设规划与政府相关规划的衔接问题

企业建设充电设施，对于充电设施的选择和分布、规模等要进行可行性研究，防止充电设施建设规划与国民经济和社会发展规划、土地利用总体规划、城乡规划和专项规划相冲突。当前，充电设施的建设和运营还没有发展到较成熟的程度，国内尚无直接针对充电设施建设和运营的立法，更没有直接针对充电设施建设规划的立法。对此，可以参照《电力设施保护条例》和《电力设施保护条例实施细则》来对充电设施的建设规划进行保护。

值得注意的是，尽管《电力设施保护条例》第23条“电力管理部门应将经批准的电力设施新建、改建或扩建的规划和计划通知城乡建设规划主管部门，并划定保护区域。城乡建设规划主管部门应将电力设施的新建、改建或扩建的规划和计划纳入城乡建设规划。”《电力设施保护条例实施细则》第17条也规定，城乡建设规划主管部门审批或规划已建电力设施（或已经批准新建、改建、扩建、规划的电力设施）两侧的新建建筑物时，应当会同当地电力管理部门审查后批准。但《中华人民共和国城乡规划法》（由中华人民共和国第十届全国人民代表大会常务委员会第三十次会议于2007年10月28日通过，自2008年1月1日起施行）并未对前述规定作出适当的呼应。导致现实中很难实现各项规划的衔接。因此，在对充电设施的规划进行相关立法时，要特别注意这一点。

6）临时用地与临时建筑的问题

当前充电站建设用地，是临时用地性质的。临时用地存在诸多不稳定的因素。比如，根据《深圳市临时用地和临时建筑管理规定》（深圳市人民政府令第149号，2006年4月4日）第2条的规定，临时用地是指因建设项目施工、地质勘察以及急需的公共服务配套设施需要，按照临时使用土地合同约定使用的国有土地。临时建筑是指单位和个人因生产、生活需要搭建的结构简易并在规定期限内必须拆除的建筑物、构筑物或其他设施。根据该规定，临时用地上的充电设施属于临时建筑，应该在规定的期限内进行拆除，而这同充电设施建设的目的是相违背的。

此外，根据前述管理规定第19条的规定，临时用地、临时建筑不得办理房地产权登记。临时用地、临时建筑不得买卖、抵押、交换、赠予。根据该条规定，在以后形成充电桩买卖市场（如同现在的停车位买卖市场一样），由于充电桩是临时建筑，因此无法办理产权登记，也不允许买卖、抵押、交换和赠予，这将严格制约充电桩买卖市场的形成。

因此，尽管充电设施的建设现在得到了政府的支持而采用临时用地性质，但若不及时调整，通过取得建设用地使用权，则临时用地性质或将制约以后充电设施的市场化运作。

（4）知识产权方面的法律风险

电动汽车在我国属于新兴产业，其发展得到了国家的大力支持，其中就有科技研发的支持。而发展电动汽车必不可少的配套设施就是充电设施，包括充电站、充电桩的设计、生产，以及可能会涉及电池的生产。此时，在知识产权方面，企业会面临两方面的法律风险：一方面，在这个领域可以后发制人，故需要研究如何防范在基础专利上可能面临的风险；另一方面，如何在专利地图上寻求自己的发展和突破，同时避免侵犯其他企业的专利。

（5）商业秘密法律风险

《反不正当竞争法》第10条规定：“经营者不得采用下列手段侵犯商业秘密：

1）以盗窃、利诱、胁迫或者其他不正当手段获取权利人的商业秘密；

2）披露、使用或者允许他人使用以前项手段获取的权利人的商业秘密；

3）违反约定或者违反权利人有关保守商业秘密的要求，披露、使用或者允许他人使用其所掌握的商业秘密；

4）第三人明知或者应知前款所列违法行为，获取、使用或者披露他人的商业秘密，视为侵犯商业秘密。”

《关于禁止侵犯商业秘密行为的若干规定》第3条规定：“禁止下列侵犯商业秘密的行为：

1）以盗窃、利诱、胁迫或者其他不正当手段获取的权利人的商业秘密；

2）披露、使用或者允许他人使用以前项手段获取的权利人的商业秘密；

3）与权利人有业务关系的单位和个人违反合同约定或者违反权利人保守商业秘密的要求，披露、使用或者允许他人使用其所掌握的权利人的商业秘密；

4）权利人的职工违反合同约定或者违反权利人保守商业秘密的要求，披露、使用或者允许他人使用其所掌握的权利人的商业秘密；

5）第三人明知或者应知前款所列违法行为，获取、使用或者披露他人的商业秘密，视为侵犯商业秘密。”

《国家经贸委办公厅关于加强国有企业商业秘密保护工作的通知》中阐述道：“当前，侵犯国有企业商业秘密的行为主要有四类：第一类是不特定人以盗窃、利诱、欺诈、胁迫或者其他不正当手段获取国有企业商业秘密的行为；第二类是不特定人披露、使用或者允许他人使用以第一类所述的不正当手段获取的国有企业商业秘密的行为；第三类是特定人（如本企业职工或交易相对人）违反约定或者违反国有企业有关保守商业秘密要求，披露、使用或者允许他人使用其所掌握的商业秘密的行为；第四类是第三人明知或应知商业秘密是他人非法获取、披露或者使用的，而仍然予以获取、使用或者披露的行为。”

2. 政策变动的风险

政策变化中的风险指的是因变更政策以及产业、税收、环保政策的改变所引致的风险。包括项目与法律的相容度、国家产业政策的影响、税率的变动、环保政策的变更。电动汽车充电设施的建设和发展离不开政府的相关政策的支持。虽然我国政府非常重视电动汽车产业的社会效益，但在现有法律体系和政策环境下，电动汽车充电设施建设的发展仍存在诸多风险。

3. 电动汽车充电设施建设标准方面的风险

我国电动汽车行业经历了从无到有、从小到大的发展过程，已经成为一个充满希望的行业。电动汽车行业的迅速发展无疑与政府的规制准入政策密不可分。然而，随着电动汽车行业的不断发展，该标准制定规则中暴露出的风险也日益突出，在政策和资金的双重推动下，我国车企纷纷掘金新能源汽车，电动汽车产业一路飙升，中国汽车产业似乎已经踏上“弯道超车”的“快车道”。但面对炙手可热的电动车浪潮，政府官员与业内专家不约而同地对其产业化进程发出预警——今后有可能将加强调控，严格电动汽车产业的准入门槛和审查。同时，由于充电设施建设的各项标准尚未统一，企业必须警惕标准变动的情况发生。因此，电动汽车相关企业必须对标准规则的变动风险有清晰的认识。

4. 产品质量方面的风险

充电设施的结构按功能可划分为四个子系统模块：配电系统、充电系统、电池调度系统和充电站监控系统。配电系统主要包含配电相关设备，充电系统主要包括充电机和充电平台，电池调度系统包括电池存储、电池更换、电池维护，充电站监控系统包括配电监控系统、充电机监控系统、烟雾监视系统、视频监视系统。这四个系统本身可能存在质量问题。

这些系统本身的产品质量必须得到保证才能防范风险的产生。

首先，配电系统的设备包括变压器和开关柜。变压器与开关柜的质量关系到电流的稳定，进而关系到对电池的充电效果与对电池的损伤。如果变压器存在问题或开关柜出现故障，很容易导致电池的损伤，从而使充电站对客户承担损害赔偿责任。

其次，充电系统的主要设备是充电机和充电桩。充电机和充电桩的质量直接影响充电效果。充电机和充电桩存在出现故障的风险，对此也应进行相应的控制。

同时，电池调度系统包括电池存储、电池更换、电池维护设备，这关系到电池的安全。

电池本身存在一定的危险性，可能燃烧、爆炸。同时在电池存储、更换、维护时，电池也可能受到损伤。因此，电池调度系统必须确保安全性。

最后，监控系统包括充电站监控系统、计量计费系统、安防系统，具有充电信息管理、车辆及电池组合管理、充电站智能负荷调控，数据采集、处理及存储、控制和调节、事件记录，报警处理、人机界面、用户及权限管理、报表及打印、通信功能，可实现充电过程中的智能管理，为未来营运系统提供安全准确的计量数据，从而保障充电站安全、可靠、经济运行。这样通过监控系统，可以防止上述三个系统的风险。

5. 充电设施的环境污染方面的风险

充电设施产生环境污染的风险主要来自两个方面：第一，建设施工可能造成环境污染。第二，电池本身存在产生污染的较大风险。同时，锂电池相对而言对环境污染的风险较小，但是锂电池在使用过程中常常会出现发热、燃烧现象，轻者影响主机使用，重者还会烧毁主机引起火灾。最后，钠硫电池也存在风险。钠硫电池的运行温度在300～350℃之间，如果陶瓷电介质一旦破损形成短路，高温的液态钠和硫就会直接接触，发生剧烈的放热反应，产生2000℃的高温，容易爆炸，同时其活性物质具有强腐蚀性。

6. 侵权责任方面的风险

侵权责任是指民事主体因实施侵权行为而应承担的民事法律后果。侵权责任是任何人都对他人承担这样一种义务，即不因为自己的错误（过错）行为而侵害了他人的合法权益，否则即能构成侵权行为，要对受害方承担责任。侵权行为基本上都是违法行为。《中华人民共和国侵权责任法》是2009年12月26日第十一届全国人民代表大会常务委员会第十二次会议通过，自2010年7月1日起施行。其中可能同企业建设充电设施相关的法律条文主要集中在：第九章的高度危险责任，具体是第69、73、76条以及第77条；第十一章物件损害责任，具体是第85、86、88、89、91条。

3.2 充电基础设施规划管理

3.2.1 城乡规划管理基础研究分析

1. 城乡规划管理构成要素分析[48]

城乡规划管理一般遵循以下原则：主导性原则、系统性原则、差异性原则、动态性原则、定量性原则、现实性原则、科学性原则。根据这些原则，梳理我国城市规划管理职能要素主要包括：①引领职能，包括法律、法规、规划、战略、政策等；②计划职能，包括计划、投资、项目、建设等；③保障职能，包括公共服务、公共设施、公共空间等；④调控职能，包括宏观、中观、微观等；⑤文化职能，包括人均城市文化、文物事业单位数等；⑥协调职能，包括综合、利益、公平等；⑦科技职能，包括国内、外三种专利申请授权数等；⑧监管职能，包括目标、过程、效果等；⑨环境职能，主要城市空气质量指标均值等；⑩服务职能，包括咨询、一书三证、信访、宣传等；⑪绿化职能，绿地指标。

2. 我国城乡规划管理基本架构

（1）规划管理现行运行模式

现行城乡规划管理包括规划的编制管理、审批管理、实施管理、行业管理等内容，通常所说的城乡规划管理一般是指城乡规划实施管理，它是城乡政府的一项重要职能活动。城乡规划管理，是规划行政管理部门按照城乡规划的要求，通过法制的、经济的、行政的、社会的管理手段和科学的管理方法，对城乡各项建设用地和建设活动进行控制、引导和监督，从而实施城乡规划，促进城乡协调发展。实施城乡规划是规划管理工作的基本任务，规划管理是体现政府意志的过程。

我国的规划管理模式是实行“规划许可”制度。现行的《城乡规划法》中确立“一书三证”制度为规划实施管理的基本制度。规划管理的对象包含用地管理、建筑管理、工程管线管理三大类。规划管理的基本步骤和程序分为核发建设项目选址意见书、核发建设用地规划许可证、核发建设工程规划许可证、监督检查、竣工验收等几个阶段。在规划管理内容中，建设用地的规划管理是最为核心的内容，在目前我国城乡土地有偿使用和行政划拨并存的情况下，根据土地使用权获得方式和建设规模的不同，规划管理程序和运行模式也不完全相同。在规划管理的决策过程中，一般实行分层次管理、集体研究决定、领导审批的程序。

（2）规划管理机构设置模式

规划管理机构和人员队伍是规划管理工作的重要保证，我国大多数城乡都设置了规划管理部门，设置规划局的城乡也有相当数量。

3. 城乡规划管理主要内容

（1）城乡规划管理目标

一切生产和公共事务的管理，其共同的目标就是最有效地运用现有资源来满足一定的预计的需求。城乡规划就是一定时期内城乡发展目标和计划，是城乡的综合布置，也是城乡管理的重要依据。城乡规划的任务，是根据城乡发展和建设的方针、经济技术政策、国民经济和社会发展计划，以及城乡所在地的自然条件、历史情况，现状特点和建设条件，布置城镇发展，合理地确定城乡在规划期内的经济和社会发展目标，确定城乡性质、规模和布局，统一规划并合理利用城乡土地，综合布置城乡文化、公共事业等各项项目，保证城乡有秩序协调发展。而城乡规划管理则是城乡规划的具体化，是政府保障城乡规划实施的行政工作，是动态地、创造性地实现城乡规划的宏伟蓝图。没有具体化的城乡规划管理，城乡规划蓝图只能是空中楼阁。因此，城乡规划管理的目标是通过对城乡各种建设活动的有效引导、控制，最有效地发展城乡综合效益，确保实现城乡规划期内确立的各种发展目标，最终实现城乡的可持续发展。

（2）城乡规划管理对象

城乡规划管理的对象一般意义上讲包括建设用地规划管理（土地使用）、建设工程规划管理（建筑物、构筑物）两大类。其中，建设工程规划管理又可分为建筑管理、工程管线管理。

建设用地规划管理。城乡建设用地是城乡一切活动的载体，任何单位和个人需要使用城乡规划区内的土地进行建设，经城乡规划行政主管部门审查批准，发给建设用地规划许可证的用地，就称之为建设用地。建设用地包括规划的建设用地、二次开发的建设用地和已经使用的建设用地。按照有关规定，城乡建设用地应包括城乡用地分类中的居住用地、公共设施用地、工业用地、仓储用地、绿化用地和特殊用地等九大类用地。

建设工程规划管理各项建设工程，是指城乡规划区内新建、扩建和改建的建筑物、构筑物、道路、管线和其他工程设施。

（3）城乡规划管理依据

城乡规划管理的依据，主要有计划依据、规划依据、法制依据和经济技术依据，这四个依据贯穿规划实施的全过程。

计划依据主要包括城乡经济社会发展中长期计划、城乡经济和社会发展五年计划、城乡建设年度计划、建设项目设计任务书或可行性研究报告批准的计划投资文件、技术改造项目计划批准文件、城乡建设综合开发计划批准文件。

规划依据主要包括城乡发展战略研究成果，城镇体系文件与图纸，城乡总体规划纲要，经批准的城乡总体规划文件与图纸，分区规划文件与图纸，专项规划文件与图纸，近期建设规划文件与图纸，控制性详细规划文件与图纸，修建性详细规划文件与图纸或模型，经城乡规划行政主管部门提出的规划设计条件，审批同意的用地红线图、总平面布置图、市政道路设计图、建筑设计图和各种工程管线设计图，城乡规划行政主管部门发出的规划设计变更通知文件等。

法制依据主要包括《中华人民共和国城乡规划法》及其相关法律文件，国务院颁布的《城乡规划法实施条例》，住房和城乡建设部、国家计委联合发布的《建设项目选址规划管理办法》，住房和城乡建设部发布的《城市规划编制办法》以及其他部门规范和批准性管理文件，各省、自治区、直辖市颁布的城乡规划法实施办法，地方各级人大和政府自己的权限范围内制定的适合于本地条件的地方法规、地方规章和其他批准性管理文件，城乡规划行政主管部门制定的行政制度和工作程序，城乡规划行政主管部门核发的各种建设活动许可证，包括选址意见书、建设用地规划许可证、建设工程规划许可证和临时用地许可证、临时建设许可证及其他方面的许可证，城乡规划行政主管部门对违法用地和违法建设的处理决定等。

经济技术依据主要包括《中国城市建设技术政策》，国家在城乡规划建设方面的经济技术定额指标和经济技术规范，根据国家的经济技术要求编制的地区性经济技术要求文件，城乡规划行政主管部门提出的经济技术要求等。

（4）城乡规划管理内容

城乡规划管理的内容是由城乡规划管理的任务所确定的。《中华人民共和国城乡规划法》相关法律条文已经对城乡规划管理活动进行了法律性的概括。这就是核发建设项目选址意见书、核发建设用地规划许可证、核发建设工程规划许可证、监督检查、竣工验收。这些活动贯穿于建设全过程，如图 3-2 所示。

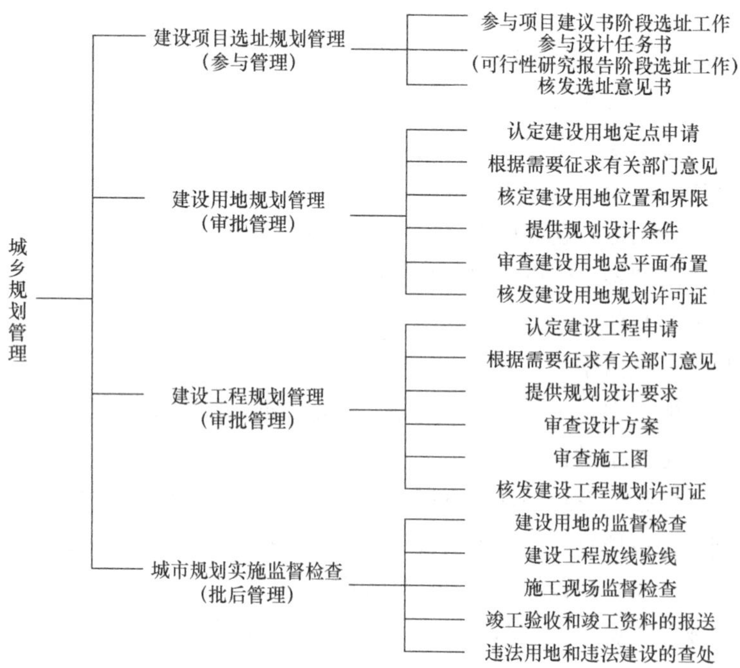

图 3-2　城乡规划管理内容图

4. 城乡规划管理职能分析

城乡规划管理是城乡政府最重要的职能，是政府调控手段之一。离开政府职能城乡规划管理将成为无根之木、无源之水，规划管理研究也就失去了基础和立足点。在市场经济条件下，规划管理职能与政府职能的关系表现在：

（1）作为政府干预手段

所谓城乡规划的干预作用，系指城乡规划作为一种政府行为，一种公共干预的手段，一种职业技术，在城乡建设和发展的特定阶段对其所施加的某种具有目的事件的影响。作为政府职能之一的城乡规划管理职能，对城乡建设资源配置市场失灵发挥着重要调控作用。城乡建设资源配置市场失灵是指在市场机制作用下城乡建设资源配置效率低下或无效，以及因此而出现的城乡建设无序和混乱。城乡规划作为政府调控城乡建设和城乡发展的重要手段，在防止、矫正和消除我国城乡建设资源配置市场失灵中发挥着积极的干预和协调作用。城乡规划干预的方式可分为两种：

1）直接干预方式

从城乡规划方案的编制到借助有关法规的制定来实施规划，这种管理城乡物质环境发展的方式是规划的直接干预方式。

2）间接干预方式

通过正式或非正式的，制度化或非制度化的途径影响有关公共政策的制定来迂回地达到规划干预的目的。从规划干预的方式来看，一方面通过对城乡土地使用、空间发展、环境整治等方面的直接规划政策起作用，另一方面，通过基于城乡规划的公共政策起作用。

这些公共政策一般包括公共物品与服务的社会供给计划，税收、补贴、补偿方面的政策，以及政府的供地计划等。

（2）体现政府指导和管理城乡建设与发展政策导向

随着社会主义市场经济体制的逐步完善，政府的管理方式和行为模式也随之转变，其主要职能是宏观调控、社会管理、公共服务，也就是由“无限政府”向“有限政府”转变。具体讲，就是政府要从过去行政指令性管理模式，转向以法律法规为基础的经营管理模式，遵循市场经济规则，通过市场化运作，使城乡资源得以有效配置，从而实现效益的最大化。

作为城乡政府主要职能之一的城乡规划管理职能就是各级政府依据经法定程序编制和批准的城乡规划文本和图则，根据国家和地方各级有关城乡规划管理的法律、法规和各种具体规定，用法制的、社会的、经济的、行政的和其他科学的管理手段，对城乡土地和空间使用进行合理引导和控制，确保城乡的各项建设符合城乡社会经济环境目标，保证城乡规划的实施。

在市场经济条件下，要改进城乡规划的管理方式，要学会用新的办法，要减少行政审批，提高工作效率，提高政府工作的透明度，保证规划决策的民主化、科学化，加强法制、依法行政，规范自身的行为，为城乡发展创造良好的条件，做好服务工作。目前在世界各国，城乡规划均被作为重要的政府职能。从一定意义上说，城乡规划体现了政府指导和管理城乡建设与发展的政策导向。

(3) 体现政府职能公平性和效率性

现代政府是典型的有限政府。在市场经济背景下，政府的权威不在于权力的张扬，而在于权力制约基础之上的社会认同，是一种有限的权威。在过去很长一段时间，囿于对社会主义的僵化理解，人们误认为，政府的能力是无限的。但随着时间的推移，全能政府的副作用越来越明显，比如效率低下、浪费资源等。在破除计划经济政府理念之际，首先要确立有限政府的新观念。有限政府是以市场为导向和基础的政府，它承认政府的能力有限，因此，它要求政府把主要精力集中在为市场服务的领域。有限政府有利于经济发展，无限政府阻碍经济发展，这已成为人们的共识。

对于规划管理部门本身，作为规划行政的主体，应体现公正性原则。决策行为、决策程序和决策内容应符合城乡规划文件，即使是自由裁量的部分也应严格限制在法规文件规定的范围之内。决策行为应建立在充分研究、比选的基础上，综合各方面的因素，必要时应借助专家的力量，以利选择最为理想的方案。在规划决策的成果上，应体现“公平性原则”，即城乡规划既要保护城乡有关方面的权益，又要维护城乡发展的公共利益和长远利益。既要保护开发商在政府行政许可内的合法权益，又要以公众的利益得到足够的保障为前提。在另一方面，则应体现“效率性原则”，即决策行为应及时高效。这是规划管理行为为城乡建设服务原则的具体体现。针对以上原则，借鉴国外城乡规划工作决策机制的经验，我国的城乡规划决策机制要从决策系统、决策依据和决策程序上加以完善。

由城乡规划的管理基本属性分析，再结合充电设施的基本特性，充电设施规划管理由规划到落实，涉及“充电设施选址规划管理”、“充电设施用地规划管理”、“充电设施工程规划管理”、“充电设施实施监督检查”等主要规划管理环节及内容，接下来的工作需重点围绕上述环节的管理职能、重点进行分析，并进一步提出适合充电设施规划管理的系统架构建议。

3.2.2 充电设施规划管理职能定位

由前述基础研究内容得结论，可知充电设施的推广离不开市场的载体，对其管理职能的研究除应满足基本的城乡规划管理要求外，还应包括充电设施管理的市场定位、社会定位、利益定位及监督定位等方面的内容。[49]

1. 市场定位——明确设施规划管理外推力

(1) 市场经济概念与特征

市场经济作为一种资源配置方式，有其自身运行的规律，它们相互联系，相互作用，共同调节着经济的运行。市场经济规律的作用通过市场机制体现，表现为市场机制的作用。

市场经济的运行是在发挥价格机制、供求机制、竞争机制的基础上，通过价格、供求、竞争的相互制约和相互联系，调节社会经济的运行，最终实现社会资源的配置。

我国经济体制改革的目标是建立社会主义市场经济体制，要实现这一目标，必须通过改革，使市场在资源配置中发挥基础性作用。社会主义市场经济体制下，强化政府对经济的宏观调控，除了市场本身有缺陷外，还因为现代意义上的市场经济是一种既有市场调节又有宏观调控的经济模式。

在我国建立社会主义市场经济必须有中国特色，表现在所有制模式上，是以公有制经济为主体、多种经济成分并存协调发展的市场经济，如城市土地属国家所有表现在政府职能上，是以中央政府为总调控，地方政府为具体协调的政府调控的市场经济。

经过三十多年的改革开放，我国经济体制终于由国家统管统配的高度计划经济全面转向社会主义的市场经济。改革走向深层，“两个根本性转变”经济体制从计划经济转变为社会主义市场经济，经济增长方式从粗放式转向以提高经济效益为中心的集约式，增长方式的要求促发了以下制度性的根本转变。在一个成熟的市场经济体制的国家里，市场的任务是推动经济发展，政府的任务是促进社会发展。政府、市场和社会互相制约、互相促进，从而推动社会经济健康发展。

（2）充电设施规划管理与市场经济关系

规划作为一种政府行为，应是服务于市场的，要遵循市场的规则，要以价值规律为载体，充分利用市场机制来实现规划调控目标，不应当凌驾于市场之上，不应是排斥、对抗市场的作用，采用国家力量强迫市场服从，这样反而会阻碍市场机制的发挥和城市经济的发展。另一方面更要主动弥补市场的不足，集中精力管市场管不了的事情，规划是以市场为基础的，同时规划对市场又具有保护和促进作用。政府应充分利用规划的强制力，切实保护好易受市场力侵犯的城市生态、历史文化遗迹、公共设施用地和城市风貌等不可再生而又脆弱的资源。

电动汽车及充电设施目前仍处于先期推广阶段，其规划管理应先要明确规划和市场的关系。一方面，设施规划必须借助市场的力量来优化充电设施空间结构，并对市场的缺陷起到弥补的作用；另一方面，规划是市场的引领，必须具有前瞻性、全局性、合理性，是综合各方面、层次内容后的理性科学。电动汽车充电设施规划应兼顾以上两种情况，将两者综合起来考虑。

充电设施规划调控与市场机制应是一个互动的关系。具体而言，有以下几个方面：

1）规划预先保护充电设施空间资源

市场管不了资源保护，所以，我们要通过充电设施规划，来保护空间资源。市场的动力是要占有、消耗或破坏资源，编制规划就是为了预先保护后续发展需要的不可再生资源。

2）规划界定充电设施土地产权

市场管不了产权界定，因此需要通过设施规划进一步落实法定类控制性详细规划来界定。

3）规划确保充电设施合理空间布局

规划以空间布局作为手段进行城市资源的分配和再分配，但市场解决不了充电设施空间的合理布局，需要通过城市规划按公平、合理和可持续原则来解决。

4）规划综合协调市场缺陷

规划与市场是互补的，同时要做好电动汽车充电设施的规划管理与国民经济和社会发展年发展计划的协调，与土地利用规划的协调，与专业规划的协调，要把专业规划中合理有用的内容吸收到城市规划中来，使城市规划成为其他规划的落脚点。

2. 社会定位——社会力量提升设施规划管理聚合力

我国社会中介机构是指在政府与企事业单位、社会集团、个人之间起着桥梁和纽带作用的各种专业性社会机构。它是在政府城乡规划职能的转变、规划管理人员精简及审批程序简化的形势下应运而生的，是社会组织管理水平提高、社会自治能力增强的反映，能保证政府在更大范围对社会事务发挥间接管制作用。它的工作重心是提高服务意识，提升服务功能、搭建服务平台、提高服务水平，能通过建立蕴含强大辐射力与服务功能的平台，多视角、全方位地向国内外推介规划信息，成为协会与会员交流、沟通的载体，成为反映规划动态的窗口和咨询服务平台，为规划决策和开发建设服务。规划中介机构以有偿的形式，按社会要求、自身作用和运行规则，在充电设施规划管理体系中可以发挥以下作用：

（1）提供充电设施建设项目选址服务

一是对充电设施建设项目拟建场地的现状情况进行现场调查、踏勘，了解项目拟建场地与周边现状建筑、有关基础设施及土地使用关系；二是通过多方案比选，确定充电设施建设项目的选址定点上报方案，重要项目则组织专家论证，为规划管理决策和“选址意见书”的发放提供技术依据。

（2）提供充电设施用地规划服务

依据经批准的城乡规划，为建设单位或个人提供建设项目规划设计条件和有关技术资料，引导建设项目按城乡规划的要求进行项目规划设计，为规划管理部门审批“建设用地规划许可证”提供技术依据。

（3）提供充电设施规划服务

主要有两个方面。一是进行充电设施规划设计方案比选，对建设单位或个人提供的建设项目规划设计方案，立足于符合国家法律、法规、技术规范和城市规划，满足城市可持续发展和土地及空间资源的合理利用，维护城市公共利益的前提下，以节约投资和加快建设进度为目的，组织有关专家进行论证比选，为规划行政主管部门审批“建设工程规划许可证”提供科学依据；二是根据城乡规划行政主管部门批准的充电设施规划方案，为建设单位或个人的建设项目负责规划放线和竣工验收。

（4）非政府组织在充电设施建设中的独到作用

在政府的宏观调控职能以及市场本身的运行机制中，中介机构的参与，对于信息的反馈、收集有着不可替代的作用，尤其是在目前市场运作尚未完全规范化的前提下，规划行政体系的优化应充分发挥中介机构的决策咨询、信息沟通、监督等作用。在规划的决策程序和决策过程中，通过市场中介组织保持信息畅通以及决策效应的及时反馈，以实现规划的决策优化。

与城乡规划相关的非政府组织有行业协会、研究会等行业相关组织。行业协会是市场经济的必然产物，是在行业发展到一定规模之后为了保护行业利益同政府协调产业政策，其性质是在政府的批准之下产生的行业自律机构，是一种民间组织。如：国家到各地方已有的新能源（电动）汽车行业协会、汽车行业协会等在新能源汽车的技术促进、规划设计、空间落实、维护保养、业务咨询和协调等方面发挥着重要作用。

（5）充电设施规划管理职能与社会组织关系

充电设施相关社会组织的组建可以实现政府角色的重新定位，解决现行机构设置，职能配置和管理运行方式与经济发展不相适应的矛盾，把行政职能还权于政府机关，办事职能交还于事业单位，而一些应由社会中介组织承担的职能转还给社会。同时，作为第三部门，中介组织具有高度的独立性和权威性，能够严格按法定的规则、程序执行行为规范和业务规范，排除人为因素的干扰，坚持客观、公正的态度，采用科学的方法，从而保证工作结果的公平和合理。

3. 利益定位——企业对设施规划管理的助力与阻力

（1）政府职能与企业关系

从世界各国的电动汽车商业化运行项目的实验过程来看，电动汽车商业化示范运行的支持力量来源于多个方面，包括政府、公共机构、高等院校、私营企业等，项目资金来源也不尽相同，但运营首选公共交通运输服务业。根据电动汽车商业化运行过程中主导型参与者的不同，各国采用的电动汽车商业化运行的模式总体归分为两种类型，即政府主导型和企业主导型。

（2）规划管理与企业利益博弈

在计划经济向市场经济转变的过程中，企业的所有制结构产生了极大的变化，国有企业、民营企业、股份制企业等多种性质的企业并存，它们不同程度地介入城市的基础设施、公共设施建设，对于城市规划决策的参与动机增强。但是由于行业组织和中介机构不发达，企业参与城市规划决策仍然处于随机和自发的状态。以下列举两类与充电设施规划密切相关的企业类型：

1）研制企业主导型模式

所谓研制企业是指研究开发或制造电动汽车整车、零部件的企业，既可以是生产企业，也可以是研究部门。并非所有的政府的财政能力都足以支撑电动汽车商业化运行和配套基础设施（例如充电基础设施）的建设，所以电动汽车商业化运行迫切地需要企业和私人资本的参与。另外，政府的优惠政策和电动汽车的未来前景也使越来越多的电动汽车研发制造企业愿意出资进行电动汽车商业化运行，以达到宣传企业形象，改进企业产品，积累运行数据，培育电动汽车市场等目的。例如：德国作为汽车工业大国，一直延续着研制企业主导型模式。

研制企业主导型模式，特点是电动汽车商业化运行的交通线路作为公共财产仍归政府所有，但负责商业化运行的运营企业是由电动汽车研制企业委托或组建的。也就是说，政府仍然参与电动汽车商业化运行，但居于主导地位的是电动汽车研制企业。

2）运营企业主导型模式

运营企业主导型模式是以专门的运营公司为主的电动汽车商业化运行模式。

运营公司遵循市场规则，按照市场化原则实施商业化运行，公司采取投资渠道多元化的投资形式，尽量吸引社会资金。公司的盈利由以下几个部分组成：运营车辆的票价收入、运营数据和运营成果或产品的收入、对外进行电动汽车维修和相关培训的收入等。

运营企业主导型模式遵循收益分享风险共担、制定最低收费和服务水准、建立评估系统等原则，其目的是在保护公众利益的同时，保证投资者获得有吸引力的经济收益。电动汽车商业化运行以这种模式运行是严格意义上的商业化运行，固定设施的建设等所有成本均有运营公司承担，能够缓解政府的投资压力。这种模式下，政府抽身而出，不再直接参与商业化运行。对于运营企业，政府是通过间接的方式来发挥支持作用的，主要体现在政策和财政两个方面。政策的作用是建立适于运营企业成长的环境，表现为根据政策规定确立的电动汽车商业化发展支持计划；而财力环境的形成直接与政策相关，支持计划的重要组成就是对企业的补贴或税收优惠。

4. 监管定位——公众参与提升设施规划管理监督力

（1）公众参与的内涵

1）公众参与概念

所谓公众，指的是政府为之服务的主体群众。所谓公众参与，指的是群众参与政府公共政策的权利。公众参与就是在社会分层、公众需求多样化、利益集团介入的情况下采取的一种协调对策。公众参与规划，实际上是让公众在城市规划编制和实施中行使“知”，实现“为”的权利，是体现城市规划政治性和社会性，体现城市规划为公众服务的宗旨的一种有效手段。它有利于完善城市规划体制，弥补自上而下体制不足，增加自下而上的反馈过程，有利于提高规划质量，拓展城市规划的学科领域，促进城市规划实施，强化城市规划管理。

2）公众参与背景

西方市场经济国家，如德国、英国、美国、法国、加拿大等国家在21世纪先后由于政治、经济、社会等环境的转变，纷纷建立了城市规划的公众参与制度，并使城市规划经历了从物质建设规划、数理模型规划到社会发展规划几个阶段，规划工作逐渐由宏观转向微观，由政府行为转向市民的角度，由理论性、专业性和集中的权力转到感性、具体、由下至上的参与。

蓝图式的传统城市规划在政治上代表了一种集权主义，它将自己作为公众的代表，表达了公众的利益。过分注重完善的目标，对社会现实缺乏观察，在这种思想状态下，规划师以及许多决策者常常以人民的代理人自居。很自然地认为“我们代表着人民”。规划专业体系缺乏对自身角色的清楚认识，导致规划政策常常在总体上与社会实际相脱节。社会中的不同需求、愿望和感情被忽略，而政策制定者和管理者却不自觉地将他们主观的偏好看作是客观的、普遍的。这也常常使得规划师和决策者低估了公众对于社会变革的接受能力，并导致对规划目标的过高估计，这是与现代社会中的民主概念相矛盾的。20世纪90年代初，公众参与城市规划的概念开始从西方市场经济国家被介绍到我国规划界。我国是一个社会主义国家，人民是国家的主人，享有真正的政治平等权利，宪法赋权人民通过各种途径和形式管理国家事务。因此，公众参与城市规划有着坚实的政治基础。城市规划管理作为政府的一项重要职能，它与城市公共政策紧密联系在一起，涉及千家万户，直接关系公众利益。

总结城市规划多年的历史，可以说，城市规划管理的每一项活动都是在公众自觉与不自觉的参与下进行的。随着技术的进步，将进一步提高教育的发展和经济的增长，公众普遍对周围社会变化、发展的认识，大量的社会互动将得以实现，公众参与城市规划管理的意识和能力也将大幅提高，即使是社会底层的人们也能够经常有计划地为他们的权利提出要求。

规划已从崇尚科学理性的技术性角色，转变为在公共事务中扮演组织群众意见和协调不同利益团体的角色，规划正逐步从一个蓝图变为一个过程，在这个过程中，公众既是批评者，又是创造者，规划部门为公众提供有关规划的目标、原理、概念、方法等系统知识，公众为规划管理部门提供价值观、政策效应、背景材料等意见，公众创造性地参与会减少城市公共政策的失误，使城市规划更加切合公共实际，同时，有效的公众参与能抵制规划与管理工作中的不正之风，有效杜绝政府部门的权力寻租行为，促使城市规划管理实现帕累托最优。

3）公众参与意义

对于充电设施规划，公众参与是规划决策公开和监督民主的重要实现途径，市民参与不仅分担了管理部门的责任，也更加确保了后续设施的顺利实施。从而可以有效地减少决策失误，使决策更为正确，这对推进社会的民主化进程，无疑是十分有益的。

实践证明，凡是公众积极参与并支持的规划决策，更能代表广大市民的利益和愿望，在实施中就会得到市民的支持从而进展顺利。另一方面，市民在参与规划决策的过程中，自身素质会得到提高，这对提高城市凝聚力、提高政府威望，都将起到重要作用，是城市规划和城市建设所要努力追求的一个带有战略意义的重要目标。

（2）电动汽车规划管理公众参与规划渠道和过程

1）公众参与规划渠道

公众参与大致有以下三个渠道。首先，根据《中华人民共和国城乡规划法》的规定，城乡规划应由市人民代表大会审议并批准，故人大代表、政协委员作为公众代表参与了规划；第二是组织专家对规划方案提建议；第三个层次是一般公众的参与，如举办城乡规划展览会，具体项目的规划编制进行民意调查。如深圳市采用“公众意见咨询展”的办法收集公众对规划的反馈意见，广州、厦门等不少城市普遍采取对规划成果进行广泛宣传、咨询的办法。

2）公众参与规划过程

公众参与城市规划应贯穿于城市规划编制和实施的全过程，可分为四个阶段九个步骤，即准备阶段：确定任务、拟定目标、收集资料；规划设计阶段：构思方案、方案评价、选择、协调；立法阶段：公开审议、审批立法；实施阶段：方案实施、反馈、调整。

3.2.3 充电设施规划管理要点分析

通过以上分析充电设施规划管理的职能定位特点，结合充电设施的空间需求及其推广时序阶段特征，并考虑城乡规划管理体系，分析与充电设施规划管理相关的管理要点，主要包括：多规协调、用地保障、实施监督等主要方面。

1. 多规协调

（1）基本概念

涉及充电设施管理协调的相关规划可以概括为横向与纵向两类规划体系。详细内容为：

1）横向相关规划

其中横向体系按照规划的编制主体及研究对象类型不同划分，主要包括：国民经济和社会发展规划（以下简称“经规”）、城市总体规划（以下简称“城规”）和土地利用总体规划（以下简称“土规”）这三类规划也是影响城市发展最重要的规划。

从实践的角度看，“三规合一”是指将经规、城规、土规中涉及的相同内容统一起来，并落实到一个共同的空间规划平台上，各规划的其他内容按相关专业要求各自形成系统。在此基础上还衍生出了“多规合一”的相关概念，是将涉及城市发展的其他重要专项规划，如城市环境总体规划、海洋功能区划、港口总体规划和园林绿化规划等一并纳入“三规合一”的工作体系，形成涉及面更广的规划协调。

2）纵向相关规划

纵向规划体系既为前述介绍的城乡规划体系，主要从研究对象和研究层次上进行区分界定。

充电设施规划管理需要在城乡规划体系内部取得各类型规划协调的基础上，在横向体系中也要处理好与相关规划的协调工作。

（2）内涵解析

“多规合一”的工作要求，其实在各自规划的相关法律条文中就有所规定。以“三规合一”为例，《宪法》第八十九条规定，国务院行使编制和执行经规及国家预算的职权；《土地管理法》第十七条规定，各级人民政府应当依据经规，组织编制土规；《城乡规划法》第五条规定，城规的编制应当依据经规，并与土规相衔接。从以上相关的法律条文规定基本可以得出“三规”之间的关系：城规、土规的编制都应当依据经规，城规还应注意与土规相衔接。“三规”有各自的规划目标和体系，对城市发展发挥的作用也各不相同，所以也才有各自存在的必要。然而，“三规”之间的相互关系密切，互有技术部分的交集需要相互协调统一，所以从规划编制的立法层面就有“三规合一”的基本要求。

不管是从理论还是从实践的角度看，由于规划主体、技术标准、编制目的与规划期限等不同，规划之间的矛盾与冲突现实存在。虽然规划对象是同一个城市，但存在着“多规”不统一的问题，且问题最突出的是各个规划的技术交集部分——城市建设空间。经规提出的多数发展目标最后是要落实在建设项目上的，而建设项目需要建设用地支持。土规的工作重点是规定城市行政区域范围内的各类土地用途，其中一个重要的部分就是确定城乡建设用地的规模与布局。城规本身就是对城市建设用地的规模测算与空间布局，而城市环境总体规划则涉及了划定城市建设用地不可侵入的城市生态保护区域。因而，城市建设用地就成了“多规合一”最需要统一的部分。从法律规定的逻辑关系看，“三规”的层次关系依次为经规—土规—城规，但有意思的是，法律规定的3个规划的规划期限却各不相同，层次最高的经规的规划期限最短，一般为5～10年，土规的规划期限为15年，而层次最低的城规的规划期限最长，一般为20年。那么从理论上讲，有关城市建设用地规模与布局的统一协调问题，下层次规划是无法以上层次规划为依据的，当然也就容易出现各个规划“自说自话”的现象。而“三规”在技术路线上也有冲突。土规的指标是自上而下层层分解确定的，是不能突破的；而城规却是自下而上地根据人口增长规模测算得出建设用地的指标：两种技术路线指导下的结论往往不一致。从实践的角度看，各个规划相互冲突或有矛盾的现象就更为常见。发改部门确立的项目不在城规确定的建设用地范围内，城规确定的建设用地规模和边界不断突破土规给定的指标与范围等现象则更为普遍。

(3) 管理要求

1) 审批环节

要求审批部门主动推送、联动协同。

2) 流程环节

要求各部门在同一审批平台上业务协同，避免因规划不一致导致来回审批。

3) 后续环节

“多规合一”平台向监察部门的行政审批电子监察系统开放监管通道，监察部门对“一张图”和行政审批全过程进行在线实时监控，实现监管工作的制度化、常态化。

2. 用地保障

根据《城市用地分类与规划建设用地标准》GB 50137—2011，仅对独立占地的电动汽车充电站作出了用地类别划定，属“商业服务业设施用地”大类中的“加油加气站用地”小类，其他类型的充电设施（充电桩）并没有作出规定，按照各地充电设施政策规定，充电桩可依托停车场库进行配建。依据上述对充电设施体系的划分及分析，本书将主要针对需独立占地的公共充电站进行用地保障分析。

(1) 通过控制性详细规划等法定类规划的编制，进一步落实充电设施规划站点用地的预留。

(2) 协同城市更新、土地整备等相关政府政策行为，落实充电设施功能用地预控。

(3) 针对规划充电设施现状用地是否符合规划、是否有合法用地手续等具体情况，分别采取相应的处理措施，加强充电设施规划用地规范化处理。

(4) 尽可能采用技术手段解决实际存在的实施问题。

(5) 加大技术和管理等手段为主，全面提高设施的安全性；同时，辅以空间管制手段，确保事故的发生对周边影响降至合理水平，符合安全和环境保障要求。

3. 实施监督

电动汽车充电设施规划主要针对的是空间层面的实时管控，若要顺利实施，需针对地方性规划管理情况，需从规划编制管理、规划审批管理、规划实施管理、规划监督管理等主要环节作出详细且具有实操性的制度安排。

3.2.4 充电设施规划管理职能体系建议

1. 充电设施规划管理职能影响体系

(1) 政策影响

充电设施规划管理职能体系，说到底还是一个公共政策的范畴，作为分配城市资源和利益的重要手段，必须依赖于强大的政策支持才能保证顺利实施。充电设施规划的作用之一在于分配城市电力能源补给设施资源，而此项任务的完成必须依赖于政策。同时，设施规划实施的长期性也要求政策保驾护航，政策方向常常是城市建设的主要动力，也是城市规划决策的主要基础。

(2) 经济影响

在市场制度下，企业无论国有的、民营的、外资的、合资的在充电设施建设与发展中，有着自己的利益目标。当这些利益目标与整个城市的发展目标一致时，城市规划必须，也应该尽力去满足企业的要求，以确保企业利润达到足以维持经营和经济增长的要求。政府在生产增长、劳动就业、物价控制、生活质量、社会保障和国防、科技、教育、体育、卫生等方面的目标必须通过企业利润的增长来实现，城市规划的实现也需要企业尤其是房地产开发企业的参与。可以这样说，企业所追求的目标恰好构成政府所追求目标的主要实现条件。而现实的规划实景中经济对规划的干预和影响也是最直接和最现实的，进而直接而现实地影响和决定政府与规划决策取向。

(3) 技术影响

城乡规划的主要目标是通过一定的技术手段与方法解决在有限的土地使用过程中的利益博弈问题，从而提供一个紧凑的、平衡的、有秩序的公共空间资源的最佳配置使用。这是一项强调效率的工作，带有很强的技术特征，根据各种土地使用的优先性，并通过整体性的空间协调来安排土地。但同时应该认识到，自由的土地市场不可能完全按照公共利益来运作，因此，需要对充电设施规划进行适当的技术控制。尤其是对于充电设施规划，一方面，技术性的提高可以使设施规划更有可操作性，另一方面，对于设施规划的作用能有更加本质的判断，用来确定技术手段所应用的领域。

2. 充电设施规划管理职能体系建议

(1) 规划编制

1) 规划编制的要义

电动汽车充电设施规划组织编制管理是指依据有关的法律、法规和方针政策，明确组织编制的主体，规定规划编制的内容要求，设定城乡规划编制和上报程序，从而保证城乡规划依法编制。由于城乡规划具有不同的层次，因此与之相对应的充电设施规划编制的主体、内容和程序也是不同的。

充电设施规划是由城乡权力机构编制，并经上级政府批准的在一定年限内关于充电设施发展目标、布局、规模和选址部署的地方性法规或有法律效力的文件。

2) 规划编制管理价值取向

简化——简化规划编制，突出规划编制重点，采用简化、有效、管用、务实的新的规划编制要求；放权——发挥包括规划管理部门、中介机构、公众参与等多元编制主体的积极性、创造性，又能最直接、最实质反映现实城乡发展和城乡规划的需要；高效——电动汽车的发展不是匀速状态，如一些新生事物一样，将会出现新的爆发式增长，因此，作为功能设施的充电设施规划需要适度超前，将规划编制的效率视为重中之重，高效也是现代城乡规划管理职能的重要要求和目标取向，这里主要涉及压缩合并规划编制程序，简化编制内容，优化编制成果，使规划编制工作深度、质量和效率都有一个质的改进与提升。

（2）规划审批

1）规划审批的要义

电动汽车充电设施规划的审批管理，就是在城乡规划编制完成后，由组织编制单位按照法定程序向法定的规划审批机关提出规划报批申请，法定的审批机关按照法定的程序审核并批准城乡规划的行政管理工作。

2）规划审批价值取向

充电设施规划审批主要应遵守以下原则：①确立市场取向为原则，要遵循合理原则；②确立方便群众原则；③依法审批原则；④确立强化监督原则；⑤坚持效能原则；⑥坚持责任原则。在此基础上，还要进一步简化、转化与强化相应职能、制度。

3）简化——要建立规划便民服务制度

提高办事效率，建立便民服务制度。对于企业、个人申报充电设施建设的事项，涉及多部门的审批事项，应建立主办部门责任制，采取一个部门主办，有关部门协办的方式进行审批，也可采取联合审批或“一条龙”、“一站式”审批方式。对审批频率较高，直接面向投资者或群众的事项，实行集中办事制。对审批业务多或审批业务涉及内部几个科室的部门，推行“窗口式办文”制度。对特殊事项实行承诺办理制，凡需要其他部门审核或现场办理的特殊事项，承办部门应视情况作出承诺，严格按承诺时限办理。同时要加快采用新科技，改进审批手段，统一规划并逐步实施政府各部门的电脑联网，通过互联网实现政务信息共享，探索部门联网审批等新的模式。

4）强化——要加强对规划审批行为的监督和事后监管

建立和完善监督约束机制，是确保充电设施规划顺利落实的关键所在。一要建立内部监督制度。对每个审批、核准项目，都要制定相应的内部约束和监督措施，明确规定部门负责人和具体经办人的权限、责任和义务。重大事项应由集体研究决定。按照监管审批分离原则，由监管人员对审批人员的审批事项实行监督，对责任科室和具体经办人的审批行为进行定期检查和考核。二要建立社会监督制度。同时，还要建立定期的社会质询和人大代表、政协委员定期检查制度。三要建立审批责任追究制。四要建立事后监管制度。坚决克服重审批、轻监管的现象，对法律、法规和行政规章已经明确监管措施的，要按规定执行，没有明确的，要制定严格的可操作的监管措施，加强对审批事项的事后跟踪监管。五要对取消的审批事项提出加强行业监管的意见，并制定相应的管理办法和措施。

（3）批后管理

1）批后管理要义

规划实施的公共监督检查，是充电设施规划管理中的一项重要工作。它涉及规划实施的最终结果是否实现规划管理的预期目标。城乡规划行政主管部门为了实现城乡规划管理的目标，依照城乡规划法律和法规、批准的城乡规划和规划许可，对城乡的土地使用和各项建设活动实施城乡规划的情况，进行行政检查并查处违法用地和违法建设的行政执法工作。在行政检查中，对违法用地和违法建设的处理，又依法行使行政处罚和行政强制措施。

为了保证充电设施规划实施，城乡规划行政主管部门核发建设用地规划许可证和建设工程规划许可证后，还必须对建设用地和建设工程实行批后管理。

一是对充电设施规划选址的建设用地征用定桩的复验，二是对建设工程的放线验线，三是对建设工程的竣工验收。这是规划实施监督检查管理的重要内容。《城乡规划法》对此也作了明确的规定，如第四十五条规定“县级以上地方人民政府城乡规划主管部门按照国务院规定对建设工程是否符合规划条件予以核实。未经核实或者经核实不符合规划条件的，建设单位不得组织竣工验收。”

2）批后管理价值取向

充电设施规划管理过程中的最薄弱环节实质上是批后管理环节，在“三证一书”核发后，从开工到竣工验收这一最关键的环节，规划部门往往无论从思想上、精力、人员和技术手段表现出一是力不从心，二是迫于巨大的工作量而实质上长期处于绝大多数失管状态，加上批后管理机动性、技术陈旧落后，更是捉襟见肘，在主客观上对规划目标实施都存在先天不足、后天失调的现象，难免形成规划实际管理中“放样、走样”、“定位、移位”情况。

（4）公共监督

1）公共监督的要义

规划管理部门如何公平分配公共利益成为备受关注的重要问题。人类历史证明了一条颠扑不破的真理；任何行使权力的行为都必须受到监督和控制，充电设施规划管理也不例外，作为一种行使公共权力的管理活动，同样也需要监督和控制。这就要求规划管理监督建立一套完善的监督体系，利用新的技术手段和各种科学方法，通过监督行为保证规划管理增进和公平分配公共利益和空间资源目标的实现。

对规划管理而言，公共监督具有以下四个方面的作用：

一是保障公共利益的利益取向；二是预防作用，规划管理涉及城乡规划事务非常广泛，管理环境又十分复杂，在规划管理方法和技术还不成熟的条件下，规划管理中难免会出现各种失误、不当和问题。公共监督可以在事先采取措施，在一定程度上预防规划管理中各种错误和问题的出现，使规划管理更具有科学性、有效性和合法性；三是补救作用，广泛的规划管理对象和复杂的管理环境决定了规划管理中各种不确定性和随机性因素，这给规划管理带来了难度和风险，而规划管理行为的偏差又会带来广泛的社会危害。公共监督主体通过监督和控制行为，可以及时发现问题，敦促规划管理者采取补救措施或在自己权限内实施补救；四是促进作用，公共监督的主要目的并不是为了惩罚违法乱纪的规划管理者，而是要通过监督行为，及时找出管理中存在的问题并加以解决，使规划管理者能认真履行管理职责，切实维护公共利益。监督行为的存在客观上有利于调动规划管理者的积极性，提高管理效率。因而，公共监督对规划管理具有促进作用。

2）公共监督的价值取向

一是法律监督。主要对公共监督主体依据法律法规和国家规范性文件对规划管理机关的行政行为的合法性与合理性及对规划管理者是否廉洁奉公，遵纪守法所进行的监督。

二是行政监督。主要指监督主体依据行政法规、行政规章和行政纪律对规划管理科学性、合理性进行经常性的监督活动。

三是社会监督。主要指各类社会团体包括利益集团、第三部门及全体社会成员对规划管理的公开性、经常性的监督活动。如公共参与规划编制、调整、审批及批后管理中的部分段和全过程监督活动，人大代表、政协委员对规划执行情况的定期和不定期监督，新闻媒体对规划管理及实施绩效的评估与监督等方面。随着规划管理工作环境的不断开放与透明，社会监督愈来愈成为规划管理监督重要、经常、有力和有效的方式之一，因此，“阳光规划”被广泛采用与使用。

3）充电设施规划公共监督内容

充电设施规划管理公共监督内容主要在于其执行计划的监督，城乡规划管理执行计划是执行准备阶段制定的执行行动路线，是为了具体执行设计的解决问题的方案和具体办法，对于规划管理执行计划的监督，主要目的在于使执行设计更加科学、合理、明确，不仅能够有利于具体执行，而且也有利于监督和责任认定。

规划管理执行过程监督。执行监督不仅包括对执行计划实施情况的监督，还包括对执行过程中管理法规执行情况的监督。具体执行过程是规划管理执行过程的合法性、合目的性和规范性。此外，还应注意对规划管理执行行为的监督。

3.3 充电基础设施的建设模式

3.3.1 “政府全权出资”的建设模式

1. 概念及特点

“政府全权出资”模式是指由政府全权负责充电设施建设所需的相关资金，包括充电设施建设和站场内部充电设施基本设备所需的资金。政府建成后可以选择自主经营管理或对外出租经营，通过收取电费、服务费和租金的方式收回成本，这种模式主要适用于公交充电站和公共充电站。政府全权出资的建设模式主要出现在充电设施建设前期，目前各地建设的公共充电站一般都采用此种模式，主要是由国家电网、南方电网等公司代表政府负责建设和管理，在建设前期一般是作为示范推广项目，建设规模和投入资金都相对较小。随着电动汽车的快速增加，对于充电设施的建设规模和投资规模越来越大，如果单纯依靠政府的财力，势必会增加政府的财政负担，不利于充电设施项目的长远发展。这种形式主要适合于前期项目推广阶段。[50]

2. 优点

(1) 产权明晰，管理明确。

政府全权出资，在建设项目中政府负责所有项目的资金、相关设施建设、设备购买等情况，因此，有关项目的所有权清晰的、无任何争议的归政府所有，在后期管理中也由政府统一负责，权责明确。

(2) 管控方便，周期较短。

整个充电站的投资、建设、运营都由政府负责，因此政府拥有对整个项目的控制权，能够确保项目及时建设和完成，避免因参与主体多、项目前期谈判时间过长而引起项目延误，能够保证未来充电设施能够近期提供运营，及时提供充电服务。

(3) 降低成本，统一管理。

由政府统一建设，一方面采用标准化建设方式，可以有效降低建设成本，另一方面，采用统一方式、统一标准收费，也方便后期运营公司统一管理和个人用户的使用。

3. 缺点

(1) 增加了政府的财政负担。

这种模式在我国来说是比较常用的一种方法，但由于国内的投融资市场不是十分活跃，加之充电设施发展仍处于初级阶段，被社会认可还需要一个过程。此外，一般充电站建设投资规模大，收益回收期较长，这种模式无疑增加了政府的财政负担。

(2) 不利于盘活国有资产。

由于政府必须一次性投入巨额资金，使得政府资产在公用事业上的沉淀现象加重，不利于盘活国有资产，同时也不利于开拓投融资渠道，充分利用民间资本。

(3) 后期运营的风险管理比较大。

政府投资建设后，后期的运营以及租赁方面存在较大的风险，如果电动汽车发展没有及时跟上，新建的充电站就会出现无人使用的情况，一方面会造成资源浪费，另一方面因充电设施长期闲置，也会造成充电设施的损害。

3.3.2 “政府企业联合出资”的建设模式

1. 概念及特点

“政府企业联合出资”的建设模式，又称 PPP 模式，是指政府与私人组织之间，为了提供某种公共物品和服务，以特许权协议为基础，彼此之间形成一种伙伴式的合作关系，并通过签署合同来明确双方的权利和义务，以确保合作的顺利完成，最终使合作各方达到比预期单独行动更为有利的结果。

公私合营模式（PPP），以其政府参与全过程经营的特点受到国内外广泛关注。PPP 模式将部分政府责任以特许经营权方式转移给社会主体（企业），政府与社会主体建立起“利益共享、风险共担、全程合作”的共同体关系，政府的财政负担减轻，社会主体的投资风险减小。PPP 模式比较适用于公益性较强的市政、交通等公共基础设施。其典型结构见图 3-3。

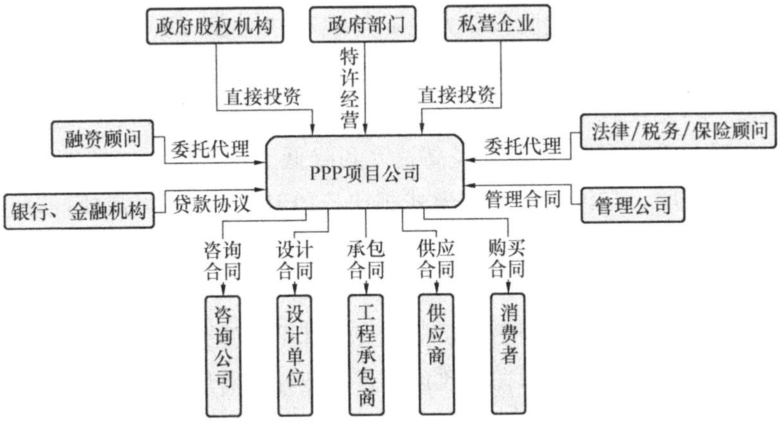

图 3-3　PPP 模式典型结构图

2. 主要模式

广义 PPP 可以分为外包、特许经营和私有化三大类，其中：

（1）外包类

PPP 项目一般是由政府投资，私人部门承包整个项目中的一项或几项职能，例如只负责工程建设，或者受政府之托代为管理维护设施或提供部分公共服务，并通过政府付费实现收益。在外包类 PPP 项目中，私人部门承担的风险相对较小。

（2）特许经营类

项目需要私人参与部分或全部投资，并通过一定的合作机制与公共部门分担项目风险、共享项目收益。根据项目的实际收益情况，公共部门可能会向特许经营公司收取一定的特许经营费或给予一定的补偿，这就需要公共部门协调好私人部门的利润和项目的公益性两者之间的平衡关系，因而特许经营类项目能否成功在很大程度上取决于政府相关部门的管理水平。通过建立有效的监管机制，特许经营类项目能充分发挥双方各自的优势，节约整个项目的建设和经营成本，同时还能提高公共服务的质量。项目的资产最终归公共部门保留，因此一般存在使用权和所有权的移交过程，即合同结束后要求私人部门将项目的使用权或所有权移交给公共部门。

（3）私有化类

PPP 项目则需要私人部门负责项目的全部投资，在政府的监管下，通过向用户收费收回投资实现利润。由于私有化类 PPP 项目的所有权永久归私人拥有，并且不具备有限追索的特性，因此私人部门在这类 PPP 项目中承担的风险最大。

3. 优点

在于将市场机制引进了基础设施的投融资。不是所有城市基础设施项目都是可以商业化的，应该说大多数基础设施是不能商业化的。政府不能认为，通过市场机制运作基础设施项目等于政府全部退出投资领域。在基础设施市场化过程中，政府将不得不继续向基础设施投入一定的资金。对政府来说，在 PPP 项目中的投入要小于传统方式的投入，两者之间的差值是政府采用PPP方式的收益。

(1) 消除费用的超支

公共部门和私人企业在初始阶段私人企业与政府共同参与项目的识别、可行性研究、设施和融资等项目建设过程，保证了项目在技术和经济上的可行性，缩短前期工作周期，使项目费用降低。PPP模式只有当项目已经完成并得到政府批准使用后，私营部门才能开始获得收益，因此PPP模式有利于提高效率和降低工程造价，能够消除项目完工风险和资金风险。研究表明，与传统的融资模式相比，PPP项目平均为政府部门节约17%的费用，并且建设工期都能按时完成。

(2) 转换政府职能

政府可以从繁重的事务中脱身出来，从过去的基础设施公共服务的提供者变成一个监管的角色，从而保证质量，也可以在财政预算方面减轻政府压力。

(3) 投资主体多元化

利用私营部门来提供资产和服务能为政府部门提供更多的资金和技能，促进了投融资体制改革。同时，私营部门参与项目还能推动在项目设计、施工、设施管理过程等方面的革新，提高办事效率，传播最佳管理理念和经验。

(4) 提供高质量服务

政府部门和民间部门可以取长补短，发挥政府公共机构和民营机构各自的优势，弥补对方身上的不足。双方可以形成互利的长期目标，可以以最有效的成本为公众提供高质量的服务。

(5) 组成战略联盟

使项目参与各方整合组成战略联盟，对协调各方不同的利益目标起关键作用。

(6) 风险分配合理

与BOT等模式不同，PPP在项目初期就可以实现风险分配，同时由于政府分担一部分风险，使风险分配更合理，减少了承建商与投资商风险，从而降低了融资难度，提高了项目融资成功的可能性。政府在分担风险的同时也拥有一定的控制权。

(7) 应用范围广泛

该模式突破了引入私人企业参与公共基础设施项目组织机构的多种限制，可适用于城市供热等各类市政公用事业及道路、铁路、机场、医院、学校等。

4. 缺点

(1) PPP模式导致私营机构融资成本较高

与公共部门相比，金融市场对私营机构信用水平的认可度通常略低，导致私营机构的融资成本通常要高于公共机构的融资成本。当然，在评价社会资本的融资成本时，除了考虑利率之外，还需要考虑项目所转移的风险、社会资本的创新能力，以及项目总体绩效的提升等，从社会整体的功效考虑项目价值。此外，社会资本和公共机构的融资成本也在进一步接近，虽然融资成本的差异不可能完全消除，但这方面的影响在逐渐降低。

(2) PPP模式普遍采用的特许经营制度可能导致垄断

一方面，在PPP模式下，居高的投标成本和交易费用以及复杂的长期合同，导致很多规模较小的私营机构对PPP项目望而却步，因此减少了政府部门对社会资本的选择空间，也使招投标过程不能实现良好的竞争性。另一方面，PPP模式普遍采用的特许经营制度，实际上使中标的投资运营商获得了一定程度的垄断性，利益基本上能得到合同保障。这种缺乏竞争的环境在某些情况下会减弱私营机构降低成本、提高服务品质的动力。当然，PPP模式并不是产生垄断性的必要条件，在单纯的政府模式下，政府实际上也表现出垄断性。

(3) PPP项目复杂的交易结构可能降低效率

首先，在PPP项目中，通常需要多个独立参与者通力合作，而多个参与者会导致整个项目的约束条件增加。其次，由于每个参与项目的商业机构都会在咨询、会计和法律等方面产生支出，这部分支出会包括在投标价格中，从而传导给公共部门。国外的经验显示，PPP市场越成熟，这部分成本就越低。例如，如果公共部门采用标准化的合同体系，可以为参与商业机构节省在项目尽职调查和评估过程中所产生的成本。同时，在评估增加的这部分交易成本时，也需要考虑PPP模式下通过风险分担带来的额外好处。再次，复杂的交易结构需要公共部门和私营机构建立与PPP模式相匹配的专业能力。现阶段，国内相关方面的能力欠缺较为明显，现状的改善还需要较长时间。在这种情况下，政府部门过度依赖外部咨询机构，会导致在项目开展过程中所积累的知识和经验并没有沉淀在公共部门内部，这又减缓了公共部门提升建设相关能力的进度。目前，各个国家都成立了类似PPP中心的组织，包括中国的财政部PPP中心、英国的Infrastructure UK、加拿大的PPP Canada、美国的NCPPP、欧盟的EPEC等，这些组织在沉淀PPP项目经验和知识的过程中起着非常重要的作用。最后，交易结构的复杂性和众多的参与方可能使项目沟通存在一定的障碍，特别是在未来发生一些不可预料的事件时，可能会在合同条款的争议方面耗费过多时间。而且，即便在项目启动的过程中，也可能存在公共部门内部意见不一致，或民众和公共部门意见不一致的情况，这在一定程度上会降低效率。

(4) PPP的长期合同缺乏足够的灵活性

为了项目长期运行稳定，PPP合同可能会比较严格，灵活性不够，公共部门或私营机构在起草合同的时候，很难将未来的变化充分地考虑进来，合同条款通常只考虑当前时点的情况，导致项目后期管理不能因时制宜，而只能遵照合同条款执行——哪怕这些条款已经不再能使项目生命周期的综合成本最优化。解决合同灵活性和合理性的途径有两个方面：一是在项目前期就尽最大努力做好整个生命周期的规划，通常，公共部门需要聘请具有丰富PPP项目经验的咨询机构对项目进行前期调查分析，确保参与方对项目需求有充分的理解，对项目的费用有可靠的预算，对风险有全面的评估并可以在公共部门和私营机构间实现最优分担；同时，还要确保通过招投标过程得到具有竞争性的报价，当然这些前期工作势必产生不菲的成本。二是在起草合同时保留适当的灵活性，这也必将增加成本，一方面是来自投资的不确定性增加而产生的风险溢价，另一方面是来自将来需要改变对私营机构的激励机制而产生的或有支出。解决合同灵活性和合理性的成本，有可能降低项目投资者的投资回报率，防止出现过高的投资回报率。

(5) 公众使用公共产品/公共服务的成本表面上可能提高

如果公共产品/公共服务由公共部门提供，由于公共部门的非营利性和不按全成本核算定价的特点，公众所付出的直接使用费用较低。当然，世界上不存在免费午餐，低收费最终会表现为地方政府债务的累积或公共机构的亏损，也会通过其他渠道由公众承担相关成本，甚至潜在成本可能更高。在PPP模式的定价机制下，私营机构需要补偿项目相关的全部成本并获得合理水平的投资收益，对产品或服务进行市场化的定价，可能增加公众的直接使用成本。如此，PPP合同中约定的定价机制可能是控制公共资源使用成本的一个手段，但定价机制的确定同样困难，尤其在涉及多边合作的PPP项目中，不仅需要考虑当地的发展水平、技术进步的趋势，还需要考虑汇率等其他因素。一个典型的例子是来宾B电厂的电价，资料显示来宾B电厂的电价比来宾A电厂的电价高出60%有余，其中一个主要原因是运营期满15年后项目公司将项目资产无偿移交给地方政府，项目的巨额投资要在15年内回收，远低于电厂的正常使用年限和投资回收期。从各国的经验来看，PPP项目总体上可以降低公众使用公共产品/公共服务的综合成本。

5. 运作条件

按照PPP项目形成特点和项目特性，需要规范设置必要的社会投资人准入门槛，保障社会大众和政府的权益，主要方面如下：

(1) 政府部门的有力支持

在PPP模式中公共民营合作双方的角色和责任会随项目的不同而有所差异，但政府的总体角色和责任——为大众提供最优质的公共设施和服务，却是始终不变的。PPP模式是提供公共设施或服务的一种比较有效的方式，但并不是对政府有效治理和决策的替代。在任何情况下，政府均应从保护和促进公共利益的立场出发，负责项目的总体策划，组织招标，理顺各参与机构之间的权限和关系，降低项目总体风险等。

(2) 健全的法律法规制度

PPP项目的运作需要在法律层面上，对政府部门与企业部门在项目中需要承担的责任、义务和风险进行明确界定，保护双方利益。在PPP模式下，项目设计、融资、运营、管理和维护等各个阶段都可以采纳公共民营合作，通过完善的法律法规对参与双方进行有效约束，是最大限度发挥优势和弥补不足的有力保证。

(3) 专业化机构和人才的支持

PPP模式的运作广泛采用项目特许经营权的方式，进行结构融资，这需要比较复杂的法律、金融和财务等方面的知识。一方面要求政策制定参与方制定规范化、标准化的PPP交易流程，对项目的运作提供技术指导和相关政策支持；另一方面需要专业化的中介机构提供具体专业化的服务。

3.3.3 “特许权经营”的建设模式（BOT）

1. 概念及特点

BOT实质上是基础设施投资、建设和经营的一种方式，以政府和私人机构之间达成协议为前提，由政府向私人机构颁布特许，允许其在一定时期内筹集资金建设某一基础设施并管理和经营该设施及其相应的产品与服务。

BOT 模式最大的特点是将基础设施的经营权有期限的抵押以获得项目融资，或者说是基础设施国有项目民营化。在这种模式下，首先由项目发起人通过投标从委托人手中获取对某个项目的特许权，随后组成项目公司并负责进行项目的融资，组织项目的建设，管理项目的运营，在特许期内通过对项目的开发运营以及当地政府给予的其他优惠来回收资金以还贷，并取得合理的利润。特许期结束后，应将项目无偿地移交给政府。在 BOT 模式下，投资者一般要求政府保证其最低收益率，一旦在特许期内无法达到该标准，政府应给予特别补偿。BOT 模式典型结构见图 3-4。

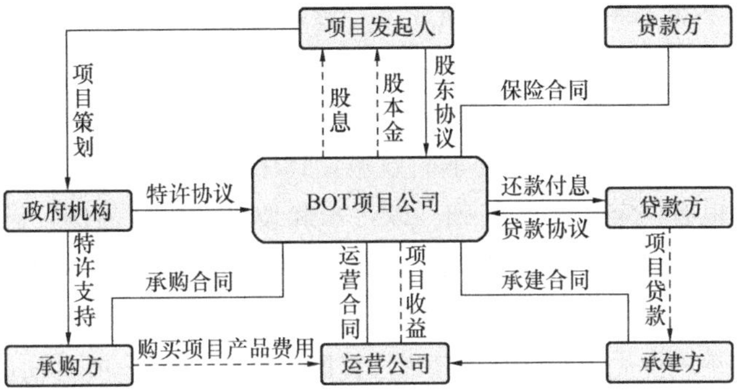

图 3-4　BOT 模式典型结构图

2. 运作过程

（1）项目发起方成立项目专设公司（项目公司），专设公司同东道国政府或有关政府部门达成项目特许协议。

（2）项目公司与建设承包商签署建设合同，并得到建筑商和设备供应商的保险公司的担保。专设公司与项目运营承包商签署项目经营协议。

（3）项目公司与商业银行签订贷款协议或与出口信贷银行签订买方信贷协议。

（4）进入经营阶段后，项目公司把项目收入转移给一个担保信托。担保信托再把这部分收入用于偿还银行贷款。

3. 优点

（1）降低政府的财政负担。

（2）政府可以避免大量的项目风险。

（3）组织机构简单，政府部门和私人企业协调容易。

（4）项目回报率明确，严格按照中标价实施。政府和私人企业之间的利益纠纷少。

（5）有利于提高项目的运作效率。

（6）BOT 项目通常由外国的公司来承包，这样会给项目所在国带来先进的技术和管理经验，即给本国的承包商带来较多的发展机会，也会促进国际经济的融合。

4. 缺点

（1）公共部门和私人企业往往都需要经过一个长期的调查了解、谈判和磋商过程，以至项目前期过长，使投标费用过高。

（2）投资方和贷款人风险过大，没有退路，使融资举步维艰。

（3）参与项目各方存在某些利益冲突，对融资造成障碍。

（4）机制不灵活，降低私人企业引进先进技术和管理经验积极性。

（5）在特许期内，政府对项目减弱甚至失去控制权。

3.3.4 PPP模式与充电设施项目的适用性分析

1. PPP模式推广必要性分析

（1）通过PPP模式缓解地方政府债务压力是最基本、最直接的动机

虽经过多轮的审计和专项整顿，地方政府存量债务问题隐忧仍未消除，如今又面临土地财政转型的压力和城镇化建设的新任务，各级政府切身感受到引入社会资本的迫切性。相较于此前出台的鼓励和引导社会资本的政策，PPP模式可操作性更强，不仅在国外应用比较成熟，国内也有一定的实践基础。以污水和垃圾处理厂为例，已实施的大量BOT项目确实在加快设施新建的同时，有效减轻了政府财政负担。目前，部分政府部门在推行PPP模式时，也十分关注项目是否已建立完善的“使用者付费机制”，并明确“在价格、收费机制已建立的领域优先考虑应用PPP”，其原因在于，此类项目初始投资和运营成本基本可由项目终端用户付费来覆盖，无需或只需少量的财政补贴。

（2）改善公共产品和服务的供给效率是根本目的

财政部对PPP模式的理解已经比较全面，也颇具代表性，即它“是政府与社会资本合作模式，是政府与社会资本为提供公共产品或服务而建立的全过程合作关系，以授予特许经营权为基础，以利益共享和风险分担为特征，通过引入市场竞争和激励约束机制，发挥双方优势，提高公共产品或服务的质量和供给效率。”可见，提高公共产品和服务的质量和效率是PPP项目的终极目标。所谓供给效率的提升，笔者以为包括两层含义，一是提升公共产品或服务的可及性，主要表现为量的增加（这在供给不足的领域尤其重要）；二是投入产出水平的提高，即在同等产出质量下付出更低的成本，或在同等成本水平下提供更高质量的产品或服务。

（3）通过推动PPP模式倒逼政府职能转变以及相关制度体系变革

在财政部看来，推广使用PPP模式，不仅是一次微观层面的“操作方式升级”，更是一次宏观层面的“体制机制变革”，与国家治理现代化、市场发挥决定性作用、快速转变政府职能、建立现代财政制度和推进城镇化健康发展相适应。比如，在PPP模式下，政府与社会主体是平等的合作伙伴关系，政府角色应从居高临下的“管理者”逐步向“合作者”、“监管者”（更加强调合同监管，而不是行政监管）转变；在权利义务和风险的分配上，要基于平等自愿、公平合理的市场原则，不能延续传统命令式的管理，只提责任、不提权利，只讲投入、不管回报。

2. PPP项目推广适用性分析

（1）是公共产品或公共服务领域的项目

具体包括基础设施类（如市政道路、高速公路、电厂、加油站、充电设施）、市政公

用类（如自来水厂及配套管网、固废处理和收运设施）以及社会事业类（如文化体育场馆、医疗和教育服务设施）。公共产品或公共服务设施具有自然垄断的经济属性，这决定了在特定服务范围内由一家主体统一负责项目的运营是最有效率的。作为公共利益的代表和直接责任主体，政府或其下属单位责无旁贷地承担起公共产品和公共服务的生产任务。随着城镇化的不断发展，公用产品和服务的需求数量和质量要求越来越高，政府直接提供越来越力不从心（面临资金、技术、管理上的瓶颈），经尝试发现合格的私人主体也能承担公共产品和公共服务的提供任务，而且更有效率。于是，公共部门与私人部门通过合作提供公共产品和服务渐成趋势，这大致就是 PPP 模式的由来。

（2）合作期限相对较长

最好包括从项目前期准备到后期运营的全过程，其中运营期在 3 年以上。通过项目全过程的参与，社会投资人可以增加其对项目的全面了解，更有效地识别和管控项目风险；对于政府而言，则能更好地掌握建设运营成本信息，主动采取针对性的监管措施，在保障项目公司获得基本收益的同时又不至于获取暴利。对于短期（不含建设期，3 年以内）一次性完成的公共服务项目，不宜采取 PPP 方式，如果需要，可以改用政府采购服务的方式实施，并签订短期服务合同。

（3）项目具有一定专业要求，且存在足够多的潜在社会合作主体

PPP 项目的基本特征之一，就是要通过政府与社会资本合作取得 1＋1＞2 的效果，双方要优势互补，其中社会资本的相对优势主要体现在资本、技术、管理等方面，而且往往体现为综合优势。如果项目内容属于简单辅助性内容（如环卫保洁），或者虽然专业性较强但内容单一且已相对标准化（如工程设计，或工程建设），则直接采取传统方式或通过政府采购方式实施可能更有效率。另外，潜在竞争者数量足够多才可能给社会合作主体带来必要的竞争压力，否则限制激励约束机制作用的发挥，使得政府在合作中处于相对被动的地位。

（4）综合评价 PPP 项目的交易成本

PPP 项目往往交易结构复杂、实施周期较长，在项目前期准备及实施过程中都会耗费大量人力、财力等资源，交易成本不容忽视。目前，国际上流行的评价方法是物有所值论证（VFM，Value for Money），具体评价过程包括定性评价、定量评价和补充评价，评价结果主要包括以 PPP 模式实施的成本较政府以传统方式实施是否更经济，在各个备选 PPP 实施方案中哪个是成本最低的。目前，我国在 PPP 项目的筛选和评价上，更多的还是依赖于定性的分析判断，缺少类似的定量或系统性分析评价。

（5）PPP 项目不限于收费机制完善的项目

实际上，PPP 项目的收费机制包括三类（图 3-5），一是完全依靠项目用户付费（如供水、燃气项目），二是完全由政府支付服务费用（如市政道路、排水管网、生态环境治理项目），三是部分来自项目用户付费并由政府提供缺口补贴，以保障项目财务可行性（如污水处理项目、垃圾处理项目）。

前文所述的优先在已建立用户收费机制的领域推行 PPP，只是现阶段政府在债务压力较大的情势下所作的次优选择，并不意味着只有收费机制完善的公共项目才适用 PPP

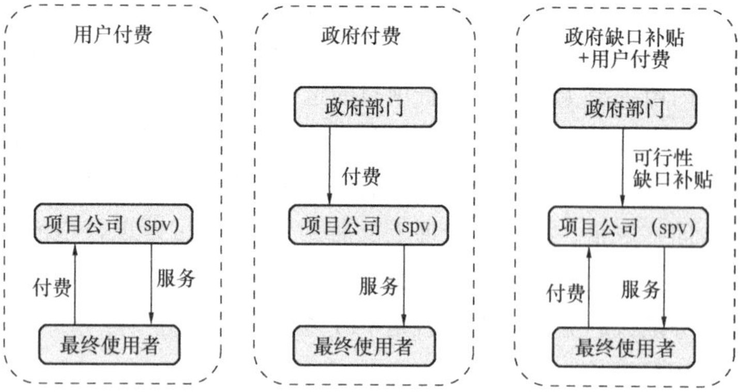

图 3-5　PPP 项目收费机制分类

模式。相反，从提高公共服务效率的角度来看，那些收费机制建设比较困难或滞后的领域（因此对社会专业主体缺乏吸引力），是最需要推行 PPP 模式的（也更具试点示范效应），比如污水收集管网设施、市政道路等，在传统 BT 或 EPC 模式下，重建设、轻运营易导致设施建成后不能发挥应有功效，甚至出现豆腐渣工程。而 PPP 模式下，项目主体需要统筹考虑项目全寿命周期的成本，因此有效避免前后脱节的问题、保障项目设施的可用性和运行绩效达标。从融资的角度来看，收费机制不完善的项目也可以应用 PPP 模式，虽不能从总量上降低政府支出（算上回报还有所增加），但通过分期支付的方式可以平滑当期的财政支出压力。

综上分析，各种模式各有利弊，不同阶段、不同模式有各自的适应性，建议各地政府根据自身实际与发展的需要，综合考虑，适机选择合适的建设模式。

3.4　政府扶持政策

3.4.1　扶持政策的模式研究

1. 国外电动汽车产业扶持政策模式及类型分析

在全世界强化油耗规定的同时，各国政府为了达到标准，纷纷出台了各种扶持政策。各个主要国家都保持了一致的方向，在国家环境政策中都实行了电动汽车的开发和普及的措施。

目前，电动汽车产业扶持政策模式可以分为 3 类，即市场带动型、技术领先型和创新主导型（表 3-2），市场带动型是指各国政府通过税收优惠政策和补贴政策培育电动汽车发展的市场因素，从而刺激电动汽车的生产销售，带动其市场化发展。技术领先型是指政府以技术的发展和领先为主要目标，通过关键技术的研发提升电动汽车的产业竞争力，从而推动电动汽车的发展。而创新主导型是指一国政府以电动汽车相关技术和商业运营模式的创新来促进电动汽车产业的发展。[51]

电动汽车产业扶持政策模式　　表 3-2

序号	扶持政策模式	扶持重点	代表国家
1	市场带动型	支持市场培育	美国
2	技术领先型	支持技术研发	日本
3	创新主导型	支持模式创新	德国

（1）美国电动汽车产业扶持政策模式分析

在美国，2009 年 5 月，奥巴马政府宣布要提前 4 年实现汽车制造商的平均油耗标准的目标。那么，2016 年之前，全部车型必须从目前的每加仑汽油行驶 25 英里提升 4 成以上，即 15km/L。这一规定从 2012 年开始阶段性实施，按车型最终分别实现乘用车每加仑汽油行驶 30 英里，约 13km/L 的目标。

美国作为发达国家，其电动汽车产业扶持政策模式为典型的市场带动型，通过制定大量法律法规和税收优惠政策来加速电动汽车的市场化。2009 年 6 月《美国清洁能源与安全法案》（ACESA）计划 10 年内投资 200 亿美元开发电动汽车相关技术和其他先进机动车技术，同年 8 月奥巴马总统宣布，投入 24 亿美元支持企业发展下一代电池和电动汽车，通过加大对电动汽车核心部件电池及其他关键技术的研发投资力度拓宽电动汽车的市场。2010 年美国国会提出《电动汽车发展法案（草案）》，提议在普惠性税收减免的基础上，继续投入 8 亿美元对 5 个试点城市提供电动汽车及其基础设施消费补助。美国对电动汽车的扶持政策突出对市场的培育且成效显著，截至 2014 年底，美国电动汽车销售量已超出 10 万辆。

（2）日本电动汽车产业扶持政策模式分析

作为应对环境问题的世界领先国家，日本设定了严格的油耗标准，同时对其汽车制造商寄予厚望，即能够继续在环境技术领域的最前端领航。

日本作为传统汽车强国，先进的整车集成技术奠定了电动汽车产业发展的技术基础，其产业扶持政策表现为技术领先型模式。日本的能源资源极为匮乏，同时又是世界经济大国和能源消费大国，因此日本政府对电动汽车的发展格外重视。

自 19 世纪 80 年代开始，日本政府便投入超过 200 亿日元用于燃料电池的研发。另外，日本已形成了开发高性能电动汽车动力蓄电池的最大产业联盟，共同实行 2009 年度“革新型蓄电池尖端科学基础研究专项”项目，以解决电池方面的关键技术。2010 年，日本政府发布了“下一代汽车战略（2020）”，明确提出了电动汽车核心技术发展的战略思想、战略目标及线路图。同时，日本政府以 2020 年为目标，拟投入 210 亿日元研发用于电动汽车的新型大容量电池，该电池可将电动汽车的续航里程提高 3 倍，达到 500km。

（3）欧洲各国电动汽车产业扶持政策模式分析

欧洲作为新能源发展的起源地，对电动汽车的产业发展也十分重视。欧盟从 19 世纪末开始，便强调能源的节约和可再生能源的使用，不断调整新能源政策，先后发布了《欧盟能源政策绿皮书》、《欧盟未来能源：可再生能源绿皮书》、《发展可再生能源指令》等法律法规。以上法律法规的制定都有力推动了电动汽车在欧洲主要国家的发展，提升了本国汽车工业的技术竞争力。其中，德国汽车工业起步较早，对电动汽车产业的发展也十分重视，其产业扶持政策表现为创新主导型模式。2009 年 8 月，德国政府颁布《国家电动汽车发展计划》，投入 1.7 亿欧元用于动力电池的技术研发。2011 年 10 月，德国经济部和交通部共同开启了针对德国电动汽车产业的“视窗工程”（Schaufenster），从而进一步推进了电动汽车产业的发展。目前，德国政府已经通过了首部《电动汽车法》，通过给予电动汽车道路交通特权，以推进电动汽车的普及推广。世界各主要大国的电动汽车政策汇总见表 3-3。

世界各主要大国的电动汽车政策一览表 **表 3-3**

政策 国家	现有的环境政策	电动汽车相关政策
美国	绿色新政： 1. 今后 10 年内向清洁能源投资 15 万亿日元 2. 2020 年前将二氧化碳排放量降到 1990 年的水平 3. 2015 年前普及 100 万辆 PHEV（插电式混合动力电动车）	扶持 DOE 的各种计划： 1. 电动汽车、二次电池、先进技术的开发支援 2. 购买费用补助 3. 电动汽车购买补助和扣税
欧洲	各种环境行动计划： 1. 整个欧盟在 2020 年前将可再生能源比率提高至 20% 2. 整个欧盟在 2020 年前将二氧化碳的排放消减 20%（与 1990 年相比）	各国实施的开发投资和鼓励购买政策： 1. 法国 550 亿日元，英国 160 亿日元 2. 德国 675 亿日元 3. 购买电动汽车时法国补助 68 万日元、英国 80 万日元
中国	促进新能源消费政策： 1. 2012 年大规模投资替代能源 2. 包括新能源发电和输电基础	新能源汽车产业政策： 1. 2020 年前在研发中投入 1400 亿日元等 以鼓励购买为中心的普及政策 2. 在 13 个模范城市内购买补助 84 万日元
日本	未来开拓战略和二氧化碳消减目标： 1. 环保汽车、节能住宅、节能家电成为新的“三大法宝” 2. 在 2020 年前消减 15%二氧化碳（与 2005 年相比）	优惠税制和鼓励购买： 1. 优惠税制（2020 年前使 50%的新车成为环保汽车） 2. 购买补助约为整车价格一半

2. 我国电动汽车产业扶持政策模式及方向分析

我国电动汽车产业的起步较晚，但是经过 10 多年的发展，已经由技术研发阶段进入产业化发展阶段。从汽车工业“十一五”规划期间“863 计划”电动汽车重大专项项目启动之后，我国确立了“三纵三横”的电动汽车研发布局，取得了一系列技术创新成果。“十一五”期间 863 计划节能与新能源汽车重大项目则致力于电动汽车动力系统技术平台的建立和关键零部件的研发。通过两个五年计划的项目实施以及北京奥运会、上海世博会和“十城千辆”等示范运营工程的践行，我国电动汽车在核心零部件、整车集成技术以及相关技术标准等方面都取得了重大进展，初步形成了电动汽车的技术体系。目前，我国电动汽车产业的利好政策频出，如前章节所述，从宏观综合、行政管理、推广应用、税收优惠、基础设施、科技创新等各方面给予了大力支持。

与此同时，我国的电动汽车扶持政策正在逐步细则化，从重点关注电动汽车向关注充电基础设施建设及可持续发展模式转变；从单纯的发放购车补贴向利用电价优惠、税收优惠转变（表 3-4）。然而，与美国、日本及欧洲发达国家的电动汽车产业扶持政策相比，我国还有以下几方面有待进一步完善：一是根据我国电动汽车的发展态势，选择适合我国各地区经济发展的产业扶持政策模式；二是完善激励机制，扩大激励政策覆盖范围，加强市场培育；三是巩固电动汽车保障平台，加强基础设施建设，奠定发展基础；四是通过多种途径扩大限制政策的应用范围，提高燃油经济性标准，拉动电动汽车市场需求量。

近五年我国电动汽车产业扶持政策 **表 3-4**

序号	发布时间	政　策	主要内容
1	2012 年 6 月 28 日	国务院引发了《节能与新能源汽车产业发展规划（2012～2020 年）》	明确了 10 年内我国新能源汽车发展的总体目标和阶段目标，并对新能源汽车发展路线以及扶持政策提出了明确要求
2	2013 年 9 月 13 日	四部委印发了《关于继续开展新能源汽车推广应用工作的通知》	明确了 2013～2015 年继续依托城市尤其是特大城市推广应用新能源汽车，对消费者购买新能源汽车给予补助，对示范城市充电设施建设给予财政奖励
3	2014 年 1 月 28 日	四部委发布《关于进一步做好新能源汽车推广应用工作的通知》	减缓了国家财政补助资金的退坡力度，并提出在现有补贴推广政策到期后，中央财政将继续实施补贴政策
4	2014 年 6 月 11 日	国家机关事务管理局联合国家四部委印发《政府机关及公共机构购买新能源汽车实施方案》	明确了政府机关和公共机构公务车“新能源化”的时间表和路线图，做好政府机关及公共机构购买新能源汽车的工作
5	2014 年 7 月 14 日	国务院办公厅印发《关于加快新能源汽车推广应用的指导意见》	对充电设施建设、商业模式创新、公共领域率先应用、政策体系完善、破除地方保护、技术创新和产品质量监管等方面提出针对性极强、力度空前的系列推动措施
6	2014 年 7 月 22 日	国家发改委发布《关于电动汽车用电价格政策有关问题的通知》	确定对电动汽车充换电设施用电实行扶持性电价政策

3. 小结

（1）电动汽车产业扶持政策模式可以分为市场带动型，技术领先型和创新主导型 3 类，其主要代表国家分别为美国、日本和德国。

（2）根据扶持效果不同，电动汽车产业扶持政策可以分为激励政策、保障政策和限制政策。美国的电动汽车产业扶持政策体系相对全面，重点是激励消费者购买，培育市场因素，从而推动电动汽车的发展；日本则侧重于电动汽车关键技术的研发，支持企业联盟共同开发核心技术，提升市场竞争力；而欧洲各国扶持政策的重点在于相关技术和商业模式的创新。

（3）我国电动汽车扶持政策正在逐步细则化，但仍需从激励机制、保障平台、限制标准和探索政策模式等方面进行完善。

3.4.2 策略导向下的扶持政策重点分析

1. 充电设施发展策略简述

我国推行电动汽车及其充电设施发展自2009年颁布试点城市以来已有一段时间，在此期间，通过国家到地方、行业到企业发布的各层级、各类型的政策内容来看，各类型政策主要从推广时序、技术开发、落实保障、标准统一、资金筹措及其他等各方面来扶持推广电动汽车及其充电设施的发展。其中：

（1）分期发展策略

将充电设施的发展按照市场的一般发展规律划分为近、中、远不同时段，并对各时段明确其主要发展对象及预期成效。提出：

近期：主要是示范引导，结合公交车场站、居住小区、政府社团和公共设施的慢充为主，以公共充电站的快充为辅、公交换电为补充。

中期：结合电动汽车发展态势，示范引导与满足需求相结合的发展策略，以引导并促进电动汽车发展，同时满足已有电动汽车的充电需求。

远期：主要是需求导向，根据发展需求，配建充电设施；并结合充电技术的发展情况，预留发展空间与发展弹性。

（2）技术开放策略

在依托现阶段的充电桩技术的基础上，鼓励技术创新、模式创新，对各类型技术与方式应用预留接口与可能性，应对未来发展的不确定性，丰富充电设施建设布局形式。

（3）功能复合策略

顺应机动车应用能源多元化、城市用地功能复合化发展的趋势，积极鼓励利用已有城市基础服务设施，如：所有（包括现状的、规划新增的）加油站、加气站及加油加气合建站，增加充电功能，实现加油＋充电、加气＋充电、加油＋加气＋充电等多种功能复合，适应市场未来变化，更有利于城市用地的集约高效率利用。

（4）标准及政策完善策略

明确新建及已建建筑物配建停车场和城市公共停车场的充电设施配建要求。

完善充换电设施用地政策，解决公共充换电设施用地问题。

结合实际需求和场地建设条件，逐步推进已建和在建的建筑物配建停车场、城市公共停车场以及住宅小区增建充电桩，有条件的地区要建设相应的示范路段。

优先推进区域城际快充网络建设，初步形成覆盖规划区的城际快充网络。

加快出台既有住宅小区业主在固定车位自建充电桩的申报流程，支持私人乘用车车主建设自用充电桩。

完善用电价格政策，落实国家新能源汽车充电设施用电峰谷分时电价政策，向电网经营企业直接报装接电的经营性集中式充换电设施用电，执行大工业用电价格，免收基本电费；其他充换电设施按其所在场所类别执行分类目录电价。

（5）资金保障策略

政府要出台政策，鼓励通过企业债券、专项基金等方式支持充换电基础设施建设。电网企业要做好相关电力基础设施建设和充换电设施报装增容服务等工作，并向社会公开发布充换电设施报装业务办理流程指南。积极参与国家相关技术标准的制定，完善充电设施标准体系建设。

各级政府应对充电设施及配套电网建设在用地等方面给予政策支持，对建设运营给予必要补贴。电网公司要负责建设、运行和维护电网至充电基础设施产权分界点的配套接网工程，不得收取接网费用；相应资产纳入有效资产，成本按规定计入准许成本并通过输配电价回收。

（6）其他引导策略

鼓励公共单位加快内部停车场充电设施建设。对于公交、环卫、机场通勤等定点定线运行的公共服务领域电动汽车，要根据线路运营需求优先在停车场站配建充电设施，沿途合理建设独立占地的快充站和换电站；对于出租、物流、租赁、邮政等非定点定线运行的公共服务领域电动汽车，要充分挖掘单位内部停车场配建充电设施的潜力，与城市公共充电设施实现高效互补。具备条件的党政机关、公共机构，要结合新能源汽车配备更新计划和职工购买使用新能源汽车的需要，根据适度超前原则，在单位内部停车场按适当比例设置新能源汽车专用停车位并配建充电桩。

鼓励专业化服务与自行充电相结合的充换电基础设施网络建设。鼓励专业运营商加大充换电基础设施建设投资力度，加强监控网络建设，推进智能型充换电基础设施建设。鼓励整车企业与电池企业、充换电基础设施生产运营企业合作，为新能源汽车应用方提供运维一体化的整体解决方案。培育一批有竞争力的充电服务企业。鼓励建设占地少、成本低、见效快的机械式、立体式停车充电一体化设施。鼓励个人在自有停车库（位）安装充电设施。

将新能源汽车充电设施建设纳入绿色建筑评价标准及绿色交通体系指标。将住区建设充电（站）设施作为参评指标。对于住宅小区业主要求建设充电设施的，物业服务企业要积极配合，不得借机收取费用；住房和城乡建设部门按要求做好督促落实，可将配合建设充电设施纳入对物业服务企业的考核评价体系。

2. 发展策略下扶持政策分析

电动汽车发展策略为从政府、市场、自身技术、相关领域等各维度对充电设施的健康发展进行了充分考虑，在其指引下，可将扶持政策重点概括为：“组合运用、技术创新、市场推广”三方面。

（1）组合运用政策措施，促进各项要素协调发展

与传统汽车相比，现阶段的电动汽车性价比较低、使用不便，尚不具备市场竞争优势，产业发展和推广应用仍需政策扶持。虽然现阶段国家的补贴政策使得新能源汽车与传统汽车之间的价差缩小，但政府补贴不是长久之策，容易造成企业对政府的依赖。因此，还需从技术研发、产业链建设、基础设施建设、商业模式创新、电力结构调整和交通环境改善等多个方面统筹考虑，通过多种政策措施的组合运用，使电动汽车推广与产业、能源、交通等各项要素协调发展。

（2）重视技术研发与应用，着力提高产品性价比

性价比是消费者选择产品的重要评价指标。一方面，发展电动汽车必须高度重视相关技术的研发，通过技术升级提高电动汽车产品的性价比；另一方面，技术应用和产品设计须明确目标消费群体，并以目标群体的实际使用需求为导向。只有产品的性能满足消费者的使用需求，产品本身才具有市场竞争力。此外，由于汽车产业链结构复杂，汽车技术的发展具有继承性和连贯性，电动汽车及关键零部件企业只有提前布局，进行技术储备，才能在未来竞争中发挥优势。

（3）大力开展商业模式创新，积极拓展消费市场成功的商业模式是电动汽车产业化的重要条件。

电动汽车产品特点和所处的发展阶段决定了其推广应用不能照搬传统汽车的模式，也不能照搬其他地区电动汽车推广应用的成功经验。探索电动汽车商业模式的过程既是推广电动汽车的过程，也是电动汽车行业相关各主体加深对电动汽车认识、重新定位电动汽车的过程。商业模式创新使新的服务理念、新的运营主体不断进入电动汽车行业中，让电动汽车为更广泛的消费者提供更丰富的服务，同时也使电动汽车本身在与商业模式的相互作用中，更加符合市场需求。

3.4.3 政策效果评价

我国对新能源汽车产业的扶持可以概括为：以纯电动驱动为新能源汽车发展和汽车工业转型的主要战略取向，当前重点推进纯电动汽车和插电式混合动力汽车产业化，推广普及非插电式混合动力汽车、节能内燃汽车，提升我国汽车整体技术水平。

具体总结为五方面：1）产业化生产；2）燃料经济性；3）技术水平提升；4）配套能力；5）管理制度。总体来看，近年来电动汽车扶持政策实施效果较为理想。

1. 新能源汽车市场初步打开

我国自2009年推出的“十城千辆”工程标志着在中国城市范围内新能源汽车的示范推广工作的全面开展。目前，主要推广领域为公交、出租、公务、市政、邮政等领域，新能源汽车应用规模位居全球首位。

在相应政策扶持下越来越多的消费者开始购买新能源（电动）汽车。2015年，汽车产销量均突破2400万辆，领跑全球。资料显示，2016年上半年，汽车产销量分别为1289万辆和1283万辆，同比增长6.47%和8.14%，增幅分别比上年同期提升3.83个和6.71

个百分点，预计全年的产销量均有望达到 2500 万辆左右。与之对应的是，新能源汽车也在高速发展。2016 年上半年，新能源汽车产销量分别完成 17.7 万辆和 17.0 万辆，同比增长 125%和 126.9%。

另一方面，在较好的驾驶体验影响下，新能源车的优点不仅仅是环保，新能源车的驾驶乐趣、安全性方面都有独到之处，行驶起来非常安静，驾驶时峰值扭矩的输出，在舒适性、驾驶体验方面带来独一无二的感受，它有非常多的乐趣。

从我国新能源车的现状来看，上牌的新能源汽车还是以经济型车型为主，最多 20、30 万元，大量的车是在更低的价格区间。将来这种情况一定是在不断变化的，新能源车将慢慢向高端上移发展。

2. 电动汽车产业发展加速

国内主要汽车企业不断加大电动汽车领域投入力度，主要包括北汽、上汽、金龙、江淮、比亚迪、长安、东风、奇瑞、吉利等各主要车企推出了十余款电动汽车产品，目前来看，国内市场销售的新能源汽车特别是纯电动汽车基本被本土品牌占领，2016 年 7 月 11 日，中国汽车工业协会月度信息发布的数据显示，新能源汽车保持了持续高增长，上半年销售 17 万辆，同比增长 126.9%，持续排名世界第一。总体的销量上，主要新能源生产车企还是本土企业，今年上半年新能源汽车销量冠军为比亚迪，接近两万辆的成绩遥遥领跑，此后是北汽电动汽车系列、江淮电动汽车系列。

3. 基础设施建设明显加快

在国家大力推广新能源相关政策的支持下，中国的电动汽车充电设施建设工作也处于世界的前沿。

目前我国电动汽车充电设施主要由国家电网、南方电网、中石化、中石油、普天海油、比亚迪等企业参与建设及运营，其中最主要的建设方还是国家电网和南方电网两大电网公司，两大电网公司将电动汽车充电站作为战略重点，希望在新能源汽车时代充电站取代加油站的地位。而中石油、中石化、中海油等大型化工公司，也看到了充电站建设所蕴含的巨大商机，计划逐步进入充电站行业，抢占市场。

2006 年 6 月，比亚迪在上海的研发中也建成了国内第一座电动汽车充电站。2008 年，为满足奥运期间电动公交车充电需求，北京市建成了国内第一座集中式电动车充电站北土城充电站。2009 年，国家电网公司在上海建成了漕溪电动汽车充电站，成为国内第一座具有商业运营功能的电动汽车充电站。此后，国内便开始了大规模的充电站建设。

此外，为了推动电动汽车市场的发展，各地政府部门也加大了对充电设施建设的支持力度。各地市先后开展充电设施规划，制定相应落实计划。

4. 管理制度逐渐完善

随着新能源汽车政策的不断深入，我国新能源汽车主要试点城市运营模式日渐成熟，一些示范城市在实践中逐渐摸索出一套有关新能源汽车的管理经验，在建立有效的管理制度、构建市场营销、售后服务及动力电池回收利用体系、扶持政策、技术标准和管理规范体系等方面取得明显成效。

3.4.4 发展困难导向下政策展望

1. 电动汽车产业发展困难分析

尽管“十三五”规划纲要为我们勾画了未来五年新能源汽车产业全面发展的宏伟蓝图，但短期来看新能源汽车产业的发展不可避免地存在着一些阶段性的问题和困难。

（1）安全性方面

作为主流的动力锂电池技术路线在安全性和稳定性方面仍然存在相对的劣势，近一年来新能源汽车充电发生自燃等安全事故及隐患倍受市场关注。对于锂电池生产厂商而言，未来在材料性能的优化、生产材料的技术工艺方面还需进一步提升。而对于整车厂商而言，电池管理系统的组装检测和系统集成能力同样重要，其质量要求和检测工艺还有待进一步加强。

（2）政策持续性方面

补贴政策的初衷是培育初级市场，但长期执行容易使企业患上政策依赖症，缺乏技术研发和产品升级的动力和压力，行业容易出现低水平的盲目重复扩张。可预见，国家政策补贴退坡是必然趋势，符合产业自身发展规律，但未来补贴退坡对于新能源生产制造商所带来的冲击而言，仍然需视个体企业技术路线的成熟和成本的下降速度，在这个过程中，技术提升速度滞后、市场反应较慢的中小企业成本的控制能力将受到市场的考验。另外，地方政府补贴是支持地方新能源汽车产业大力发展的重要因素，2015 年新能源汽车的快速发展得益于大部分推广地区的地方政府做到 1∶1 的高额配套补贴。随着经济增速下滑及地方财政收紧，2016 年地方补贴的力度、出台时间等的落实存在较多不确定性，也可能会对新能源汽车产业发展带来不利影响。

（3）充电网络的建设速度方面

预期近些年充电基础设施将大幅新建，但如果在规划期内充电网络的投资建设速度不达预期，仍将制约下阶段新能源汽车的放量增长。

（4）电池技术方面

锂电池技术水平是决定一辆新能源汽车使用性能的核心。相对来说，现阶段我国新能源汽车产业仍处于新兴成长阶段，各项技术性能尚不成熟。除了安全性的改善，新能源汽车在动力锂电池的能量密度、功率密度、耐受性、循环充放电次数、使用寿命等性能上的改善还有待提升。

2. 政策展望

（1）进一步明确补贴申领流程，明确使用环节支持政策；

明确补贴资金申请、审批和拨付的基本流程，包括：车辆购置、使用、充电设施建设和动力电池回收补助及相应环节的审批与拨付内容。

（2）继续从研发、生产、购置、保有、使用等方面出台地方政府推广支持政策；

在《国务院办公厅关于加快新能源汽车推广应用的指导意见》（国办发〔2014〕35 号）和《财政部、科技部、工业和信息化部、发展改革委关于 2016—2020 年新能源汽车推广应用财政支持政策的通知》（财建〔2015〕134 号）等文件有关规定的指导下，进一步明确各地方的补助方式、补助对象、补助标准、补贴资金申请、审批和拨付等内容。

（3）制定充电设施专项规划，纳入城乡建设总体规划；

充分结合区域的现实情况与未来发展态势，通过城市规划的先导性，为区域的新能源（电动）汽车充电设施提供科学合理的规划指引，为新能源（电动）汽车在全市的发展与推广打下坚实的基础。纳入城乡建设总体规划，实现多规合一，为新能源（电动）汽车的应用与发展提供布局合理、形式多样、使用方便、切实可行的充电设施的布局方案；同时，提出切实可行的行动方案与实施建议，确保落实工作的顺利进行。

（4）其他方面

打破地方保护主义，营造公平的竞争环境；制订年度实施计划，成立充电设施发展专责小组；制定充电设施建设运营管理办法等配套支持政策；推动商业模式创新＋探索特许经营、政府和社会资本合作（PPP）等新型模式；对新能源汽车产业发展进行科学规划，以推广应用带动产业发展；地方政府应配合相关部委积极申请新能源汽车积分在当地的先行试点，成为新能源汽车示范高地等。

3.5 充电设施维护管理模式[52]

3.5.1 维护管理目的

1. 提高设施使用效率

电动汽车充电设施的电力输入设备（接口与缆线）、快速充电器（机）、电能输出设备线路（接口与缆线）、动力源性能检测与诊断仪器、专用灭火器材以及电动汽车零配件等设施在运营使用过程中很容易造成设施老化和破损，因此在设施运营过程中有必要对设施进行维护管理，一方面是为保证设施能够正常运转，另一方面也为了能够及时对损坏的设备进行维护管理，提高设施使用效率。

2. 管控设施运营风险

一方面由于一般的充电设备都是露天安置或仅在上方加盖简单的防雨设施，相关的充电设备容易老化，另一方面，由于充电设施会有大量电流通过，一旦发生漏电现象将产生严重后果。因此，在设施运营过程中，必须要确保设备正常和安全地运行。

3. 积累管理经验

充电设施的运营和管理目前还处于前期探索阶段，整个充电设施市场还未进入完全的市场化阶段，如何对充电设施进行统一高效的管理，如何对用户提供更加方便的服务将是未来充电设施管理中的重要内容，目前的充电设施维护可以为未来充电设施大规模推广和普及的维护管理积累有益的经验。

3.5.2 维护管理原则

1. 预防为主原则

“预防为主”的原则是指应把相关充电设备的故障消灭在萌芽状态，维护的主要任务是防止连接件松动和非正常的损坏，监督相关操作人员按设备使用规程的规定正确使用设备，防止设备事故的发生，延长设备使用寿命和检修周期，保证设备的安全运行，保持最佳状态，为用户提供充电服务。

2. 科学性原则

设备维护工作重点，体现在提高维修工作质量、减少故障停机时间、提高设备作业率。要做到这些就必须做到合理规划，争取实现修理使用两不误，同时注意采用科学的维护方法，以达到效率的最大化。

3. 安全性原则

充电设施及其在运营过程中的安全性都对其提出了较高的要求，因此无论是在设备运营，还是在维护管理过程中都必须遵循安全第一的原则，在设备维护过程中保证管理人员和用户的安全，避免意外事故的发生。

4. 常规化原则

对于充电设施的维护要纳入日常化的管理当中，做到常使用、常管理，对充电设施的维护管理要实现常规化，通过日常维护和管理，避免充电设施发生故障，提高充电设施工作效率。

3.5.3 维护管理内容

日常维护管理工作主要是保证充电设施的正常运行和正常的充电秩序，主要内容包括以下几点：

1. 常规组织管理

（1）充电站运营机构应设置安全管理组织机构，并配备专职或兼职的安全员，要建立安全管理制度和应急预案，建设安全应急保障体系。并修订充电站安全工作指导书，负责指导、监督、评估充电站安全管理工作。

（2）充电站管理人员是充电站安全管理第一责任人，对充电站安全进行管理。应建立运行值班制度，包括日常巡检、运行交接班、值班日志等。要落实、贯彻安全工作的相关规定及要求，组织开展充电站安全实施工作，落实各级人员的应急职责。

（3）安全员应对充电站进行巡查，纠正违规操作，发现安全隐患，及时采取措施。

2. 日常安全管理

（1）充电站应按时进行日常巡视检查，分散充电桩应定期进行日常巡视检查。

（2）充电站应做好站内检查，当班管理人员应对作业现场进行监督，发现违章行为和不安全因素，有权制止并向上级反映情况。充电作业人员应定期或根据工作需要随时进行巡视。

(3) 充电站每周组织一次安全检查。充电站运营机构每月对所辖充电站进行一次安全检查。并应根据季节特点和重大节日对充电站进行专项检查。

3. 设备安全管理

(1) 按国家及厂家设备技术规范等规定要求对充电设施进行定期维护(图 3-6)。

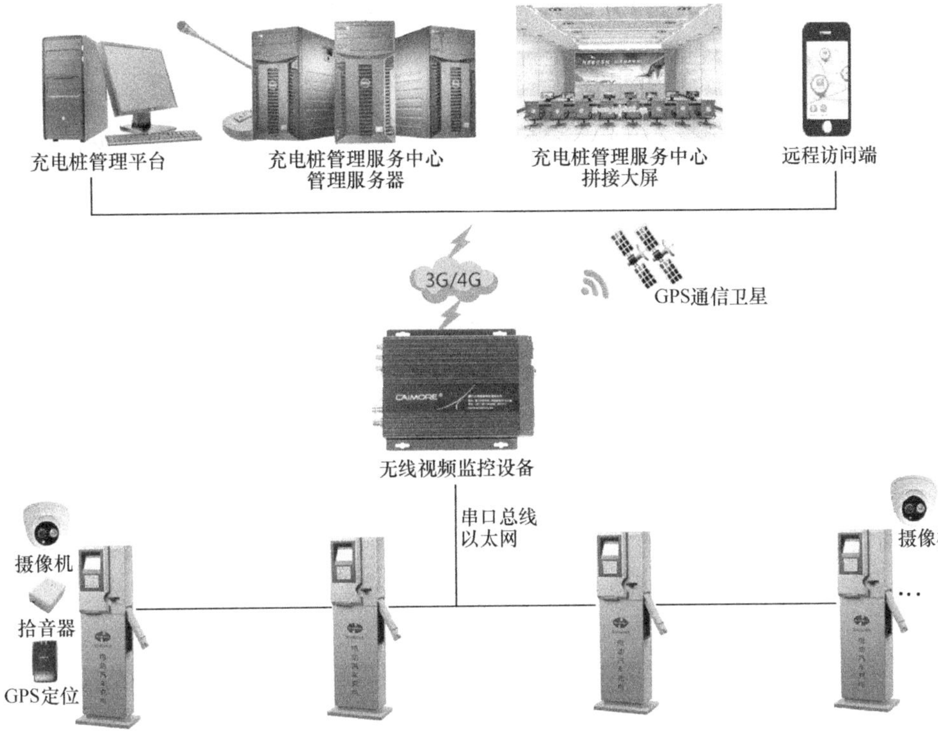

图 3-6 充电桩维护管理结构模式图

(2) 专业设备安全管理由专业服务机构或厂家售后负责,要求定期进行例行设备安全检查,具体检查项目可根据相关充电站使用要求确定。对于偶发故障则要求相关充电桩生产厂家在故障发生后及时进行维修,对于重大故障要求一个工作日内到现场进行处理,对于常规故障要求三个工作日内到现场进行处理,对于轻微故障可电话指导充电站工作人员进行处理。

(3) 电气设备在使用期间的检修、测试及维修应由专业人员进行,非专业人员不应从事电气设备和电气装置的维修,设备维修前应切断电源。

(4) 各充电设备生产企业应按国家要求确保充电设备在各种场景中的应用安全,提供经过相关国家安全质量检测部门安全检测合格的产品。

(5) 露天设置的充电桩应有安全防护措施,保证雷雨等特殊天气的充电安全。

(6) 各相关充电设备生产企业应该提供一套设备安全维护检查保养的要求,供各充电站管理人员使用。

4. 消防安全管理

（1）充电站运营机构应定期进行消防安全检查，消防设施和监控器材应由专人定期进行维护与保养，灭火和监控系统应处于完好状态。

（2）充电站运营机构应定期进行消防培训和应急演练，全体人员应掌握消防知识，熟知消防器材的位置、性能和使用方法。

（3）充电站内各紧急出口通道应保持畅通。发生火灾时，应能及时采取有效的处置措施，及时疏散人员，并报告有关部门。

5. 突发事件管理

（1）充电站运营机构应设置应急组织，建立突发事件应急预案，包括火灾、车辆故障、电池破损燃烧爆炸、供电系统故障、人员触电、设备故障、停电和断网等。

（2）应急预案应满足统一指挥，分级负责；组织机构健全；人员和物资配备充足；通信畅通；行动迅速、准确等基本要求。应急预案的主要内容应包括：组织机构、人员、物资、事件等级、报告程序、事故处置方法、快速疏散方法、紧急救护措施、现场保护、清理和善后工作等。

（3）应急预案中涉及的应急设备应在指定场所存放，专人负责，定期检查应急预案所需物资的有效性。

（4）每半年应至少进行一次应急预案的全员培训和演练，针对演练中的问题，修改和完善应急预案。

（5）突发事件的处置应按应急预案的要求进行。

3.5.4 维护管理方式

目前充电设施的建设仍未大规模的普及，根据充电设施作为准公益性基础设施基本属性，可以借鉴一般交通基础设施维护管理方式对其进行维护管理，现阶段，在我国的交通基础设施维护管理方式主要采用管养统一、管养部分统一和管养分离三种模式并存。

1. 管养统一

管养统一是指无论是大修还是小修，特殊维护或是日常养护，都由交通基础设施负责运营的政府部门或企业组织人员一手包办，我国目前大部分交通基础设施采取的都是这种维护管理方式。充电设施维护管理可以借鉴这一理念，采用“谁建设、谁管理、谁维护”的方式，由相关建设单位负责充电设施的维护管理，保证充电设施的日常运行。采用这一方式，维护管理相对简单、方便，由建设单位自己负责日常管理，减少了额外的管理支出，费用相对较低。这种模式主要适合于分散充电桩，规模较小且较为分散，维护管理内容相对简单。

2. 管养部分统一

管养部分统一是小修和日常保养工作由运营单位或企业的下属部门负责，而大修和特殊维护则实行市场化操作，聘请专业维护管理公司负责专业设备维护的实施。如温厚高速公路采用的就是这种维护管理模式。这种管理模式主要适合于大型公共充电站，一般常规维护管理由内部人员解决，但对于大型充电设备，如充电机、配电站、充电平台等，则需要由专业公司，按照市场化要求进行统一维护。这种维护模式主是针对设备的专业性维护，必须由专业的设备维护公司进行，一方面可以充分保证相关设备的正常运行，另一方面可以减小个人维护的风险。该模式较适合于由同一公司建设管理的同一批充电站，规模适中，维护管理专业，效率较高。

3. 管养分离

管养分离是指无论哪种程度的维护工作都选择聘请专业的维护公司来进行，实现交通基础设施维护管理的高度专业化。这种模式在水利工程、市政园林绿化、调整公路养护等项目中都有着广泛应用。根据世界发达国家交通基础设施维护管理模式，管理分离和管养部分统一是普遍采用的交通基础设施维护管理模式，如美国、加拿大的公路系统采用的就是完全的管养分离模式，通过招投标的方式将具体养护工程承包给私人承包商管理，建立养护市场，养护质量受政府和舆论的监督。但这种方式适合于大规模、完全市场化的产业，且对维护专业程度要求较高。目前该模式在我国的运用范围尚不广泛，根据国外应用案例，当充电设施进入大规模普及和应用阶段时，可以采用该模式。

附录　国内现有标准规范和法规政策

发展电动汽车离不开标准规范与法规政策的构建。目前，我国初步建立了电动汽车标准体系，法规政策正在不断细化完善过程中，这些都为推动电动汽车发展和协助政府对电动汽车的管理起到了非常重要的作用。

一、现有标准规范梳理及分析

1. 电动汽车相关标准的制定背景

（1）政策方针的引导落实

随着财政部、科技部、工业和信息化部、国家发展改革委（后称“四部委”）《关于2016—2020年新能源汽车推广应用财政支持政策的通知》、《国务院关于印发节能与新能源汽车产业发展规划（2012—2020年）的通知》、《广东省新能源汽车产业发展规划（2013—2020年）》、《关于加快推进珠江三角洲新能源汽车推广应用的实施意见》等政策、规划相继出台，发展新能源汽车产业日益上升为国家战略，新能源汽车在国内的推广应用步伐也逐步加快。

2012年国家出台了《节能与新能源汽车产业发展规划（2012—2020年）》，2013年广东省出台了《广东省新能源汽车产业发展规划（2013—2020年）》，都对新能源汽车，特别是新能源汽车的发展指明了方向，提出了鼓励与扶持政策。2014年7月21日国务院办公厅发布《关于加快新能源汽车推广应用的指导意见》中，针对充电设施缺乏的问题，特别提出制定充电设施发展规划和技术标准，将其纳入城乡规划，并完善充电设施用地和用电政策，鼓励公共单位加快内部停车场充电设施建设。为保持国家新能源汽车推广政策的连续性，促进新能源汽车产业加快发展，2015年财政部、科技部、工业和信息化部、发展改革委联合发布了将在2016～2020年继续实施新能源汽车推广应用的补助政策。

近期，国家连续出台新能源汽车鼓励政策，规定从9月1日起至2017年底，免征三类新能源汽车车辆购置税；《政府机关及公共机构购买新能源汽车实施方案》也明确了政府机关和公共机构公务用车“新能源化”的时间表和路线图。新能源汽车成为全社会关注的焦点，同时也体现了国家对发展新能源汽车的决心与支持。

（2）能源结构的调整需求

随着全球能源危机的不断加剧，化石燃料日渐枯竭，各国政府和汽车厂商均意识到节能减排是汽车业未来的发展方向，美国、日本以及欧洲等传统汽车强国也陆续将发展新能源汽车上升为国家战略。然而，对交通运输业来说，电能是唯一广泛使用且不依赖进口的能源形式，同时满足了燃料多样性、能源安全、减少温室气体和提高空气质量等多种要求。结合能源结构的调整需求，发展电动汽车是解决以上环境能源问题的最佳途径，而电动汽车的发展需要以标准的制定作为基础，引导电动汽车合理发展。

（3）电动汽车的大力推广

我国政府高度重视汽车工业的可持续发展，对电动汽车产业加大投入，大力支持以电动汽车为代表的新能源汽车研发和市场应用。电动汽车在我国已进入快速发展新阶段。

在技术方面，我国电动汽车产业已具备研发和生产能力。由中国自主研发的各类电动汽车已在北京奥运会、2009 夏季达沃斯论坛、上海世博会、深圳大运会等国际大型活动中得到了很好的应用。我国政府已加强新能源汽车标准法规与产品管理体系的建设，为新能源汽车的产业化和大规模的推广奠定基础。

在行业方面，我国汽车行业对国民经济的稳定发展发挥了重要的作用。为进一步刺激消费，政府实行了推广应用新能源汽车、小排量车购置税减征、汽车下乡、报废补贴，以及以旧换新等一系列的措施，取得了明显的效果。

在市场方面，我国汽车市场也发生了很大变化。小排量汽车的市场份额快速提升，汽车消费结构得到优化，朝着更加环保的方向发展。汽车消费者的节能环保意识不断增强，愿意接受更多节能环保的产品，愿意为人类和自然的和谐做出自己的贡献。

在政策方面，政府将在继续支持汽车共性技术的提升、挖掘传统汽车节能减排潜力的同时，加快实施电力驱动的技术战略转型，进一步加快电动汽车的产业发展。一方面以核心技术、关键部件、系统集成和基础设施集成为重点，实施国家研发计划，加大研发投入。另一方面，以小型乘用车和大中型客车为突破口，实施激励政策，进一步推动电动汽车的产业化和商业化。同时，积极推进标准化工作，建立健全电动汽车的标准法规体系，完善政策环境。

目前，国家正在制定和实施不断严格的汽车排放和油耗标准，积极引导汽车环保技术的普及应用，并争取在 2020 年左右，使我国的汽车排放控制和能耗水平进入世界先进行列。

（4）行业发展的基本诉求

2015 年，我国新能源汽车生产销售快速增长，中央、地方各项扶持政策的协同效果充分展现。更为喜人的是，私人消费市场升温，市场上的新能源汽车产品质量、性能日趋成熟，产品种类、数量日益丰富，消费者可选择性大大提高。随着后续政策的持续实施，预计近些年我国新能源汽车市场将继续保持高增长趋势。一是新能源汽车市场量质齐升，企业积极开展相关布局；二是动力电池产能继续扩张，行业进入规范化管理阶段；三是驱动电机规模技术同步提升，企业实力不断增强。

在产销规模迅速增长、产品性能持续提升、各主要企业加快发展及产业结构变化加快的大背景下，电动汽车行业发展急需统一明确的标准以规范引导新形势下的产业健康发展。

2. 标准的内涵及作用

（1）标准的内涵

国际标准化组织（ISO）提出，标准是被作为规则、指南或特性界定反复使用，包含有技术性细节规定和其他精确规范的成文协议，以确保材料、产品、过程与服务符合特定的目的。但在现实社会中，标准更可以看作在用户需求、生产者技术可能性与相关成本以及政府为社会利益所强加的各种约束之间实现的平衡。

（2）标准的作用

首先，标准可规范生产流程，提高产品质量，降低生产成本，实现规模经济。通过制定和采纳标准，企业可对复杂的生产过程进行科学组织和管理，从而加快产品生产的节奏和进度。标准不仅可对企业最终产品提出严格市场准入要求，而且能够对企业中间产品进行层层把关。从用户需求看，标准的制定和实施有利于创造规模需求，企业由此获得规模经济。

其次，标准可为科技与产业化搭建桥梁成为科技成果转化的催化剂，同时带动科技进步。技术标准促使科技成果迅速转化为新产品进而形成产业，加速产业结构优化升级，带动信息化和工业化的快速发展。标准的制定和推广意味着在不同企业间建立了共同遵守的约定，在一定程度上可以降低研发风险，加快标准拥有者占领市场的步伐。技术标准在推广过程中显现的经济效益和社会效果，反过来又会激励科技研发的开展，从而有力推动科技进步。

最后，标准可促进产业延伸和拓展，加快产业结构优化。标准作为市场竞争游戏规则，如果某产业或某产业环节采用新标准，那么标准会对处于该产业上下游产业及相关的产业产生波及效应。政府部门将标准与产业政策有效结合可强化标准产品竞争力，淘汰不合市场发展产品，从而实现产业结构优化。另外，标准还可降低信息不对称，规范市场秩序，减少市场失败；标准能弥补价格机制的不足，作为市场准入制度的补充，可将不符合标准的产品排除在市场外；在商品交易中，标准可向消费者传递有关产品或服务质量信息，引导公平竞争市场秩序；标准和技术法规可成为解决市场纠纷的参照。

（3）电动汽车标准的重要性

电动汽车给公众健康、安全、环境的可持续发展带来的冲击都与标准有直接关系。标准的需求不仅与汽车有关，而且与发电、电力存储和电网融合技术密切相关，还与充电和服务汽车行业人员的技术有关，因此，标准在整车、汽车零部件及相关基础设施的发展方面起着决定性作用，中国产品在进入国际市场的进程中，不可避免地面临着产品标准门槛的问题。众多的中国产品，由于不符合国际标准而错失海外市场。然而，与其他产业不同的是，电动汽车的有关国际标准尚未出台，目前，中国企业与国外企业处于同一条起跑线上。这就意味着，对于中国而言，如果能在标准的制定上抢占先机并发挥作用，必将极大地提高我国相关产品在国际市场上的竞争力。中国汽车企业应该创造机会，把自己的意见表达出来，在全球范围内进行交流，力争同国外标准取得一致。如果能把这些标准变成全球统一的标准，则中国的汽车，将不再需要相关的产品认证。在电动汽车国际标准的制定上，中国可以发挥很大的作用。反之，如果中国企业在电动汽车标准方面“掉队”，将无疑会输掉明天的竞争。

3. 标准制定的主要方向及内容

（1）安全标准

电动汽车标准首先选择关系乘客安全问题的项目制定标准。汽车安全标准按照主动安全、被动安全和一般安全划分。主动安全项目主要涉及照明与光信号装置、制动、转向、轮胎等；被动安全项目涉及座椅、门锁、安全带、凸出物、车身、碰撞防护以及防火等；一般安全项目涵盖视野、指示器与信号装置、车辆结构与防盗等。我国电动汽车一般安全标准制定可参考传统汽车，电动标准主要考虑电动汽车整车安全要求、动力电池安全标准、控制系统安全标准等。

（2）技术标准

从整体性能看，电动汽车是集高新技术、电子技术、新材料等一体化的高科技产品，发展电动汽车是复杂的系统工程。从国内外电动汽车进展看，许多未完全解决的技术问题影响了电动汽车整体性能，如驱动系统、电池供电系统等，其中最大障碍是电池。因此，对于不同类型的电动汽车，应该有燃料电池、电力驱动、电力控制等相应的技术标准，从而使电动汽车能够与传统汽车一样，实现电动汽车零配件生产标准化，进而为其通用化和系列化打下基础，以加速实现电动汽车的产业化发展。

（3）成本标准

电动汽车以蓄电池的电能为动力，在行驶时几乎没有废气排出，比燃油汽车减少92%～98%，是最被看好的“零污染”汽车，具有明显的外部经济性。电动汽车良好的环保效果，是由全社会共享的，但其使用者在购买汽车时要付出比燃油汽车多的高额费用，这就导致市场调节失灵，资源配置偏离最优。目前汽车市场的主流仍然是传统汽车。在规模、宣传和成本上，电动汽车目前还无法与传统汽车竞争。即使产业化之后，在同类型的汽车中，电动汽车要比传统汽车贵30%左右，虽然使用中电动汽车的费用比传统汽车低，但消费者是否愿意为了环保的需要而多掏这30%的费用呢？此外，电动汽车在市场上的可选品种太少，在性能、规格、条件、价格等方面无法满足各类消费者的需求。因此，对于电动汽车要有一定的成本承担标准，即国家、个人和企业分别要承担多少成本。

（4）运营标准

电动汽车普及遇到的最大问题是目前尚不具备广泛使用的外部条件，其中主要问题是：产品目录标准、基础设施配套标准以及停车场站标准。首先，电动汽车的规模化运营面临的挑战是电动汽车缺乏“身份证”，导致电动汽车无法进行商业化、规模化运营；其次，电动汽车的基础设施配套问题制约着其产业化发展，电动汽车使用需要在短时间内充电，需要建设大量的充电站，充电站的前期投入非常巨大；最后，电动汽车的停车场站标准问题。由于目前的停车场站并没有这类充电设备，新建的停车场也没有考虑此功能，加上国内大城乡严重缺乏停车场，汽车充电就成了大问题。

（5）经济标准

据预测，国内汽车能源消费目前只占能源总能耗的10%左右，预计2030年将占到1/3。到2020年，进口石油将占石油需求总量的50%以上。持续增长的石油进口将严重威胁中国能源系统的安全。燃料经济性法规被认为是政府控制机动车排放最有效手段之一。如在中国实施燃油效率标准，仅节油产生的经济效益就相当于三峡工程的总投资。因此，应该根据不同的电动汽车制定不同的燃油经济性标准或不同的能耗标准，以使电动汽车真正能够成为节能汽车，实现其经济性。

（6）环保标准

中国车辆的燃料效率明显低于发达国家水平，尾气排放水平和控制比发达国家落后10年左右，单车排放的污染物是发达国家的5～10倍。减少石油进口能为国家节省大量外汇，减少石油消耗还可减少温室气体排放，减轻城乡空气污染。作为清洁能源汽车主要选择的电动汽车，其排放比传统汽车要环保，但是对于不同类型的电动汽车应该出台相应的环保标准。据海外媒体报道，在全球主要车厂竞相研制燃料电池汽车的大环境下，美国麻省理工学院报告说，虽然燃料电池不会在发动汽车的过程中产生废气，但限于目前科技水平，燃料电池汽车在发动过程中消耗的能源比混合动力汽车多，造成资源浪费，所以混合动力汽车可能比各种纯电能驱动汽车更为经济、环保。麻省理工的报告还预测，如果全世界所有使用汽油引擎的车辆全部改为兼用电能与汽油的混合动力引擎，温室效应有望减少47%。因此，应该针对不同类型的电动汽车指定不同的环保标准，以使清洁能源汽车有更多的选择，从而使国家能够通过标准引导不同类型电动汽车的产业化发展。

4. 主要标准梳理及分析

截至2016年，在全国汽车标准化技术委员会（简称“汽标委”）的归口下，已正式发布的电动汽车标准有75项。这些标准的制定有力地支持了电动汽车科技项目的成果评价、电动汽车的示范运行、新能源汽车企业准入和产品准入管理。电动汽车标准主要包括四个方面的内容：一是基础性标准，涉及一些基本定义、基本功能要求；二是试验方法标准，涉及电动汽车各项性能的统一评价方法；三是一些必须的要求，涉及配建基础设施标准，以及各类电动汽车性能、环保、安全方面的基本规定；四是通用性、互换性标准，以推动产业规模发展。

（1）动力蓄电池标准体系基本建立

截至目前，在动力电池方面，现行有效的标准共有15项。从产品类别上，覆盖了锂离子电池、镍氢电池、超级电容；从产品级别上，涵盖了电池单体、模块、系统，电池箱体、电池管理系统；从标准规定的内容上，包括了动力电池的安全性、电性能、循环寿命、规格尺寸。

（2）电动汽车标准体系进一步完善

针对电动汽车正常使用中的2001版的《电动汽车安全要求》GB/T 18384 3项系列标准完成修订，并正式发布，于2015年10月1日实施。针对电动汽车发生碰撞后的安全标准《电动汽车碰撞后安全要求》GB/T 31498—2015完成制定并正式发布，于2015年10月1日实施。驱动电机系统重要的基础性标准——2006版的《电动汽车用电机及其控制器》GB/T 18488 2项国家标准完成修订，并正式发布，于2015年9月1日实施。2005版的《重型混合动力电动汽车能量消耗量试验方法》GB/T 19754完成修订并正式发布，于2015年10月1日实施。基础通用标准《电动汽车高压系统电压等级》GB/T 31466—2015完成制定，于2015年10月1日实施。

（3）充电互联互通标准正在修订

2010版充电接口和通信协议发布实施，对规范充电基础设施建设和整车充电系统开发发挥了重要作用。但是在标准实施过程中，也发现车辆与设施之间仍然存在系统“握手”不成功、无法进行充电的问题。汽车、电力、电工等行业标准化机构已启动上述标准的修订工作，于2015年完成修订，将车辆与设施之间的互联互通性明显改善。

（4）我国的直流充电国际标准提案正式发布

以国家标准为基础，我国向国际电工委员会（IEC）提出的直流充电方案已正式发布，包括直流充电接口（IEC 62196—3）、直流充电控制导引电路（IEC61851—23）、直流充电通信协议（1EC 61851—24）。中国牵头起草的换电站系列国际标准已经进入委员会投票阶段。如附表1所示。

国家电动汽车基础通用类标准　　附表1

序号	标准号	标准名称	参考或对应的标准
1	GB/T 18384.1—2001	《电动汽车　安全要求　第1部分：车载储能装置》	ISO 6469—1：2000
2	GB/T 18384.2—2001	《电动汽车　安全要求　第2部分：功能安全和故障防护》	ISO 6469—2：2000
3	GB/T 18384.3—2001	《电动汽车　安全要求　第3部分：人员触电防护》	ISO 6469—3：2000
4	GB/T 4094.2—2005	《电动汽车操纵件、指示器及信号装置的标志》	ISO 2575：2000
5	GB/T 19596—2004	《电动汽车术语》	ISO 8713：2002
6	QC/T 837—2010	《混合动力电动汽车类型》	
7	GB/T 24548—2009	《燃料电池电动汽车术语》	
8	QC/T 893—2011	《电动汽车用驱动电机系统故障分类及判断》	

（5）其他方面

近年来，促进纯电动汽车发展的利好消息不断传出。2012年3月科技部发布的《电动汽车科技发展“十二五”专项规划》提出，“十二五”期间，我国将实施“纯电驱动”技术转型战略，重点突破电池、电动机、电控等关键核心技术，以及电动汽车整车关键技术和商业化瓶颈。2012年6月，国务院正式颁布《节能与新能源汽车产业发展规划（2012～2020年）》，对新能源汽车产业发展提出了明确的目标，界定了我国新能源汽车发展的战略取向、现阶段的发展重点，清晰地传达出我国发展新能源汽车的战略高度和政策支持力度。2012年7月1日起正式实施的《纯电动乘用车技术条件》，规定了电动汽车的车速、续驶里程、安全、质量分配等技术指标，对于进一步规范我国电动汽车的研发和生产，推动电动汽车市场应用，加强电动汽车管理，促进电动汽车产业健康发展有着重要的意义。

自“九五”开始，我国就组织涵盖纯电动汽车、混合动力车、燃料电池车、电动摩托车等多种电动车整车、动力蓄电池、充电机、电机和控制器等关键零部件等53项国家标准或行业标准（含11项报批稿），初步建立了我国电动汽车标准体系，为推动电动汽车发展和协助政府对电动汽车的管理起到了非常重要的作用。

我国电动汽车的标准体系已基本形成，已初步满足我国对电动车辆管理、研发、试验等的需要，但由于电动汽车技术处在不断地进步和更新中，其相关标准的制修订任务仍比较艰巨，除了已发布48项标准外，目前已完成制、修订工作上报待批的有15项标准（包括2项修订标准，正在制修订中标准项目还有近40项）。

电动汽车作为汽车的特殊成员，需有针对性的、特殊的技术标准，即在汽车共性标准体系之外，增加电动汽车特有的标准。共有四个方面：

1）安全方面

制订安全标准主要是保证人身的安全。这些内容是政府强制执行，以控制或避免电动汽车本身或附件可能发生的危险，特有的安全问题主要与高压电气装备及高压的氢源的爆燃有关。因此，为保证这类车辆的安全，消除使用者对电动汽车不必要的恐惧心理，除满足现有的安全标准和法规外，还必须对车上的高电压装备和高压氢气/代用燃料气体源等制订相应的标准和法规。

适用于电动汽车的安全标准可分为以下几类：

电气安全：是为了防止电器漏电和使用者触电，这与车上大量的蓄电池、动力电路、充电时与电网连接有关。

氢气/代用燃料气体源安全：电动汽车携带易燃、易爆的高压氢源，这些标准规定储气罐、氢气泄漏的限值等要求，以避免危险发生。

机械安全：如灯光、安全带的要求。

特殊安全：这些标准与电动汽车结构有关，主要涉及蓄电池、储气罐的安装位置以及特殊结构安全要求、电磁辐射、操作安全性、故障防护等。

2）整车和部件性能评价

为了确定客观评价车辆或零部件性能的方法和准则。对于迅速发展变化的电动汽车技术而言，这些标准特别重要。用户评价产品的性能，特别是评价电动汽车的续驶里程和能量消耗量、动力性都需要统一而明确的标准，只有用统一的经确认有效的标准来进行性能测量，才能鉴别各厂在不同基础上所制订的性能指标。才可向公众提供可信的数据。主要有能源效率、续驶里程、能耗、动力性和可靠性等。

3）运行协调

为了保证有些车辆零部件的通用性和互换性，最典型的标准化部件就是充电连接器和加氢口等，要规定尺寸和操作上的要求，使不同型号的车辆能用统一的充电/加氢连接器与充电设备/加氢设备连接，以便推广使用。有利于降低成本和进入市场，便于行业配套和提供服务。

4）基础标准

这方面标准是建立统一的规范语言。电动汽车除满足如灯光、制动、转向、噪声、碰撞等通用常规汽车检测项目外，根据电动汽车结构特点，有些常规汽车检测项目不适用于电动汽车如发动机标准和排放标准不适用纯电动车和燃料电池车，而混合动力车需满足专门的排放标准。电动汽车需满足专项检测标准共 22 项，全部来自于我国已发布的电动汽车标准。

与传统汽车相比，电动汽车标准制订的难度要大得多。主要是电动汽车技术处于不断发展过程中，很多新技术、新结构不断涌现；其次是国际标准体系并不完善。在制订我国电动汽车标准时，等同或等效采用国际标准不多，大部分要根据我国国情和电动汽车技术水平和实际应用做很多修改并进行大量验证试验。鉴于此，要充分研究传统汽车标准对电动汽车适应性。对能适用的标准不再另行制定，对有一定关联性，但会存在一定差异的项目，则可进行针对性修改；对不适用的标准则研究制订新的标准，传统汽车标准项目对电动汽车适用性见表 3。

二、国家新能源汽车政策分析及展望

中国高度重视新能源汽车产业持续健康发展，2014 年国务院副总理多次调研新能源汽车产业发展和推广应用情况，2014 年 7 月国务院办公厅下发《关于加快新能源汽车推广应用的指导意见》，明确了下一步政策出台的重点和方向。各部门按照任务分工，从行业管理、推广应用到税收优惠、基础设施的诸多政策先后出台。同时，2015 年《中国制造 2025》明确将节能与新能源汽车列为十大重点发展领域之一。《国家新能源汽车政策动态及展望》一文从宏观综合政策、行业管理政策、推广应用政策、税收优惠政策、科技创新政策、基础设施等六个方面分析了 2014 年以来国家出台的新能源汽车相关政策的要点，对未来出台的政策进行了展望，并结合产业发展趋势建议在基础设施建设、科技创新等方面进一步加强政策支持力度。

在国家加快新能源汽车推广应用的要求下，地方政府充分发挥在推广应用中的主体作用，截至 2015 年 5 月底，全国 39 个城乡（区域）中已有 36 个城乡（区域）出台了 160 多项支持政策。

相对于传统燃油汽车，目前新能源汽车整体保有量小、市场认可度低，尚处于市场培育阶段，一系列支持政策的出台有利于发挥政府对于产业发展的引导作用，加快提升市场消费需求，提高企业产品推广积极性，同时地方政策的出台有利于对国家政策进行细化和配套，形成政策合力。目前，新能源汽车产业发展已得到中央高层的高度重视，习近平主席、李克强总理和马凯副总理等国家领导均提出要大力发展新能源汽车产业；马凯副总理更是多次调研新能源汽车产业发展情况并给予重要指示。为推动新能源汽车产业持续健康发展，进一步破除制约产业发展的障碍，国务院办公厅发布了《关于加快新能源汽车推广应用的指导意见》（以下简称《指导意见》），明确了下一步政策出台的重点和方向。在《指导意见》的推动下，涉及新能源汽车行业管理、推广应用、税收优惠、基础设施等一系列政策陆续出台，新能源汽车政策支持体系得到进一步完善。

1. 2014 年以来新能源汽车政策分析

加快培育和发展新能源汽车产业，是推进汽车产业转型升级的紧迫任务和实现汽车产业可持续发展的战略举措。2009 年以来，为加快促进新能源汽车产业化，国家逐步加大了市场导入期的政策支持力度，制定出台了一系列政策措施，营造了良好的政策环境，尤其是 2014 年以来，有关部门相继出台了一系列有较强力度的政策措施，如附图 1 所示。目前，国家已在行业管理、推广应用、税收优惠、科技创新和基础设施等方面初步建立了新能源汽车政策支持体系，涵盖从研发、产业化到推广应用等各个环节，如附图 2 所示。

国家已将发展新能源汽车作为应对环境和能源问题的重要举措之一，在 2014 年出台的能源、节能和环保等相关政策中，均将发展新能源汽车列为重点措施之一。

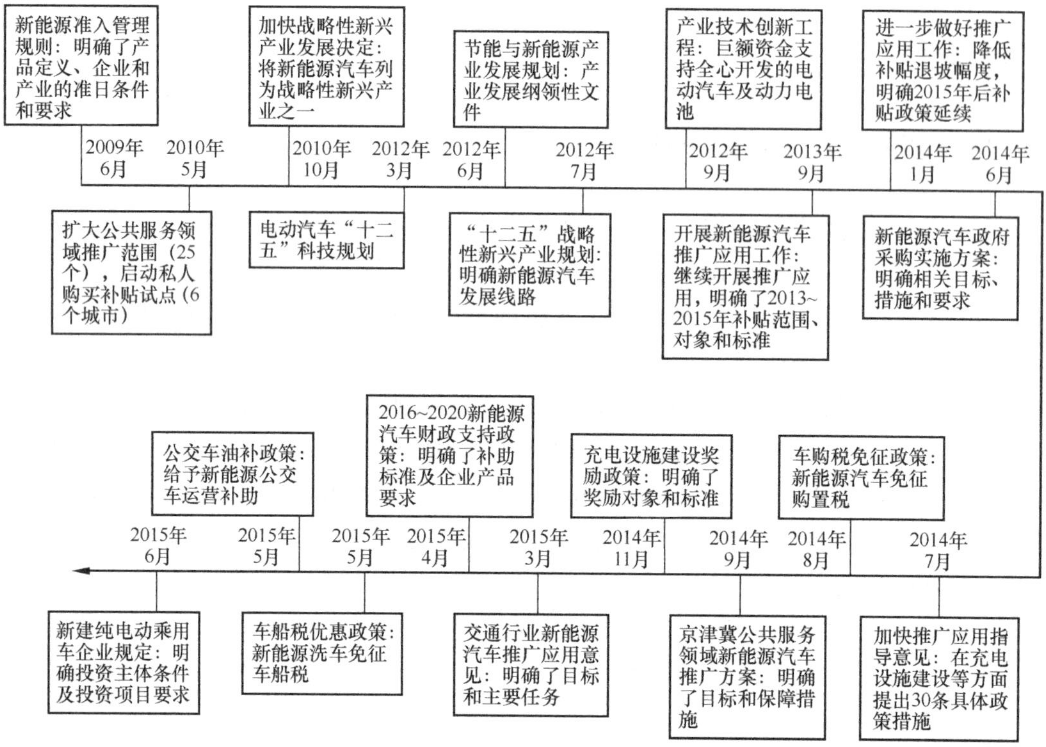

附图 1　国家新能源汽车支持政策时序

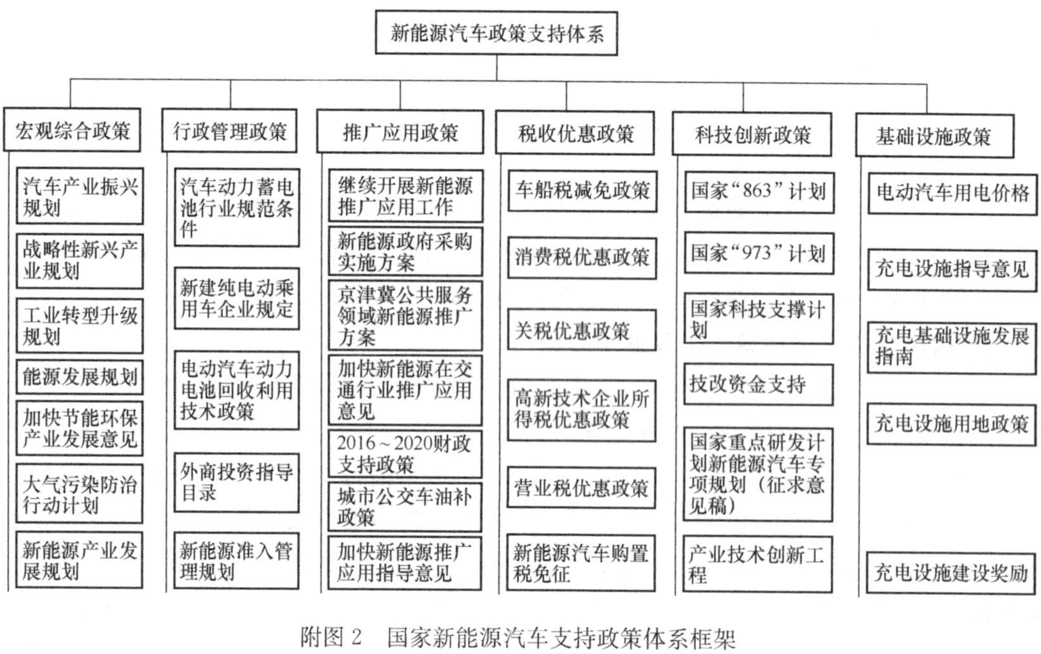

附图 2　国家新能源汽车支持政策体系框架

2014 年 5 月和 6 月，国务院办公厅相继印发了《2014～2015 年节能减排低碳发展行动方案》和《能源发展战略行动计划（2014～2020 年）》，将发展新能源汽车作为缓解环保和能源问题的重要措施，提出加快发展新能源汽车，加大推广应用力度和推进新能源汽车产业化。同年 10 月，国家发改委等印发《加强“车油路”统筹加快推进机动车污染综合防治方案》，提出增加新能源公交车运营补贴，破除地方保护、减免过路过桥费和停车费，加快基础设施建设等措施。2015 年 5 月，中共中央、国务院发布《关于加快推进生态文明建设的意见》，将发展节能与新能源汽车作为发展绿色产业和培育绿色生活方式的重要手段之一。

2015 年 5 月国务院印发的《中国制造 2025》明确将新能源汽车列为十大重点发展领域之一，明确了重点支持方向，进一步表明国家推动电子信息产业与汽车产业融合发展的战略导向，工信部在《（中国制造 2025）规划系列解读之推动节能与新能源汽车发展》中提出到 2025 年新能源汽车年销量要达到 300 万辆。如附表 2、附表 3 所示。

国家新能源汽车宏观综合政策动态及要点　　附表 2

序号	政策名称及发布部门	政策要点
1	《关于印发新能源发展战略行动计划（2014—2020 年）的通知》（国务院办公厅 2014 年 6 月 7 日印发）	积极发展交通燃油替代：加快发展纯电动及混合动力汽车等，扩大交通燃油替代规模。 实行绿色交通行动计划：推进清洁能源汽车产业化步伐，提高车用燃油经济性和环保标准
2	《国务院办公厅印发 2014－2015 年节能减排低碳发展行动方案》（国务院办公厅 2014 年 5 月 15 日印发）	强化交通运输节能降碳，加大新能源汽车推广应用力度
3	《关于印发加强“车油路”统筹加快推进机动车污染综合防治方案的通知》（国家发改委等 2014 年 10 月 24 日印发）	改革公交油补：提出降低城乡公交车燃油补贴，增加新能源公交车运营补贴的改革思想。 提高使用环节便利性：一是提出已实施汽车先行限购地区要给予新能源汽车便利及优惠；二是研究出台免费停车、过路过桥费减免等政策。 破除地方保护：各地方政府要执行全国统一的推广目录，不得设置门槛限制外地品牌产品。 加快基础设施建设：一是明确建筑物停车场、公共停车场充电设施配件要求；二是出台充电设施发展规划。 其他措施：包括加强产品质量监督和加快动力电池回收利用体系建设方面
4	《2015 年政府工作报告》	提出支持新能源汽车产业等战略性新兴产业发展、推广新能源汽车等措施
5	《中共中央国务院关于加快推进生态文明建设的意见》（中央政府网 2015 年 5 月 5 日发布）	大力发展节能与新能源汽车，提高创新能力和产业化水平，加强配套基础设施建设，加大推广普及力度。 积极引导消费者购买节能与新能源汽车等节能环保低碳产品
6	《中国制造 2025》（国务院 2015 年 5 月 8 日印发）	继续支持电动汽车、燃料电池汽车发展，掌握汽车低碳化、信息化、智能化核心技术，提升动力电池、驱动电机、高效内燃机、先进变速器、轻量化材料、智能控制等核心技术的工程化和产业自动化能力，形成从关键零部件到整车的完整工业体系和创新体系，推动自主品牌节能与新能源汽车同国际新进水平接轨

工信部《中国制造2025》中的新能源汽车产业相关内容　　附表3

序号		纯电动和插电式混合动力汽车	燃烧电池汽车
1	2020年目标	自主品牌纯电动和插电式新能源汽车销售量突破100万辆，在国内市场占70%以上； 打造明星车型，进入全球销量排名前10，新能源客车实现批量出口； 动力电池\驱动电机等关键系统达到先进水平，在国内市场占有率80%； 实现车—车、车—设施之间信息化	具备燃料电池关键材料批量化生产的质量控制和保证能力； 燃料电池堆寿命达到5000小时，功率密度超过2.5kW/L，整车耐久性达到15万km，续航里程500km，加氢时间3分钟，冷启动温度低于－30℃； 生产1000辆燃料电池汽车并进行示范运行
2	2025年目标	与国际先进水平同步的新能源汽车年销量300万辆，在国内市场占80%以上； 2家整车企业销量进入世界前十，海外销量占总销量的10%； 动力电池、驱动电机等关键系统实现批量出口； 智能网联汽车实现区域试点	实现高品质关键材料、零部件实现国产化和批量供应； 燃料电池堆系统可靠性和经济性大幅提高，和传统汽车、电动汽车相比具有一定的市场竞争力，实现批量生产和市场化推广； 制氢、加氢等配套基础设施基本完善，燃料电池汽车实现区域小规模运行
3	重点领域	研发一体化纯电动平台； 高性能插电式混合动力总成和增程式发动机； 下一代锂离子电动力电池和新体系动力电池，高功率密度、高可靠性电驱动系统的研发和产业化。构建自主可控的产业链； 基于大数据系统的智能化汽车产业链建设，突破车联网应用、信息融合、车辆集成控制、信息安全等关键技术	燃料电池催化剂、质子交换膜、碳纸、膜电极组件、双极板等关键材料批量生产能力建设和质量控制技术研究； 燃料电池堆系统可靠性提升和工程化水平的研究； 汽车、备用电源、深海潜器等燃料电池通用化技术研究； 燃料电池汽车整车可靠性提升和成本控制技术

2. 行业管理政策

为加强对新能源汽车的行业管理，推动新能源汽车产业发展，2014年以来，国家从投资管理、公告申报、动力电池管理等方面出台了一系列文件，为新能源汽车产业的发展带来了新的活力，同时动力电池行业发展也日益规范。

在投资管理方面，为吸引社会资本加大对新能源汽车产业的投资，在2014年11月和2015年3月两轮征求意见的基础上，国家发改委于2015年6月正式发布《新建纯电动乘用车企业管理规定》，提出了申请企业的基本条件、投资项目相关要求和具体核准程序，以促进具有较强技术实力的行业外企业进入新能源汽车研发生产领域。预计该政策实施后，将有几家有技术创新能力的行业外企业能够进入新能源汽车领域。

在公告申报方面，2014年5月，中机中心发布《关于调整部分新能源汽车产品公告申报示范运行区域要求的通知》，调整了锂离子电池乘用车等发展期和成熟期产品公告申报的示范运行区域要求，即不再要求注明示范运行区域、提供产品示范运行区域的批文，其目的在于进一步破除地方保护主义。

在动力电池管理方面，2015 年 3 月，在征求意见基础上，工信部正式发布《汽车动力蓄电池行业规范条件》，明确了汽车动力电池的定义及范围，就产能和技术要求进行了明确规定，并提出以动态公告的方式实施对企业的监督管理。规范条件的出台将有利于解决目前动力电池企业良莠不齐、企业规模偏小、低水平重复建设等问题，进一步引导和规范行业发展，但规范条件并没有强制效力，在性质上只是行业指导性的规范文件。如附表 4 所示。

国家新能源汽车行业管理政策及要点　　附表 4

序号	政策名称及发布部门	政策要点
1	《关于调整部分新能源汽车产品公告申报示范运行区域要求的通知》（中机中心 2014 年 5 月 21 日印发）	对于属于发展期、成熟期的新能源汽车产品，申报公告时，不再要求在参数“其他”栏中注明示范运行区域、提供产品示范运行区域的批文。 对于属于既有产品，仍按原要求执行
2	《关于变更新能源转型检验 E7 标准依据的通知》（中机中心 2014 年 9 月 22 日）	将《关于免征新能源汽车车辆购置税的公告》（简称《公告》）检验方案表 E7 项“《轻型混合动力电动汽车能量消耗量实验方法》GB/T 19753—2005”变更为“《轻型混合动力电动汽车能量消耗量实验方法》GB/T 19753—2013”
3	《关于增补新能源汽车产品专项检验项目的通知》（中机中心 2014 年 9 月 22 日印发）	对企业申报新能源汽车产品《公告》增补 4 项专项检验项目，增补的 4 项专项检验项目为免征新能源汽车车辆购置税车辆产品要求的专项检验，相关产品申报《公告》时暂不强制要求
4	《新建纯电动乘用车企业管理规定》（国家发改委 2014 年 11 月 26 日、2015 年 3 月 13 日两次征求意见，并与 2015 年 6 月 2 日印发正式稿）	产品种类：可生产纯电动（包括增程式）乘用车，但不可制造以内燃机为驱动力的汽车产品。 研发验证要求：（1）需具备纯电动（含增程式）乘用车完整研发经历；（2）需具备整车正向研发能力和专业化研发队伍，同时掌握整车控制和动力蓄电池系统、整车集成和整车轻量化等核心技术及实验验证能力；（3）拥有自主知识产权和已授权的相关发明专利。 样车试制要求：（1）具备车身及底盘制造、动力蓄电池系统集成、整车装配等主要试制工艺和装备；（2）试制同型样车数量不得少于 15 辆。 研发能力要求：掌握整车机动力系统匹配、整车管理系统、车载能源管理系统、车辆轻量化、车辆安全等核心技术的设计开发、实验检测以及对产品运行状态监控能力。 企业级产品准入要求：（1）使用拥有所有权的注册商标和品牌。（2）使用符合汽车动力蓄电池行业规范条件的企业生产的动力电池产品。（3）对核心部件提交符合国家支持新能源汽车推广应用的相关规定的质保承诺

续表

序号	政策名称及发布部门	政策要点
5	《汽车动力蓄电池行业规范条件》（工信部 2014 年 10 月 28 日征求意见，并于 2015 年 3 月 24 日印发正式稿）	定义及范围：指在汽车上使用的、能够储存电能并可在充电的、为驱动汽车行驶提供能量的装置，包括锂离子动力蓄电池、金属氢化物镍动力蓄电池和超级电容器等，不包括铅酸类蓄电池。 产能要求：锂离子动力蓄电池单体企业年产能不得低于 2 亿 W·h，金属氢化物镍动力蓄电池单体企业年产能力不得低于 1000 万 W·h，超级电容器单体企业年产能力不得低于 500 万 W·h。系统企业年产能力不得低于 10000 套或 2 亿 W·h。 技术要求：配备相应的研究开发人员，其占企业员工总数比例不得少于 10%或总数不得少于 100 人，研究开发人员的配备至少应涵盖企业产品开发的四方面：新产品技术研发、产品试制与测试分析、国内外同类产品技术发展跟踪及企业标准修订等
6	关于开展符合《汽车动力蓄电池行业规划条件》企业申报工作的通知（工信部 2015 年 4 月 29 日印发）	自 2015 年 5 月 1 日起，企业可按照《汽车动力蓄电池行业规范条件》要求，通过工业和信息化部“汽车动力蓄电池生产企业管理系统”（http//battery.catarc.info/）进行在线申报。 工信部将组织专家组依据《汽车动力蓄电池行业规范条件》制定相应的审核细则，通过材料审核、企业交流和现场审查相结合的方式对企业及产品进行审查

3. 推广应用政策

开展推广应用工作是加快培育新能源汽车市场和促进新能源汽车产业化发展的重要手段，2014 年 7 月，国务院办公厅印发了《关于加快新能源汽车推广应用的指导意见》（简称《指导意见》），提出从充电设施建设、创新商业模式、加快公共服务领域推广、完善政策体系、破除地方保护、加强技术创新和产品质量监管等方面对下一步的重点任务进行了系统部署（附表 5）。至 2015 年 5 月底，《指导意见》提出的大部分政策的已经落实出台，尤其是四部委发布的《关于 2016～2020 年新能源汽车推广应用财政支持政策的通知》，对于稳定企业政策预期和稳定市场信心发挥了重要作用。

根据《指导意见》要求已出台的政策 **附表 5**

序号	政策名称	发布单位
1	《政府机关及公共机构购买新能源汽车实施方案》	国管局等
2	《关于电动汽车用电价格政策有关问题的通知》	国家发改委
3	《关于免征新能源汽车车辆购置税的公告》	财政部等
4	《道路交通管理信息采集规范（CAT/T946.2，2014 年版）》 （目的在于实行差异化的新能源汽车交通管理政策）	公安部
5	《关于新能源汽车充电设施建设奖励的通知》	四部委
6	《建立新能源汽车市场发展动态监管机制》	工信部
7	《新建纯电动乘用车企业管理规定》	国家发改委
8	《2016—2020 年新能源汽车推广应用财政支持政策》	四部委
9	《关于加快推进新能源汽车在交通运输行业推广应用的实施意见》	交通部
10	《汽车动力蓄电池行业规范条件》	工信部
11	《关于完善城乡公交车成品油价格补助政策加快新能源汽车推广应用实施意见》	财政部

在政府采购方面，2014 年 6 月，国管局等部门联合印发《政府机关及公共机构购买新能源汽车实施方案》，对政府机关及公共机构采购新能源汽车提出了相应比例的要求。新能源汽车在公务用车领域的推广将有利于发挥示范效应，引导市场需求。

在区域推广方面，2014 年 10 月，工信部等部门联合印发《京津冀公交等公共服务领域新能源汽车推广工作方案（2014～2015 年）》，提出在 2014 年和 2015 两年时间内推广 2 万余辆新能源汽车，重点是公交车和出租车，并实施区域联合推广，将推广新能源汽车作为京津冀协同治理大气污染的重要措施之一。

在交运领域，2015 年 3 月，在前期征求意见的基础上，交通部正式印发了《关于加快推进新能源汽车在交通运输行业推广应用的实施意见》，提出至 2020 年，新能源汽车在城乡交通运输领域（包括公交、出租车和城乡物流配送等）的推广总量达到 30 万辆，并提出争取地方政府支持，在交通管理上对新能源汽车实行不限行、不限购的鼓励措施。

在后续补贴政策方面，2014 年 12 月，为对行业发展提供长期预期、确保补贴政策延续性，四部委发布通知，明确将继续实施推广应用补贴政策，并对 2016～2020 年推广应用财政支持政策公开征求意见，并几经修改后于 2015 年 4 月印发了正式稿。2016～2020 年补贴政策强化了对车辆能耗评价、质保要求及企业服务能力的要求，补贴车型范围更广、补贴标准设计更细化，补贴退坡幅度考虑了行业成本下降趋势，有利于推动企业加快降低产品成本。

2015 年 4 月，四部委联合印发了《关于开展新能源汽车推广应用城乡考核工作的通知》，对各推广应用城市（群）实施方案完成情况进行考核，重点考核城乡 2013～2014 年推广应用车辆数量、充电设施建设、市场开放程度、商业模式创新、地方扶持政策、组织领导及安全监管等情况。按照各城乡当前的推广进度，部分城乡可能很难达成预期目标。考核工作更多是对新一轮推广应用工作开展两年来的执行情况进行总结，发现当前工作中出现的问题，查找制约推广工作顺利开展的具体原因，督促各试点城乡尽快落实相关工作。

为加快新能源汽车在公共服务领域的推广，针对传统公交车全生命周期补贴额度（油补）明显大于新能源公交车补贴（购置补贴）导致不利于新能源汽车推广的问题，财政部等出台了《关于完善城乡公交车成品油价格补助政策加快新能源汽车推广应用的通知》，明确对传统燃油公交车“做减法”逐年减少油补，并对应用新能源公交车“做加法”给予年度补贴。

国家新能源汽车推广应用的相关政策见附表 6。

国家新能源汽车推广应用相关政策　　　　**附表 6**

序号	政策名称及发布部门	政策要点
1	《关于印发政府机关及公共机构购买新能源汽车实施方案的通知》（国管局、财政部、科技部、工信部、国家发改委 2014 年 6 月 11 日印发）	推广目标：（1）2014～2016 年，中央国家机关和新能源汽车推广应用城乡的政府机关及公共机构新能源汽车购买量占当年配备更新总量比例不低于 30%，以后逐年提高。（2）其他政府机关及公共机构，2014 年新能源汽车购买量占当年配备更新总量的比例不低于 10%（京津冀、长三角、珠三角政府机关及公共机构购买比例不低于 15%）；2015 年和 2016 年分别不低于 20% 和 30%，以后逐年提高。 基础设施：充电接口与新能源汽车数量比例不低于 1∶1。政府机关及公共机构新增或改造的停车场，应设置专用停车位并配建充电桩。 采购标准：可享受财政补贴，补贴标准按照中央和地方财政补贴政策执行，轿车（包括机要通信用车）采购价格扣除财政补贴后不超过 18 万元

续表

序号	政策名称及发布部门	政策要点
2	《关于加快新能源汽车推广应用的指导意见》(国务院办公厅 2014 年 7 月 14 日印发)	充电设施建设：(1) 现有建设用地上可设立“他项权利”建设充电设施。(2) 利用已有建设用地新建充电站的，可通过协议方式办理用地手续。(3) 政府提供独立新建充电站用地，应使用招标拍卖挂牌方式出让或租赁方式供应，可将建设要求列入供地条件，底价确定可参照政府支持的要求。(4) 鼓励社会资本进入充电设施建设和运营领域。 公交油补调整：降低公交车燃油补贴；提高新能源公交车运营补贴，补贴额度与推广目标完成情况挂钩。 补贴延续：争取于 2014 年底前发布 2016～2020 年推广应用财政支持政策。 地方保护：加快统一标准和目录、清理地方政策，坚决破除地方保护。 税收优惠：(1) 2014 年 9 月 1 日～2017 年 12 月 31 日，免征新能源汽车车购税；(2) 研究完善车船税优惠政策；(3) 落实消费税政策。 交通管理：(1) 采取汽车限行限购措施时要对新能源汽车给予优惠和便利；(2) 新能源汽车实行独立分类注册登记措施；(3) 在机动车行驶证上注明新能源汽车类型。 油耗管理：制定实施基于汽车企业平均燃料消耗量的积分交易和奖惩办法
3	《京津冀公交等公共服务领域新能源汽车推广工作方案（2014—2015年)》(工信部、国家发改委、科技部、财政部、环保部、住建部、国家能源局 2014 年 9 月 24 日印发)	推广目标：2014～2015 年，在京津冀公共服务领域累计推广 20222 辆新能源汽车，其中北京市 8507 辆，天津市 6000 辆，河北省 5715 辆。2015 年底，京津冀地区新能源公交车占比不低于 16%，京、津新能源出租车占比不低于 5%。 充电设施建设：2014～2015 年，京津冀地区共建设充/换电站 94 座，充电桩 1.62 万个。 提出了包括进一步加强组织领导、加快充电设施建设、创新商业模式、加大地方财政支持力度、进一步完善政策体系、推动京津冀新能源汽车联合采购、加强新能源汽车监督、营造良好的舆论环境等在内的八项保障措施
4	《关于加快推进新能源汽车在交通运输行业推广应用的实施意见》(交通部 2014 年 9 月 15 日征求意见，并于 2015 年 3 月 13 日印发正式稿)	发展目标：(1) 至 2020 年，新能源汽车在城乡公交车、出租车和城乡物流配送等领域推广量达到 30 万辆，其中新能源城乡公交车达到 20 万辆，新能源出租车和城乡物流配送车共达到 10 万辆；(2) 公交都市创建城乡和京津冀地区，新增或更新公交车、出租车和物流配送车辆中，新能源汽车占比分别不低于 30%和 35%；(3) 新能源汽车运费效率大幅提升，纯电动汽车运营效率不低于同类燃油车辆的 85%。 技术要求：(1) 新能源汽车整车及关键零部件（电机及其控制器、电池及管理系统、车载充电设备等）质保期限不低于 3 年，并通过 15000km 可靠性检测；核定成员数不低于同车长燃油车辆的 85%；(2) 动力电池系统总质量与整车整备质量的比值不大于 20%，质保期内电池容衰减率不超过 15%，整车动力电池组循环寿命达到 1000 次以上。 运营补贴：改革城乡公交车成品油价格补贴政策，补贴金额与新能源公交车推广目标完成情况挂钩。 限行限购：争取地方政府支持，对新能源汽车不限行、不限购，同时适当放宽新能源出租车运营权指标

续表

序号	政策名称及发布部门	政策要点
5	《关于2016—2020年新能源汽车推广应用财政支持政策的通知》（四部委2014年12月26日征求意见，并于2015年4月22日印发正式稿）	补助产品：纳入推广目录的纯电动、插电式混合动力和燃料电池汽车。 2016年补助标准：纯电动乘用车按纯电续驶里程给予2.5万～5.5万元补贴；插电式混合动力和燃料电池乘用车分别给予3万元和20万元的定额补贴。 退坡机制：除燃料电池汽车外其他车型补贴标准适当退坡，其中：2017～2018年补助标准在2016年基础上下降20%，2019～2020年补助标准在2016年基础上下降40%。 企业产品要求：产品性能稳定并安全可靠；售后服务及应急保障完备；加强关键零部件质量保证；确保与《车辆生产企业及产品公告》保持一致
6	《关于开展系能源汽车推广应用城乡考核工作的通知》（四部委2015年4月16日印发）	考核重点：各城乡（区域）新能源汽车推广应用实施方案完成情况，重点是2013～2014年推广应用车辆数量、充电设施建设、市场开放程度、商业模式创新、地方扶持政策、组织领导及安全监管等情况。 考核方式：四部委组织专家，对各城乡（区域）推广情况进行现场督察。 考核时间：2015年5月15日～6月15日
7	《关于完善城市公交车成品油价格补助政策加快新能源汽车推广应用的通知》（财政部、工信部、交通部2015年5月11日印发）	实施期限：2015年1月1日～2019年12月31日。 现行价格补助（由两部分组成）。 费改税补助：以2013年实际执行数为基数予以保留（区别对待，不作调整） 涨价补助：以2013年实际执行数为基数逐步递减。 新能源公交车运营补助（额外增加）。补助条件；需满足新能源公交车推广比例要求；车型需纳入工信部“新能源汽车推广应用T程推荐车型目录”；年运营里程不低于3万km（含）。补助期限；2015～2019年，2020年以后再综合考虑产业发展、成本变化及优惠电价等因素调整运营补助政策。 补助标准：BEV按长度分三档，每车每年分别补助4万元、6万元、8万元，PHEV相应减半；FCEV、超级电容、非插电式每车每年分别定额补助6万元、2万元、2万元。 推广比例要求：根据地域不同区别设定新能源公交车推广比例要求，未达标省市将扣减当年应拨涨价补助数额的20%

4. 税收优惠政策

由于新能源汽车价格普遍高于传统汽车，导致消费者税负较高，为此国家相继出台了新能源汽车免征车辆购置税、继续免征车船税等优惠政策（附表7）。

国家新能源汽车税收优惠相关政策　　附表7

序号	政策名称及发布部门	政策要点
1	《关于免征新能源汽车车辆购置税的公告》（财政部、国家税务总局、工信部2014年8月1日印发）	新能源汽车自2014年9月1日～2017年12月31日免征车辆购置税。 产品范围：纯电动、插电式（包括增程式）混合动力和燃料电池汽车，动力电池不能使用铅酸电池。 续驶里程要求：纯电动乘用车和客车分别达到80km和150km，插电式混合动力乘用车工况法和等速法分别达到50km和70km，插电式混合动力客车达到50km。 燃料消耗量要求：插电式混合动力乘用车和商用车综合燃料消耗量与现行的常规燃料消耗量国家标准中对应目标值相比小于60%。 售后服务要求：对动力电池、电机、电控等需提供不低于5年或10万km（以先到者为准）质保；具有较强的售后服务保障能力

续表

序号	政策名称及发布部门	政策要点
2	《关于节约能源使用新能源车船税优惠政策的通知》（财政部、国家税务总局、工信部 2015 年 5 月 7 日印发）	新能源汽车免征或不征车船税。 纯电动和燃料电池商用车、插电式（含增程式）混合动力汽车免征车船税。 使用铅酸电池的车型不能享受免税政策。 纯电动乘用车和燃料电池乘用车不属于车船税征税范围，对其不征车船税。 免税车型条件：纯电动续驶里程符合标准，插电式（含增程式）混合动力汽车综合燃料消耗量同现行常规燃料消耗量限值相比低于 60%，通过专项检测标准。 不定期发布目录，汽车生产企业或进口汽车经销商可自愿向工信部提出书面申请。新目录公布前，第一批和第二批《节约能源使用新能源车辆减免车船税的车型目录》继续有效；新目录公布后，只有新目录内车型可享受优惠政策

在车辆购置税方面，2014 年 8 月，财政部等部门发布《关于免征新能源汽车车辆购置税的公告》，对新能源汽车自 2014 年 9 月 1 日～2017 年 12 月 31 日免征车辆购置税。工信部和国家税务总局分别于 2014 年 8 月、10 月、12 月和 2015 年 5 月发布了四批《免征车辆购置税的新能源汽车车型目录》，其中销量较大的新能源汽车产品基本都已纳入到目录内。

在车船税方面，2015 年 5 月，财政部等三部门联合发布了《关于节约能源使用新能源车船税优惠政策的通知》，对使用新能源汽车免征和不征车船税，并提出将不定期发布新的车船税减免目录。

在关税优惠方面，根据 2014 年 12 月国务院关税税则委员会发布的《2015 年关税实施方案》，动力电池、电机控制器等电动汽车关键零部件可享受暂定优惠税率，有利于降低企业生产成本。

5. 科技创新政策

为推动新能源汽车持续创新，推进我国汽车产业转型升级，2015 年 2 月，科技部印发了《国家重点研发计划新能源汽车重点专项实施方案（征求意见稿）》，指出继续坚持“三纵三横”技术体系，确定了下一阶段的发展目标和重点技术研发任务，并提出建立新能源汽车试点专项管理团队和实施项目经理制，逐步建立理事会、监事会等现代管理体制。从总体上来看. 方案提出的目标和任务较为艰巨，需要全行业共同努力。其政策要点如下：

（1）继续实施“纯电驱动”技术转型战略；完善“纵三横”技术体系和研发体系，升级新能源汽车动力系统技术平台。

2020 年，建立起完善的电动汽车动力系统科技体系和产业链；为 2020 年实现新能源汽车保有量 500 万辆目标提供技术支撑。

（2）发展目标：①轿车动力电池的单体比能量 2015 年底达到 200W·h/公斤，比 2010 年提高一倍；2020 年达到 300W·h/公斤，总体水平保持在国际前三名以内；②驱动电机技术水平保持国际先进，到 2020 年，电机驱动控制器比功率比 2014 年提升一倍，赶上国际先进，水平；③提升纯电动汽车电气化、轻量化、智能化和网联化水平，小型电动轿车技术水平达到国际先进，市场化推广达到国际领先；④形成中国特色插电式电动汽车主流技术路线、处于世界领先地位的著名品牌和主打车型；⑤燃料电池汽车技术取得突破，达到产业化要求，实现千辆级市场规模。

6. 基础设施支持政策

基础设施是确保新能源汽车正常使用和运行的重要保障。为加快基础设施建设，国家从用电价格、建设奖励等方面出台了相关支持政策，将在一定程度上提高各城市基础设施建设的积极性。

为加快充电设施建设，国务院办公厅2014年7月印发《关于加快新能源汽车推广应用的指导意见》，从出台充电设施发展规划及技术标准、完善城乡规划及相应标准、健全充电设施用地政策、完善充电价格政策、推进充电设施和技术攻关、鼓励公共单位内部停车场建设充电设施、明确充电设施建设责任等7个方面进行了部署。

（1）在电价优惠方面，2014年8月，国家发改委发布《关于电动汽车用电价格政策有关问题的通知》，提出对电动汽车充换电设施用电实行扶持性电价政策，对充换电服务费实行政府指导价管理，将充换电基础设施配套电网改造成本纳入电网企业输配电价，以进一步减少使用环节费用，充分利用价格杠杆促进新能源汽车推广应用。

（2）在建设奖励方面，2014年11月，四部委发布《关于新能源汽车充电设施建设奖励的通知》，提出由中央财政安排资金对推广成效突出且不存在地方保护的推广应用城市（群）给予充电设施建设奖励，将在一定程度上推动各推广应用城市（群）基础设施发展。从各推广应用城市（群）实际推广情况看，有少数领先城乡可以享受上述奖励。

（3）在建设实施方面，2015年9月29日国务院办公厅发布《关于加快电动汽车充电基础设施建设的指导意见》，提出我国将以纯电驱动为新能源汽车发展的主要战略取向，按照统筹规划、科学布局，适度超前、有序建设，统一标准、通用开放，依托市场、创新机制的原则，力争到2020年基本建成适度超前、车桩相随、智能高效的充电基础设施体系，满足超过500万辆电动汽车的充电需求，各地要将充电基础设施专项规划有关内容纳入城乡规划，各地方政府应于2016年3月底前发布充电基础设施专项规划，制定出台充电基础设施建设运营管理办法。

（4）从充电设施的建设力度、服务体系、支撑保障及组织实施等主要环节提出了具体要求：建设力度方面，要求加强专项规划设计和指导，建设用户居住地、单位内部、公共服务领域充电设施，并补充完善建设城际快速充电网络；服务体系方面，要求完善充电设施标准规范，建设充电智能服务平台，建立互联互通促进机制，做好配套电网接入服务，创新充电服务商业模式；支撑保障方面，要求简化规划建设审批，完善财政价格政策，拓宽多元融资渠道；同时，加大用地支持、业主委员会协调的力度，支持关键技术研发，明确安全管理要求；组织实施方面，要求落实地方主体责任，加大示范推广力度，营造良好舆论环境，形成合力协同推进。

（5）在发展规划方面，2015年10月9日，由国家发展改革委、国家能源局、工业和信息化部、住房和城乡建设部发布《电动汽车充电基础设施发展指南（2015—2020年）》，提出优先建设公交、出租及环卫与物流等公共服务领域充电基础设施，积极推进公务与私人乘用车用户结合居民区与单位停车位配建充电桩，合理布局社会停车场所公共充电基础设施，结合骨干高速公路网，建设“四纵四横”的城际快充网络。到2020年，全国将新增集中式充换电站1.2万座，分散式充电桩480万个，以满足全国500万辆电动汽车充电需求。

（6）在电池回收利用方面，2016年1月6日，由国家发改委、工信部、环保部、商务部、质检总局等五部委联合制定发布了《电动汽车动力蓄电池回收利用技术政策（2015年版）》，旨在引导电动汽车动力蓄电池有序回收利用，保障人身安全，防止环境污染，促进资源循环利用。

（7）在明确充电设施建设责任方面

要求落实地方主体责任，加大示范推广力度，营造良好舆论环境，形成合力协同推进（附表8）。

国家新能源汽车基础设施政策　　**附表8**

序号	政策名称及发布部门	政策要点
1	《关于电动汽车用电价格政策有关问题的通知》（国家发改委2014年7月22日印发）	充换电基础设施用电实行扶持性电价政策。（1）经营性集中式充换电基础设施用电执行大工业用电价格，2020年前免收基本电费；（2）居民家庭住宅、小区、执行居民电价的非居民用户中设置的充电设施用电，执行居民用电价格中的合表用户电价；（3）党政机关、企事业单位和社会公共停车场中设置的充电设施用电执行“一般工商业及其他”类用电价格。 2020年前，对电动汽车充换电服务费实行政府指导价管理
2	《关于新能源汽车充电设施建设奖励的通知》（四部委2014年11月18日发布）	奖励对象：经批复备案的、推广成效突出且不存在地方保护的推广应用城乡（群）；其他未备案但推广效果较好的城乡（群），可按规定上报并经四部委备案后，参照本通知执行。 推广数量要求：京津冀、长三角和珠三角地区等大气污染治理重点区域中的城市（群），2013～2015年度新能源汽车推广数量分别不低于2500辆、5000辆和10000辆（以纯电动乘用车为标准进行计算，下同）；其他地区的城乡（群），2013～2015年度新能源汽车推广数量分别不低于1500辆、3000辆和5000辆。 奖励标准：根据各城乡（群）推广数量分年度安排奖励；对每个符合国家相关技术标准且日加氢能力不低于200公斤的新建燃料电池汽车加氢站奖励400万元；对服务于钛酸锂纯电动等建设成本较高的快速充电设施，适当提高奖励标准
3	《关于加快电动汽车充电基础设施建设的指导意见》（国务院办公厅2015年9月29日发布）（简称《意见》）	《意见》明确，我国将以纯电驱动为新能源汽车发展的主要战略取向，按照统筹规划、科学布局，适度超前、有序建设，统一标准、通用开放，依托市场、创新机制的原则，力争到2020年基本建成适度超前、车桩相随、智能高效的充电基础设施体系，满足超过500万辆电动汽车的充电需求，各地要将充电基础设施专项规划有关内容纳入城乡规划，各地方政府应于2016年3月底前发布充电基础设施专项规划制定出台充电基础设施建设运营管理办法。 《意见》从充电设施的建设力度、服务体系、支撑保障及组织实施等主要环节提出了具体要求： 建设力度方面，要求加强专项规划设计和指导，建设用户居住地、单位内部、公共服务领域充电设施，并补充完善建设城际快速充电网络。 服务体系方面，要求完善充电设施标准规范，建设充电智能服务平台，建立互联互通促进机制，做好配套电网接入服务，创新充电服务商业模式。 支撑保障方面，要求简化规划建设审批，完善财政价格政策，拓宽多元融资渠道；同时，加大用地支持、业主委员会协调的力度，支持关键技术研发，明确安全管理要求。 组织实施方面，要求落实地方主体责任，加大示范推广力度，营造良好舆论环境，形成合力协同推进

续表

序号	政策名称及发布部门	政策要点
4	《电动汽车充电基础设施发展指南（2015—2020年）》（国家发展改革委、国家能源局、工业和信息化部、住房和城乡建设部2015年10月9日发布）	该指南由国家发展改革委、国家能源局、工业和信息化部、住房和城乡建设部联合组织编写，明确提出优先建设公交、出租及环卫与物流等公共服务领域充电基础设施，积极推进公务与私人乘用车用户结合居民区与单位停车位配建充电桩，合理布局社会停车场所公共充电基础设施，结合骨干高速公路网，建设“四纵四横”的城际快充网络。到2020年，全国将新增集中式充换电站1.2万座，分散式充电桩480万个，以满足全国500万辆电动汽车充电需求
5	电动汽车动力蓄电池回收利用技术政策	引导电动汽车动力蓄电池有序回收利用，保障人身安全，防止环境污染，促进资源循环利用

7. 新能源汽车相关政策展望

新能源汽车普及不仅能缓解化石能源压力，还能加快降低城市PM2.5，预计国家对于新能源汽车产业发展的支持力度将不断加大。2015年3月15日，国务院总理李克强在答中外记者问时表示，“今年将节能减排的目标放在很高的位置，包括提高油品质量等，这一切的努力都是为治理雾霾而努力。”根据中国石油集团统计，2014年我国石油对外依存度达59.5%，同比增长1.4%，同时根据环保部统计的2015年第一季度74个主要城乡空气质量状况，空气污染平均超标天数比例达40.3%，超标天数中以PM2.5为首要污染物的天数最多。受益于马凯副总理的积极关注和不断推动，近期已在充电设施、动力电池回收利用等方面出台了相应政策，未来可能将在科技规划、积分管理等方面出台相关支持政策。

（1）“十三五”新能源汽车科技发展专项规划有望近期发布。为加快提升我国新能源汽车产业技术能力和综合竞争力，适应产业发展新形势和技术变革，科技部等部门正在编制“十三五”新能源汽车科技发展专项规划。规划的总体目标是到2020年建立起完善的新能源汽车动力系统科技体系和产业链技术系统，实现各类新能源汽车的产业化，并将继续坚持“纯电驱动”的技术转型战略。

（2）新能源汽车行业积分管理政策可能出台。目前有关部门正在积极研究美国加州零排放汽车法规与碳排放权交易结合实施的可行性，借鉴和实施类似加州零排放汽车法规的新能源汽车积分管理政策，将汽车企业的新能源汽车销量与传统燃油车产销量直接挂钩，要求车企承担一定比例的新能源汽车推广义务。该政策一旦实施，将显著加快新能源汽车产业化进程和提高企业生产新能源汽车的积极性。

8. 相关政策建议

2014年以来，国家对于新能源汽车的相关支持政策频繁出台。在行业管理、推广应用、税收优惠、科技创新、基础设施建设等方面构建了比较完善的政策扶持体系，支持力度不断加大，对新能源汽车产业发展起到了较强的促进作用。在《中国新能源汽车产业发展报告（2014）》中提出的“降低新能源汽车购置税、出台充换电基础设施建设鼓励办法、出台新能源汽车政府采购实施方案、出台试点城乡和区域考核办法”等相关建议也已出台和实施。但作为战略性新兴产业，新能源汽车产业相关政策还存在进一步完善的空间，如仍在一定程度上存在"政策热、市场冷"、部分产品过度补贴等问题，新能源汽车产业发展也面临充换电设施不足和技术不成熟等制约因素。下一步，将着重在基础设施建设、科技创新等方面进一步加强政策支持力度。

(1) 出台统一基础设施建设规划，推动互联互通。一是尽快出台全国统一的基础设施建设规划，明确各地充换电基础设施建设主体，同时明确城乡停车场充电桩配建比例要求，二是健全充换电基础设施标准体系，建立充电桩认证制度，从根本上解决充电桩兼容性问题。三是以满足用户需求为根本，创新商业模式，推动社会资本投资，政府要在用地、用电等方面给予政策和资金支持。

(2) 继续实施新能源汽车技术创新工程，推动技术提升和产品的市场化。2012 年实施的新能源汽车产业技术创新工程对提升我国新能源汽车整体技术水平起到了较强的推动作用，比亚迪等多个支持项目产品已经上市，并得到了市场的高度认可。建议在总结前期经验的基础上，继续实施新能源汽车技术创新工程，重点支持具备核心技术的企业研发适合市场需求的新能源汽车产品，并鼓励企业进行联合开发，加快关键技术突破。同时，加强对人选企业和项目的阶段性考核。

(3) 统一目录相关要求，进一步破除地方保护。目前涉及新能源汽车推广相关目录较多，包括《免征车辆购置税的新能源汽车车型目录》、《节能与新能源汽车示范推广应用工程推荐车型目录》和《节约能源使用新能源车辆减免车船税车型目录》等，企业产品进入上述目录需重复申报，增加了企业推广产品的成本。建议对相关目录确定统一的检测和认证标准，降低企业成本。同时，为进一步破除地方保护，创造公平竞争的市场环境，建议出台相关规定要求各地方执行国家统一推广目录，不得设置地方目录。

(4) 进一步加大财税金融支持力度。建议一是进一步对新能源汽车及相关零部件的进口给予关税优惠，降低企业研发和生产成本；二是推动新能源汽车企业通过境内外上市、发行债券、银行贷款等形式拓宽融资渠道，吸纳民间资本实现投资主体多样化；三是设立新能源汽车产业发展基金，优先支持具有核心竞争力的企业发展。

三、地方政府新能源汽车推广应用政策分析

在我国新能源汽车产业快速发展进程中，各推广应用城乡（区域）的推广显得尤为重要，一些城乡（区域）从研发、购置、运营、基础设施、交通管理等方面陆续出台相应配套政策，加快了我国新能源汽车在推广应用城乡（区域）的推广和应用。通过对已有的 39 个推广应用城乡（区域）政策的对比分析得出，各地方的新能源汽车产业基础和发展经验有所不同，而且不同区域的新能源汽车支持政策，在车型补贴范围和标准、基础设施支持力度、交通管理等方面也存在一定的差异，导致区域间新能源汽车推广情况各不相同。为继续发挥推广应用的重要作用，各地方除应加强经验借鉴，破除地方保护外，在财税优惠、运营支持、充电设施、建设统一市场上还要进一步加大支持力度，充分发挥在推广应用中的主导作用，采取有效措施加快新能源汽车在全国的推广和应用。

2014 年，国务院办公厅发布关于加快新能源汽车推广应用的指导意见。针对地方政

府推广新能源汽车，要求地方政府在组织领导、市场环境、基础设施建设等多个方面给予支持。其中，在组织领导方面，要积极发挥组织推动作用，加强组织领导并建立新能源汽车工作联席会议制度，积极出台适合本地区域的配套支持政策；在市场环境方面，要制定相应的推广应用规划，促进形成统一、竞争、有序的市场环境；在基础设施建设方面，要将充电设施纳入城乡规划，制定充电设施专项建设规划，在用地和建设运营上提供必要支持，加快充电设施的布局和建设。由此可见，国务院高度重视各地方在推广新能源汽车上发挥的重要作用，并给予了充分肯定，同时也提出了相应的要求，以保证各地方新能源汽车产业稳定有序合理发展，加快新能源汽车在全国的普及。

1. 地方政府新能源汽车推广应用政策概况

据中国汽车技术研究中心不完全统计，截至2015年5月底，全国39个推广应用城乡（区域）88个城乡中，已有36个城乡（区域）57个城乡，共计出台超过160项政策。其中，2015年5月，财政部等发布《关于开展新能源汽车推广应用城乡考核工作的通知》，针对各推广应用城乡（区域）新能源汽车推广应用实施方案完成情况，国家将对新能源汽车推广应用数量、商业模式创新、充电设施建设等情况进行督察，促使各地方政府密集公开发布相应支持政策，仅5月份各推广应用城乡（区域）已发布超过20多项支持政策，极大地促进了新能源汽车支持政策的出台。另外，在尚未出台政策的城乡（区域）中，由于部分城乡（区域）缺乏推广经验，对新能源汽车推广尚需探索，同时由于推广政策的研究和实施是项系统工程，涉及部门较多，组织任务较重，部门间协调时间较长，导致部分推广应用城乡（区域）至今尚未出台相关支持政策。目前，在主要推广应用城乡（区域）出台的政策中，大多包括推广应用实施方案、推广应用管理办法、财政补贴管理办法、充电设施支持政策、用电价格优惠政策等类型，部分推广应用城乡（区域）还出台了新能源汽车产业发展规划等。其中，推广应用实施方案主要内容为明确指导思想和目标，确定任务分工和保障措施；配套补贴资金明确补助范围、补贴标准、资金使用管理监督、资金划拨方式以及任务分工等；充电设施支持政策主要包括充电设施建设要求、任务和保障措施；用电价格优惠政策主要是明确收取充电费用和具体电价优惠的标准等；新能源汽车产业发展规划主要是明确发展目标和规划，保障新能源汽车产业稳定快速发展。

从各地方推广应用城乡（区域）政策出台时间上来看，大多城乡主要集中在2014年出台，如北京、天津、上海等主要城乡密集出台相关支持政策。而2015年以来，由于国家继续加快支持新能源汽车产业发展，各地方城乡（区域）也不断加快出台新能源汽车支持政策。如附表9所示。

主要推广应用城乡（区域）政策出台相关内容和时间情况　　**附表9**

序号	城乡（区域）	推广方案	管理办法	财政补贴	充电设施	用电价格	产业发展
1	北京市	2014年6月	2014年1月	2014年3月	2014年5月	2015年4月	—
2	天津市	2014年12月	2014年10月	2014年7月	—	—	2014年11月
3	上海市	2014年6月	2014年5月	2014年5月	2013年3月	2015年5月	—
4	重庆市	2014年11月	—	2015年1月	—	—	2010年9月

续表

序号	城乡（区域）	推广方案	管理办法	财政补贴	充电设施	用电价格	产业发展
5	西安市	2014年5月	2014年9月	2014年6月	2014年9月	—	—
6	武汉市	2014年1月	2014年6月	2014年10月	2015年2月	2014年11月	—
7	广州市	2014年5月	2014年11月	2015年2月	2015年5月	2014年11月	
8	合肥市	2013年9月	2014年12月	2013年9月	2014年8月	2015年3月	—
9	深圳市	2015年3月	2014年6月	2014年6月	2014年6月	2015年12月	2009年12月
10	临沂市	2014年8月	—	—	—	—	—
11	潍坊市	—	2015年4月	2015年4月	2014年12月	—	2014年7月
12	青岛市	—	—	2014年10月		2015年5月	2015年1月
13	芜湖市	2014年12月	—	2014年12月	—	—	—
14	宁波市	2014年9月	2015年5月	2015年5月	—	—	—
15	泸州市	—	2014年8月	2014年8月	—	—	2014年3月
16	江苏省	2014年4月	2014年12月	2015年3月	—	2014年3月	2014年3月
17	河北省	2014年7月	—	—	—	2014年11月	—
18	福建省	2013年10月	2014年9月	2015年1月	—	—	
19	广东省	—	2014年6月	2014年7月	—	2014年9月	2013年2月
20	江西省	—	2014年6月	2015年5月	2014年12月	—	2013年9月

资料来源：中国汽车技术研究中心根据各地方政府官方网站整理。

2. 典型新能源汽车推广应用城乡（区域）补贴政策比较

（1）购置补贴

据中国汽车技术研究中心不完全统计，截至2015年5月底，北京、天津、上海、重庆、西安、武汉、海口、青岛、芜湖、江苏、福建、广东和湖南等多个推广应用城乡（区域）出台了专门的购置补贴支持政策。

在已发布政策中，补贴对象大多为消费者，补贴方式为间接补贴，即新能源汽车生产厂商按照扣除中央和地方财政补贴后的价格销售给消费者（其中广州市补贴直接拨付给车辆所有者）；补贴范围大多与国家定义的新能源汽车一致，包括纯电动汽车、插电式混合动力（含增程式）汽车和燃料电池电动汽车，其中北京市小客车仅补贴纯电动，天津市对新能源客车不予补贴等；补助标准大多城乡（区域）明确按照国家补贴标准1∶1配套补贴，如北京、天津、广州、潍坊、青岛、西安、武汉及福建等，而且广州、青岛、惠州、深圳等城乡明确实行地方补贴不退坡；部分城乡（区域）明确了省、市两级地方补贴的分摊比例，如江苏和广东分别明确了省级和市级补贴标准，上海部分区（如浦东区、闵行区、嘉定区）也给予一定补贴；多个城乡（区域）明确规定中央和地方财政补贴总额不高于车辆销售价格的60%，避免过度补贴。如附表10、附表11所示。

典型推广应用城乡（区域）乘用车和专用车购置补贴情况（2015年） 附表10

序号	城乡（区域）	纯电动乘用车	插电式混合动力（含增程式）	燃料电池（乘用车）	专用车
1	北京市	$80\leqslant R<150$：3.15万元 $150\leqslant R<250$：4.5万元 $R\geqslant250$：5.4万元	—	18万元	1800元/kWh，不超过13.5万元
2	上海市	4万元	3万元	20万元	2000元/kWh，不超过15万元
3	天津市	$80\leqslant R<150$：3.15万元 $150\leqslant R<250$：4.5万元 $R\geqslant250$：5.4万元	$R\geqslant50$：3.15万元	—	1800元/kWh
4	广州市	$80\leqslant R<150$：3.15万元 $150\leqslant R<250$：5万元 $R\geqslant250$：6万元	$R\geqslant50$：3.5万元	20万元	2000元/kWh，不超过15万元
5	江苏省*	轴距大于2.45m：2.4万元 轴距小于2.45m：1.8万元 轴距小于2.2m：1万元	1.4万元	5座及以下：7.2万元	800元/kWh（最高不超过6万元）

典型推广应用城乡（区域）客车购置补贴情况（2015年） 附表11

序号	城乡（区域）	纯电动乘用车	插电式混合动力（含增程）	燃料电池（商用车）	其他
1	上海市	客车： $6\leqslant L<8$：30万元 $8\leqslant L<10$：40万元 $L\geqslant10$：50万元 公交车： $6\leqslant L<8$：21万元 $8\leqslant L<10$：28万元 $L\geqslant10$：35万元	客车： $L\geqslant10$：25万元 公交车： $L\geqslant10$：25万元	商用车：50万元	客车：超级电容、钛酸锂快充BEV为15万元 公交车： 超级电容：15万元 油电混合：50万元 双源无轨：55万元 LNG：30万元
2	广州市	$6\leqslant L<8$：30万元 $8\leqslant L<10$：40万元 $L\geqslant10$：50万元	$L\geqslant10$：25万元	商用车：50万元	—
3	杭州市	$6\leqslant L<8$：30万元 $8\leqslant L<10$：40万元 $L\geqslant10$：50万元	$L\geqslant10$：25万元	商用车：45万元	—
4	西安市	$6\leqslant L<8$：30万元 $8\leqslant L<10$：40万元 $L\geqslant10$：50万元	$L\geqslant10$：30万元	商用车：45万元	—
5	江苏省（省级）	$L\geqslant10$：10万元	$L\geqslant10$：10万元	客车（9座及以上）：18万元	$L\geqslant10$m的超级电容、钛酸锂客车：6万元/辆

（2）运营补贴

目前，在新能源汽车运营补贴方面，推广应用城乡（区域）主要集中在公交车领域，同时部分城乡（区域）也给予出租领域一定运营补贴。由于受动力电池更换和公交车油补贴政策的影响，造成新能源公交车运营成本反而高于传统能源公交车，上海、天津、广州、太原等城市明确给予公交车运营补贴。

其中，上海按行驶里程给予电动公交车 8 年运营补贴，天津换电式公交车运营成本超出同等燃油车运营成本部分由市财政据实补贴，广州市财政按规定将运营补贴直接拨付给公交企业，芜湖等城市明确减免新能源出租车运营权收费，深圳给予出租车推广应用补贴 5.58 万元并完善纯电动公交车费用激励机制，制定新能源公交车运营补贴暂行办法。另外，山东省逐步减少对城市公交车燃油补贴，增加对新能源公交车运营补贴。如附表 12 所示。

典型推广应用城乡（区域）运营补贴情况 **附表 12**

序号	城乡（区域）	运营补贴情况
1	上海市	按行驶里程给予公交 8 年运营补贴，补贴标准按年核定，每年发放。 纯电动：含电电混>16.5 万元，插电（含增程式）7 万元，超级电容 5 万元，油电混 3 万元，双源无轨 5 万元，LNG6.5 万元。 政策期限：2013～2015 年实施运营补贴
2	天津市	市财政补贴换电式公交车运营成本超出同等燃油车运营成本部分
3	广州市	新能源公交车运营广州市公交行业综合补贴予以支持
4	太原市	纯电动公交车、纯电动环卫车等公共领域用车按照“差价补贴”，在国家补贴基础上，超出传统燃油、燃气车购置成本以上部分由市级财政全额补贴
5	深圳市	公交车运营企业使用纯电动公交车，给予运营补贴。 出租车运营企业购买使用纯电动出租车，除享受纯电动乘用车购车补贴和使用环节补贴外，对具有出租车营运牌照（或持授权书）的燃油出租车更新为纯电动出租车的，给予推广应用补贴 5.58 万元
6	芜湖市	出租车使用新能源汽车的减免 8 年运营权收费，不再享受市财政购车补贴
7	淄博市	逐步减少对城乡公交的燃油补贴，增加对 NEV 公交的运营补贴

资料来源：中国汽车技术研究中心根据各地方政府官方网站整理。

（3）其他补贴（换购、租赁等补贴）

除购置补贴、运营补贴外，上海、太原、芜湖、临沂等推广应用城乡（区域）在单位团购、动力电池回收、换购更新、租赁、技术研发等方面给予额外的资金补贴；武汉、芜湖还明确对专门从事新能源汽车运营或者租赁，服务的企业给予补贴。如附表 13 所示。

典型推广应用城乡（区域）其他补贴情况 **附表 13**

序号	城乡（区域）	团购补助	电池回收补助	换购补助	其他补贴
1	上海市	团购超过 10 辆的单位补助 2000 元	汽车生产厂商回收一套电池给予 1000 元补助	—	—

续表

序号	城乡（区域）	团购补助	电池回收补助	换购补助	其他补贴
2	江苏省	—	—	—	裸车、电池分离销售的按成本比例享受财政补贴
3	太原市	—	—	燃油车换购纯电动车，再给予 3000 元奖励	—
4	西安市	—	—	对报废黄标车、老旧车更新为 NEV，给予 3000 元补贴	—
5	芜湖市	团购超过 10 辆的单位补助 3000 元	—	个人燃油车换购为 NEV，给予 2000 元补助	给予整车租赁费 50% 补贴，最高不超 1000 元/月
6	临沂市	—	—	—	给予研发投入 10% 补助； 给予参与制修订标准企业 5 万～50 万元奖励
7	深圳市	—	电池回收资金整车企业按每千瓦时 20 元计提，地方财政不超过 50% 补贴	—	—
8	合肥市	团购超过 10 辆的单位补助 3000 元；团购超过 10 辆的居民区，补助物业 2000 元/辆	—	个人提前淘汰黄标车，更新为纯电动，给予 300 元/辆补助	免受新能源汽车 125 元/辆牌照费，NEV 在市区道路停车免收临时停车费，首次机动车交通事故责任强制保险费用给予全额财政补助

资料来源：中国汽车技术研究中心根据各地方政府官方网站整理。

3. 基础设施支持政策

目前，多个城乡（区域）的推广应用政策都将基础设施建设和运营作为支持的重点，北京、上海、西安、潍坊、安徽、龙岩、福建、广州、邢台和武汉等城乡（区域）出台了相应的充电设施建设方案及相关管理、鼓励办法，支持政策措施主要集中在用地、用电和补贴三个方面。

（1）用地支持政策

目前，各地方推广应用城乡（区域）大多明确了保障充换电设施建设用地需求，开通用地报批绿色通道，新建建筑要按照停车位一定比例建设充电设施或预留充电设施接口，鼓励在新建办公楼、商场、酒店等公共建筑类项目和城乡公共停车场、城乡公交客运站、高速公路服务站，以及在现有路灯灯杆、咪表、加油（气）站等场地基础上建设充电设施。北京在充电设施用地方面，明确要盘活存量、用好增量，保障充电设施用地需求，其中要求新建居住公共服务设施，配置新能源车车位应占配建机动车停车位的18%；上海明确对已经核准、备案的充换电设施，给予规划土地政策支持，鼓励采用合建方式建设充换电设施；天津明确加强充电设施的统一规划和建设，在年度用地计划中包括符合土地利用总体规划的建设用地；广州市要求新建建筑充电设施或预留充电设施接口数量，不低于18%的停车位比例。如附表14所示。

典型推广应用城乡（区域）用地支持政策情况 **附表 14**

序号	城乡（区域）	土地规划	新建或改建用地及其他
1	北京市	—	要求居住公共服务设施配置中含电动车停车位配建指标，NEV车位应占停车位的18%
2	天津市	无偿划拨充换电设施建设场所，在年度用地计划方面给予支持。 开通用地报批绿色通道	—
3	安徽省	充电设施用地纳入土地利用总体规划，明确建设用地要求。 新建充电设施项目用地涉及新增用地，在土地年度计划中优先保障	明确新建建筑物配建停车场和城乡公共停车场的充电设施配建要求，新建办公楼和小区住宅、商场、酒店等公共建筑类项目和城乡公共停车场，高速公路服务区和加油站，原则按比例配建充电桩或预留充电设施接口
4	福建省	各级政府要制定NEV充换电设施建设规划，保障充换电设施用地	充分利用现有停车场、路灯灯杆、咪表、加油（气）站等场地建设充换电设施。 新建小区和公用停车场，在有条件的高速公路服务区配置充换电设施
5	江苏省	对电动公交客车、公益性纯电动出租车充换电站用地，可按划拨方式供应	鼓励在现有停车场、路边停车位、城乡零碎土地、有电动汽车使用需求的厂区、机关院落等公共建设用地上设立他项权利建设充电设施
6	广州市	—	新建建筑要按不低于18%的停车位比例建设充电设施或预留充电设施接口
7	宁波市	—	明确新建公建类项目、住宅小区和社会公共停车场的充电设施配置要求

资料来源：中国汽车技术研究中心根据各地方政府官方网站整理。

（2）电价费用支持政策

目前，江苏省、福建省及武汉、合肥等多个推广应用城乡（区域）出台了专门的电动汽车充换电设施用电和服务价格相关政策，明确对用电实行扶持性电价政策（上海等城乡执行峰谷分时电价政策），按照有倾斜、有优惠等原则对充电服务费实行政府指导价管理（远低于用油成本），将电动汽车充换电设施配套电网改造成本纳入电网企业输配电价。

（3）充电设施建设补贴

目前，全国已超过 20 个推广应用城乡（区域）明确给予充电设施建设补贴，大多按照设备投资额的一定比例补贴；补贴力度最大的是海口市，按配套基础设施主要设备投资额的 40%给予补贴，总额不超过。600 万元；北京、上海、广州等城乡补贴设施投资额的 30%；武汉、杭州等城乡补贴设施投资额的 20%；太原补贴设施投资额的 10%；兰州、合肥等按项目设备投资的 5%左右给予补贴。

4. 交通管理支持政策

国务院办公厅发布的《关于加快新能源汽车推广应用的指导意见》明确提出，各地方要实行差异化的交通管理政策，如新能源汽车不限购、不限行，改进监控系统对新能源汽车号牌自动识别等；同时在行驶证上要标注新能源汽车类型等，给予新能源汽车在交通管理上一系列支持。

截至 2015 年 5 月底，全国共有北京、上海、广州、天津、杭州、贵阳、石家庄、深圳 8 个城乡实施汽车限购政策。限购政策虽然不利于汽车市场的整体发展，但限购城乡基本都对新能源汽车区别对待，部分城乡还对新能源汽车通行给予特殊政策。部分城乡的汽车限购、限行政策在一定程度上倒逼新能源汽车市场升温。

（1）限购政策

目前的汽车限购城市中，广州、天津、杭州等城市实施无偿摇号与有偿竞价相结合的限牌措施，但购买新能源汽车可直接申请牌照指标、无需摇号竞价，且不受指标数额限制；上海采取牌照拍卖方式来限牌，对消费者可免费发放一定数额的新能源汽车专用牌照额度，但不能从事营运；北京采取无偿摇号方式来限牌，每年对新能源小客车单独配置一定数额的指标，单独摇号，2014～2017 年按 2、3、6、6 共配置 17 万辆指标；深圳也实施无偿摇号与有偿竞价相结合的限牌措施，每年给电动小汽车配置 2 万个指标（共 10 万个），单独摇号；石家庄市已明确对新能源汽车不限购；贵阳对购置新能源汽车还没有区别对待。如附表 15 所示。

全国八个汽车限购城乡（区域）新能源汽车限购政策情况　　附表 15

序号	城乡（区域）	新能源汽车上牌	发布日期	政策依据
1	北京市	摇号（单独）	2013 年 11 月	《北京市小客车数量调控暂行规定》
2	上海市	直接上牌（数量限制）	2014 年 5 月	《上海市鼓励购买和使用新能源汽车暂行办法》
3	天津市	直接上牌	2014 年 12 月	《天津市小客车总量调控管理办法》
4	深圳市	摇号配置（2 万指标）	2014 年 12 月	《深圳市人民政府关于实行小汽车增量调控管理的通告》
5	杭州市	直接上牌	2014 年 4 月	《杭州市小客车总量调控管理暂行规定》
6	广州市	直接上牌	2014 年 11 月	《广州市新能源汽车推广应用管理暂行办法》
7	贵阳市	摇号配置（专段号牌）	2011 年 7 月	《贵阳市小客车号牌管理暂行规定》
8	石家庄市*	直接上牌	2013 年 6 月	《石家庄市控制机动车保有最工作方案》

注：* 石家庄市自 2013 年起限制家庭购买第三辆个人用小客车；自 2014 年市区内实行机动车单、双号限行。石家庄市未来研究制定《石家庄市小客车数量调控规定》，自 2015 年起实行小客车指标摇号配置。

(2) 限行政策

目前汽车限行城市中，天津、杭州和深圳等城市对新能源汽车还未制定区别对待政策，新能源汽车和传统能源汽车一样实行尾号限行；北京、广州、西安和石家庄等城乡明确规定新能源汽车不受限行等交通管制措施的限制；甘肃、江西等城乡区域也明确规定对新能源汽车不限行，并给予停车费减半等优惠；天津、重庆等城乡对新能源物流车优先核发相应货车通行证，江西、合肥、武汉允许配送的新能源物流车正常通行；兰州新能源汽车可共用城乡公交专用车道；同时多个推广应用城乡（区域）表示将进一步研究制定鼓励新能源汽车通行、使用、年检、上牌、减免停车费等方面的优惠政策。如附表16所示。

典型推广应用城乡（区域）新能源汽车限行政策情况 **附表16**

序号	城乡（区域）	限行情况（NEV）	限行情况（传统车）	说明
1	北京市	不限行	限行	新能源汽车不限行（2015年4月11日至2016年4月10日）
2	上海市	限行	限行	在F1常动态交通、静态交通现有管理规定和框架下，对新能源汽车给予通行便利，优先发放相关证照
3	天津市	限行	限行	新能源汽车仍按尾号限行
4	深圳市	限行	限行	新能源汽车仍按尾号限行
5	杭州市	限行	限行	新能源汽车仍按尾号限行。 研究在车辆上牌、年检、路桥通行费及停车费等优惠政策。 对纯电动汽车区别对待，放宽条件
6	广州市	不限行	限行	未来实行机动车限行时，新能源汽车不受限行约束。 研究制定纯电动快递物流货车在市区通行政策
7	武汉市	不限行	限行	新能源汽车在市内行驶时不受尾号限制。 发放城乡配送新能源物流车通行证，通行区域为三环线内核定线路
8	兰州市	不限行	限行	实行差别化的交通管理措施，对新能源汽车不限号、不限行。 可共用城乡公交专用车道，可享受停车费减半优惠
9	江西省	不限行	限行（南昌）	新能源汽车在市内行驶时不受尾号限制。 发放城乡配送新能源物流车通行证；在道路及公共停车场站停车费减半，江西宜春路桥通行费用减免
10	太原市	不限行	限行	纯电动汽车在公共停车场停车费减免（视情况），道路内停车泊位停车费免收2小时
11	合肥市	不限行	限行（黄标车）	新能源汽车实行独立分类注册登记，发放合肥市新能源汽车标识。 对1.5t以下电动物流车发放全市通行证，通行区域为一环以内和高架道路、立交桥
12	江苏省	不限行	限行（南京）	未来采取机动车限行时，新能源汽车不限行。 新能源汽车独立分类注册登记，改进交通监控系统，以实现对新能源汽车号牌自动识别；制定差异化的新能源汽车交通管理政策

续表

序号	城乡（区域）	限行情况（NEV）	限行情况（传统车）	说明
13	南昌市	不限行	限行（外地牌）	新能源汽车在市内行驶不受尾号限行。 新能源汽车因尾号限行受到处罚，可向交通大队申请复核。 对从事城乡配送的新能源物流车发放通行证
14	西安市	不限行	限行	新能源汽车不受限行等交通管制措施的限制
15	长春市	不限行	限行	新能源汽车上路行驶不受尾号限行限制。 制定新能源汽车通行优惠政策，支持电动汽车上线运行

参 考 文 献

[1] 节能与新能源汽车产业发展规划(2012—2020年)[J]. 地球，2015(9)：13-13.

[2] 中华人民共和国国家标准．电动汽车充电站设计规范 GB50966-2014[S]. 北京：中国计划出版社，2014.

[3] 韩刚团，江腾．电动汽车充电设施规划中几个关键问题的探讨[J]. 城市规划年会，2015.

[4] 周苏．电动汽车简史[J]. 上海：同济大学出版社，2010.

[5] 世界能源透视 2016：电气化移动．世界能源理事会(WEC).

[6] Global EV Outlook 2016：Beyond on emillion electric cars[M]. International Energy Agency，2016.

[7] Office of Energy Efficiency and Renewable Energy. U. S. Department of Energy.

[8] 崔磊．启用内燃机　德国迎来全电动时间表[M]. 中国汽车报，2016.

[9] 田原．描绘普及环保汽车路线图日本时事"新一代汽车战略 2010"[M]. 中国汽车报，2010.

[10] 尚楚．2016年4月法国电动汽车销售情况分析[M]. 中商情报网，2016.

[11] 史新宇．英国一季度电动汽车销量逾1万创历史新高[M]. 环球网，2016.

[12] 欧美各国电动汽车发展状况．电源技术，2016.

[13] EVCity Casebook[M]. International Energy Agency，2012.

[14] 余磊．我国新能源汽车的发展历程[J]. 中国新能源，2011(2)：37-38.

[15] 中国汽车技术研究中心．中国新能源汽车产业发展报告，2015.

[16] Annual report on new energy vehicle industry in China 2015[M]. 北京：社会科学文献出版社，2015.

[17] 张强．我国电动汽车发展研究[J]. 科技展望，2016，26(17).

[18] 中国汽车技术研究中心．节能与新能源汽车年鉴 2015[M]. 北京：中国经济出版社，2015.

[19] 沈嘉聪．深港电动汽车充电基础设施规划设计对比研究．2016中国城市规划年会论文集[C]，2016.

[20] 中投顾问产业研究中心．2010—2015年中国电动汽车充电站市场投资分析及前景预测报告[J]. 2010.

[21] 鲁莽，周小兵，张维．国内外电动汽车充电设施发展状况研究[J]. 华中电力，2010，23(5)：16-20.

[22] 电动汽车充电基础设施发展指南(2015-2020年)[E]. 2015.

[23] 肖湘宁，温剑锋，陶顺，等．电动汽车充电基础设施规划中若干关键问题的研究与建议.

[24] 韩刚团，江腾等．《宝安区电动汽车充电站、充电桩系统布局规划》说明书[R]. 2011.

[25] 康继光，卫振林，程丹明，徐凡．电动汽车充电模式与充电站建设研究[J]. 电力需求侧管理，2009(5).

[26] 刘群峰．电动汽车充电模式分析[J]. 科技传播，2013(6)：97-98.

[27] 韩刚团，江腾．城乡治理与规划改革——2014中国城市规划年会论文集[N]. 中国城市规划年会，2014.

[28] 韩刚团，江腾等．《中山市新能源汽车推广应用发展规划》说明书[R]. 2016.

[29] 张东军，邓丽娟等．厦门市机动车保有量的预测方法[J]. 集美大学学报(自然科学版)，2016，21(1)：42-48.

[30] 马艳丽，高月娥．我国未来汽车保有量情景预测研究[J]. 公路交通科技，2007，24(1)：121-125.

[31] 王琦，王花兰．基于熵值法的城市汽车保有量组合预测[J]. 交通科技与经济，2009，11(6)：53-55.

[32] 曾鸣．基于Bass模型的我国电动汽车保有量预测[J]. 中国电力，2013，46(1)：36-39.

[33] 郭云鹏，彭明伟等．基于多信息融合的电动汽车保有量预测模型分析[J]. 浙江电力，2015，(1)：55-58.

[34] 杜伟娟．基于logistic模型的全球电动汽车市场发展预测研究[J]. 赤峰学院学报：自然科学版，2011(9)：6-8.

[35] 王瑞妙，陈涛等．弹性系数法和千人保有量法预测电动汽车保有量[J]. 农业装备与车辆工程，2015，(6)：40-48.

[36] 韩刚团，江腾等.《中山市域新能源(电动)汽车充电设施布局规划》说明书[R]. 2016.

[37] 韩刚团，江腾等.《中山市中心城区新能源(电动)汽车充电设施布局规划》说明书[R]. 2016.

[38] 江腾．电动汽车充电设施发展策略与布局思路初探——以深圳市东部滨海地区为例[N]. 中国城市规划年会，2011.

[39] 韩刚团，江腾等．东部滨海地区电动汽车充电设施布局规划研究说明书[R]. 2010.

[40] 中国南方电网有限责任公司．电动汽车充电站及充电桩设计规范[S]. 2010.

[41] 谈先球．电动汽车充电站建设模式探析[J]. 淮南职业技术学院学报，2015(2)：14-17.

[42] 罗卓伟．胡泽春等．电动汽车充电负荷计算方法．电力系统自动化，2011. 35(14)：36-38.

[43] 李立理等．充电基础设施与互联网融合发展的驱动力及路径[J]. 中国电力企业管理，2016(2)：26-28.

[44] 张勇，蒲勇健，史乐峰，等．电动汽车充电基础设施建设与政府策略分析[J]. 中国软科学，2014(6)：167-181.

[45] 程广宇．国外车用充电基础设施建设进展及启示[J]. 科技创新与生产力，2012(4)11-15.

[46] 马磊．电动汽车充电设施建设的研究[D]. 华北电力大学(北京)，2015.

[47] 广东电网公司．电动汽车充电设施法律风险及其对策研究[M]. 北京：法律出版社，2012.

[48] 周建军等．转型期中国城乡规划管理职能研究[D]. 上海：上海同济大学，2008.

[49] 王勇，李广斌等．我国城乡规划管理体制改革研究的进展与展望[J]. 城市问题，2012(12)：21-25.

[50] 刘颖琦，王静宇，Ari Kokko等．电动汽车示范运营的政策与商业模式创新：全球经验及中国实践[J]. 战略与决策，2014(12)：16-18.

[51] 吴翠玉，张美霞，陈海燕，杨秀等．国内外电动汽车扶持政策比较与分析[J]. 上海电力学院学报，2016(02)：188-189.

[52] 徐海明等．电动汽车充电站运行与维护技术[S]. 2012.